为什么你说话别人不爱听

张鸿◎编著

中国纺织出版社

内 容 提 要

说话是一门为人处世的艺术，也是一门人人都要学习的必修课。只有悟透说话之道，掌握说话的艺术，才能在社会、职场、家庭中如鱼得水、左右逢源，加快成功的脚步，赢得无悔的人生。

本书立足于培养人们多方面的说话能力，全面提升说话的水平，从人情话、幽默话、赞美话、批评话、委婉话、寒暄话、恋爱话、职场话等方面入手，对不同的说话技巧和方法作了详尽细致的阐述。阅读之后，你将在各种场合游刃有余。

图书在版编目（CIP）数据

为什么你说话别人不爱听 / 张鸿编著. --北京：中国纺织出版社，2017.5（2025.3重印）
ISBN 978-7-5180-3364-5

Ⅰ.①为… Ⅱ.①张… Ⅲ.①心理交往—语言艺术—通俗读物 Ⅳ.①C912.1-49

中国版本图书馆CIP数据核字（2017）第046939号

责任编辑：闫 星　　　　责任印制：储志伟

中国纺织出版社出版发行
地址：北京市朝阳区百子湾东里A407号楼　邮政编码：100124
销售电话：010—67004422　传真：010—87155801
http：//www.c-textilep.com
E-mail：faxing@c-textilep.com
中国纺织出版社天猫旗舰店
官方微博http://weibo.com/2119887771
三河市金兆印刷装订有限公司印刷　各地新华书店经销
2017年5月第1版　2025年 3月第 7 次印刷
开本：710×1000　1/16　印张：19
字数：224千字　定价：69.80元

与人相处时，你是不是很想给别人留下一个好印象，却总是因为一句不合时宜的话而弄巧成拙？

工作中，你是不是说话时嘴上不懂“把门儿”，想起什么就说什么，不知不觉得罪人，但是你却不知别人为何不喜欢跟你交流？

在日常生活中，你是不是已经不知道应该以什么样的心态和形象去面对别人，每次说话都要一再地思考，生怕说错而感到身心疲惫？

其实，这些问题的出现，主要是因为你不懂说话，而不懂说话就无法走进他人的心里，就无法与人完美交际。

德国诗人海涅曾说：“言语之力，大到可以从坟墓唤醒死人，可以把生者活埋，把侏儒变成巨无霸，把巨无霸彻底打垮。”良好的口才，是一个人一生都受用不尽的宝贵资源。每个人都想拥有一个成功的人生，都希望能够在众人面前“语出惊人”，展现自己的风采，树立自己的形象。一个人具有了良好的说话能力，他就一定会展现出无穷的魅力，无论是立身处世，还是交友待人，都一定会挥洒自如的。可以说，这种本领，可以帮助你展现才华，取悦他人，说服他人，能为你未来的成功铺平道路。

口语表达能力已日渐渗透到生活的各个领域，它是表情达意、交流思想、传播信息、实现沟通的重要工具；是寻求合作与发展、广交朋友、增进感情的宽广桥梁；是领导艺术、管理才能的重要组成部分……往大了说，语言表达能力的强弱可以涉及国与国之间矛盾争端的问题，沟通得好，或许可以化干戈为玉帛，如果沟通不好，说不定矛盾会激化到战场上；往小了说，大家日常生活中的交往、家庭成员之间的沟通、职场上的相处、商场上的谈判等，都离不开它。说话，可以说涉及生活中的方方面面。

一个人如果语言表达能力不足，他的能力就会被人低估。一个人即使思想如星星般光耀生辉，即使勤奋得像一头老黄牛，即使知识渊博得像一部百科全书，但如果缺乏良好的谈吐能力，那么成功的机遇就会比其他人要少得多，也往往难以达到自己的理想目标。证严法师说：“心地再好，嘴巴不好，也不能算是好人。”我们常说，一个人是刀子嘴、豆腐心，这个人嘴巴不饶人，但心地是很好的；快人快语，有什么说什么。可是，你有没有考虑到，万一对方不吃你这一套呢？你的刀子嘴把对方伤得遍体鳞伤，即便是豆腐心又如何？他还能感受得到吗？所以说，不会说话的人容易得罪人，更不用提受人欢迎了。

一个会说话的人，他知道什么时候该说，什么时候要说，什么时候能说，什么时候必须得敢说。因为会说话的人知道光干不说是不可能成就大事的，他们还知道在必须要说时要善于说，善于将自己的意图清楚地表达出来，让对方了解、明白。人类行为学家汤姆士说：“说话的能力是成名的捷径。它能使人显赫，鹤立鸡群。能言善辩的人，往往被人尊敬，受人爱戴，得人拥护。它使一个人的才学充分拓展，熠熠生辉，事半功倍，业绩卓著。”他甚至断言：“发生在成功人物身上的奇迹，一半是由口才创造的。”可以说，会说话的人更能在社会上立足，他取得的成就更多。

谈话是交流的桥梁，是思维的较量。在现实中，无论家庭生活或人际往来，每个人都要进行语言交流。一个人的一生实际上就是由一连串的说服与被说服、控制与被控制、主动与被动的谈话历程交织而成。如果你会说话，懂得巧说话，那你的收获将会超出你的想象。

本书内容丰富，涉及生活的方方面面，非常详细地讲述了说话对于一个人的重要意义。本书案例丰富，贴近生活，每一个案例的背后都精心为读者传授提升口才的技巧和秘诀，可以说实用性非常强。通过阅读和学习本书，相信读者朋友们能够按部就班地从零知识开始，掌握说话艺术的精髓，发挥口才的作用，让自己从原本的盲区中走出，成为说话高手。

编著者

2016年6月

目 录

做一个会说话的人：享受人人称赞备受欢迎的人生

不难发现，周围那些会说话的人办起事来总是非常顺利，效果也非常好，但是那些不会说话的人却总是挫折不断。俗话说："一句话让人笑，一句话让人跳。"就是这个道理。朋友们，你是否也想享受人人称赞备受欢迎的人生呢？如果是，那就请修炼自我，做一个会说话的人，相信，当你成为说话高手的那一刻，你的人生定会更加光彩夺目。

害怕说话，你如何走向更多的人

熊小茹是某家公司的一名设计师，一直以来她的工作非常出色，她的努力也受到公司领导的肯定。但是她有一个致命的弱点，她不太敢跟领导说话，总是默默无闻地做事情。最近一段时间，熊小茹发现经理有点儿冷落她，尽管自己的工作业绩非常突出。其实，熊小茹有几次也想去跟经理沟通，询问一下经理对她的看法，令人遗憾的是熊小茹始终没敢敲响经理办公室的门，她内心非常害怕与领导说话，所以一直不敢开口。突然有一天，公司通知熊小茹去财务部领工资，当时熊小茹非常纳闷，为何还没到发工资的日子就让自己领工资了呢？原来，自己是"被辞职"了。对于突如其来的"被辞职"，熊小茹非常困惑。这到底出了什么事呢？原来公司上级听说熊小茹在外偷偷搞兼职，有吃里爬外之嫌。熊小茹是受冤的，她根本就没有在外兼职，是同事嫉妒她业绩出众，打了小报告诬陷她。

其实，事件的情节并不复杂。造成熊小茹最终饮恨离开的原因看似很多，如上级的不信任、同事的诬陷等，但是，如果熊小茹在感觉到问题发生的时候，能及时、主动地去跟上级沟通，弄明白原因，并予以澄清，结果就会完全不一样。然而，熊小茹却因为怯于跟上级主动沟通，最终含冤离开，确实让人遗憾。

害怕说话，那你的本领将无法让人看到，更不用谈得到领导的赏识了。领导给你安排什么，你就做什么，从没有自己的思想和意见，即便有想法也无人知晓，长此以往你就无法向大家证明你自己的实力。没有对你工作能力的欣

赏，领导是绝不会看重你的。敢于表达，你才能说出自己的心声，才能为自己的不公辩解，才会创造更多的机会。

朋友们应该明白，过度的紧张具有强大的破坏力，无形中给紧张的人造成更大的烦恼和损失，让人的意志变得薄弱，判断力和理解力丧失，甚至理智和自制力也丧失，最终造成人正常行为的瓦解。更严重的时候，有可能对人的身心健康造成极大的威胁。所以说，及时克服这种心理，对自己的身心健康来说非常重要。

丽云是个非常内向、害羞的女生，在学校里一直寡言少语，但在那个学习成绩决定大家能否毕业的时候，她的沉默和努力成就了她，丽云的成绩一直都很优秀，最后她顺利从大学毕业，并和家人介绍的男友结婚了。不久，丽云就有了宝宝，因此她一直没有出去工作，全心全意地守在家里围着宝宝转了3年。后来宝宝上了幼儿园，家人帮丽云在电视台找了一份工作，在这个喧闹繁杂的工作环境中，她看别人忙得风风火火，谈天说地好不热闹，丽云也想加入进去，但内向的她就是不知怎么张口，不知该说什么话。她也不会在公共场合，如部门会议的发言中展示自己。就这样几个月过去了，她一直默默无闻，没有朋友，工作也没有什么业绩，丽云感到焦虑不安，心里只剩下一个念头：逃离这个工作岗位。

生活中，你不可避免地要与各种人打交道。社交是展示个人风采的重要方面。你总是不由自主地退却，或硬着头皮去了，却因表现失态，而让好机会白白溜走。你懊恼、后悔。可当下一个机会出现的时候，你又开始循环，久而久之，自信心在一次次窘态中消耗殆尽。

说话恐惧是一种非常正常而又极其普遍的情况，它有可能发生在每个人的任何一次与他人的交谈中，而绝非个别人的语言方面的缺陷。那些常因自己说话胆怯而烦恼的人，大可不必为此担心，而应该振作精神，努力克服这种困难。

那么，克服说话胆怯的心理，你需要如何安慰自己呢？

1.找找问题出在哪

仔细回忆，把以前自己被人笑过的事实追忆出来。不敢说话的人也许在某个年龄的时候，在什么人面前，因为什么事，受了某种刺激。他可以把那以前笑过他的人，或使他人笑话的某些话，在回忆中找出来，让自己认识清楚怕羞的根源。

2.试着转移注意力

俗话说，一心不能二用。当紧张心理袭来时，可以有意识地转移注意力，认真听别人发言，不要总想着自己应如何在众人面前表现；发言时紧张，可以通过专注于自己讲话的内容来缓解。

3.强迫自己多开口

在生活和工作中要多找机会开口，强迫自己多开口，开始可能比较难做到，但慢慢地，你会发现自己一次比一次说得好。只要掌握一定的方法，再加上多练，当众讲话紧张是完全可以克服的。

4.多增加自己的知识储备

我们要记住，博学善辩，能增强说话的底气。渊博的学识有助于提高你的口头表达能力，有助于你适应各种不同的交际场合。无论你在何种场合，如果你拥有渊博的学识，就会如鱼得水，游刃有余。

说话小启示

总之，害怕说话是一种很正常的现象，谁都有可能在面对一个不熟悉的场合时出现说话困难的一面。害怕说话不代表你这个人有语言表达的障碍。

懂得倾听，你就是最受欢迎的人

陈义和夏天勇是同班同学，比起夏天勇，陈义在很多场合更受欢迎。因为他总能受到邀请，经常有人请他去参加聚会。当然，由于陈义受人欢迎，他还担任了很多社团的重要职务。

有一天晚上，夏天勇碰巧去一个朋友家里参加一个小型的宴会，当他发现陈义和一个非常漂亮的女孩子在一个角落里说话时，非常好奇，就站在远处仔细观察了一段时间。夏天勇发现，那位漂亮的女孩一直在说话，可是陈义好像很少说话，他只是有时笑一笑，或者是点点头，仅此而已。几个小时以后，宴会结束了。

第二天一大早，当夏天勇看见陈义的时候，不禁问道："昨天晚上我在宴会上看见你和一个非常漂亮、迷人的女孩在一起，她好像对你很有好感啊，被你深深吸引了，你到底是怎么做到的？"

陈义回答说："非常简单，当我和她开始说话的时候，我只是对她说：'你长得很漂亮，你的身材很好，你为什么要来参加这个宴会呢？'于是，我们两个人就聊了起来。今天早晨这位漂亮的女孩打电话给我，说她很喜欢我陪她。她说很想再见到我，因为我是最有意思的谈伴。但说实话，我整个晚上也没有怎么说话。"

其实，陈义受到别人欢迎的原因非常简单，就是懂得倾听。

爱默生曾说过："所谓的耳聪，也就是倾听的意思。"几乎每一个哈佛大学的学子都注重培养自己专注倾听的能力。因为他们知道，倾听就像海绵一样，可以吸取别人的经验与教训，使自己在人生道路上少走弯路，同时收获他人的友谊，让自己在交际圈中更显个人魅力。

在办事的过程中，如果能静下心来倾听对方的话，会更有利于你办事成功。倾听对方，可以让你及时了解对方的想法。而且，在你专心致志地倾听对

方时，对方也会有一种被尊重、被重视的感觉，这样必能拉近双方的距离，从而让你更顺利地把事情办成。

米莉普通高校毕业，家境一般，长相也很普通，但是她的人缘却出奇的好。她拥有很多的朋友，而且大部分都视她为毕生的知己。有什么开心的事大家都会与她分享，发生了不愉快大家也都乐于向她倾诉，遇到困难，她总有人伸手相助。

有一次米莉生病了，其实只是小毛病，但是来看她的人络绎不绝，大家都关切地嘘寒问暖。米莉的一个好友阿雨羡慕不已，问道："哇，米莉，你人缘怎么这么好！大家为什么都喜欢你呢？"

米莉笑了笑，说："我给你讲一件事吧！是关于玲玲的。有一天，玲玲来找我，一坐下便开始哭，我也不知道怎么回事，就倒了一杯热茶，坐到了她的对面。玲玲哭了一会儿，便对我说，她最近被单位的一个小人暗算了，害她被领导骂了一顿。而且她的男朋友最近也跟她提出了分手，她觉得生活完全没有希望。我什么话也没有说，只是拍拍她的肩。玲玲不停地讲着。把心中的苦闷一股脑儿全倒了出来。说完之后，玲玲长叹了一口气。我问她现在觉得好些了吗？玲玲擦擦眼泪，对我说她在来的路上都觉得快要活不下去了，现在感觉好多了。我握住她的手，告诉她不管发生了什么，我都是她最好的朋友。最后我们一起商量如何挽回工作上的失误，如何顺其自然地对待感情。现在你再看玲玲，家庭美满，工作顺心，多幸福啊！"

阿雨看着米莉，说："我明白了，原来倾听竟有这么大的力量！"

古人叫那些善于倾听的女人为"解语花"，这真是一个绝妙好词。一个善于倾听的女人，不要说什么"香语出慧心"，不要说什么"柔情款款来"，仅一个眼神、一个姿态，哪怕仅仅是几句话语，都会成为他人舒展腰身休憩回归的芳草地。这样的女人，谁能说她不优雅？

与人交谈的时候，你可以倾诉，但是倾听更为关键。倾听是洞悉自然的一种方式，是接收信息的渠道，是净化心灵的艺术，是解除自身疑惑甚至心结的

途径。作为谈话的一方，如果你不懂倾听，那你就无法达成倾诉的目的。所以说，倾听更能让你的谈话顺利进行下去。

倾听的好处，你知道多少呢？

1.获取友谊

每个人都是有表现欲的，只要有合适的机会，人们都非常喜欢发表自己的意见。所以，如果你愿意给对方一个机会，让他尽情说出自己想说的话，他们会立即觉得你和蔼可亲、值得信赖。许多人不能给人留下好印象，往往是由于他们不注意倾听别人的话。

2.被人信赖

任何交流都少不了倾听，否则就不是人与人的交流，而是自言自语了。我们之所以强调学会倾听，是因为善于倾听别人讲话是一种高雅的素养，表现了你对说话者的尊重。有了这个基础，人们才会愿意把你视作可以信赖的知己。

3.避免隔阂

俗话说："一对善于倾听的耳朵胜过十张能说会道的嘴巴。"这就是倾听的好处。父母和孩子之间，要学会互相倾听，尤其是父母，要把孩子的话听完，这样才能知道孩子在想些什么，便于教育工作的实施，避免彼此出现隔阂。

4.掌握信息

对于经常谈生意的人来说，善于倾听能迅速掌握对方的大量信息。交易的成功源自客户有需求，同时在满足客户的需求、介绍给客户合适的商品后才能签约，达成交易。因此，仔细聆听客户的需求，是销售面谈时非常重要的一环。

说话小启示

会倾听，你才更会说话。一个懂倾听的人，在交往上遇到的挫折会更少。如果有一天你走出了自己的世界，能懂得从他人的角度看问题，做一个好听众，你就能够成为广受欢迎的说话高手，为自己赢得众多朋友。

把话说到点子上更能击中人心

包钢大学毕业以后决心自谋职业。一次，他在网上看到某家知名公司在招人。包钢没有盲目地去应聘，而是花费很多精力，广泛收集该公司经理的有关信息，详细了解这位经理的奋斗史。那天见面之后，包钢这样开口：“我很愿意到贵公司工作，我觉得能在您手下做事，是最大的光荣。因为您是一位依靠奋斗取得事业成功的人物。我知道您二十五年前创办公司时，只有一张桌子、一位职员和一部电话机，经过您的艰苦奋斗，才有了今天的事业。您这种精神令我钦佩，我正是奔着这种精神才前来接受您的挑选的。”

所有事业有成的人，差不多都乐于回忆当年奋斗的经历，这位经理也不例外。包钢一下子就抓住了经理的心理，这番话引起了经理的共鸣。因此，经理乘兴谈论起他自己的成功经历。包钢始终在旁洗耳恭听，以点头来表示钦佩。最后，经理向包钢很简单地问了一些情况，终于拍板：“欢迎加入我们公司。”

现代社会竞争日趋激烈，工作和生活压力也越来越大，任何人都渴望得到别人的认可、展现自我价值。在沟通的过程中，真诚地与对方交谈，把话说到对方的心坎上，那么对方也会和你成为真正的朋友。

当时，诸葛亮隐居南阳，躬耕陇亩，与隐士黄承彦是忘年之交。黄承彦有一女，身材短小，脸色黑黄，貌丑无比，名曰阿丑。阿丑虽生得不漂亮，但从小读书，学识并不亚于天下的男子。黄承彦非常欣赏诸葛亮的才华，而那诸葛亮乃是天下有名的才子，又生得相貌堂堂，一表人才，他怎么会看上自己的女儿呢？但事情就是这么巧，诸葛亮偏偏料定阿丑是个不平凡的女子，未曾谋面心中早有几分敬慕之情。诸葛亮的嫂嫂看出了他的心事，便亲自登门到黄家为诸葛亮提亲。黄承彦大喜过望，当即约定让诸葛亮亲自来一趟沔阳，与阿丑见上一面。碰巧，此时的诸葛亮刚好受了刘、关、张三人的两顾茅庐之请，对于是否出山心中也举棋不定，正想请教一下黄老先生，便欣然赴约。

到了黄家，与阿丑相见后，诸葛亮见其行为举止落落大方，颇有风度，心中不由得有了几丝好感。互相问候之后，诸葛亮便把刘备两顾茅庐的事情告诉了黄承彦，想征求他的意见。黄承彦没有作答，而是反问诸葛亮："你是怎么考虑的？"诸葛亮说："想来想去，还是隐居南阳，躬耕陇亩好，可不受世俗纷扰，颐养天年。"

谁知这时，黄承彦还未言语，阿丑便接过话题说道："小女子虽才疏学浅，但想向先生进一言：避乱隐居，固然悠闲，但身处乱世之中，焉能清静？苟全性命也绝非易事，孔融勤奋好学，刚直不阿，终被曹操所杀；祢衡洁身自好，也死于非命。先生难道不应该吸取教训吗？依我看，先生人称卧龙，有旷世之才，应当施展抱负才是。况且，刘备是一个有雄图大略的人物，他能够放下身架，亲顾茅庐，说明他礼贤下士，爱才惜才，这样的人难道不值得辅佐吗？大丈夫生于世间，当提三尺剑，立不世之功，安能默默无闻，糊涂一生？"

阿丑的一番话，令诸葛亮对她肃然起敬，同时也下定决心辅佐刘备。

把话说到点子上，要知道击中要害的话，总是动人心弦的，只有说到点子上，击中要害，对方才会感受到说话的分量，才会对你说的话有所警醒。说话如果不说到要害就无法拨动对方内心深处最关心、最敏感的那根弦，就无法使其动心、动容，改变主意，幡然醒悟。

说话就要点到关键处，这样的话才有力度，这样的交际才能成功。如果你说来说去说不到重点，那你怎么可能通过话语达成你交际的目标呢？为何有些人口才极其高明，有些人说话却词不达意？关键就在于能不能把话说到点子上。掌握高明的口才技巧，把话说到点子上，你就会把握住人生中每一次成功的机会。

1.说话之前先察言观色

一个会说话的人，在说话之前必然会先察言观色，正所谓"看菜吃饭，量体裁衣"，说话也要看准对象、选准中心、把握要领，考虑要不要说，思考应

该说什么，所以他话未出口先胜三分，想好了再说，话虽然没说多少，却句句说到了点子上，能起到四两拨千斤的作用。

2.说话合适且得体

我们要在不同的时间、地点、人物面前说合适的话，该说话时才说话，而且要说得体的话。只要我们有充分的耐心，积极进行准备，等待条件成熟，顺理成章地表达自己的观点，不仅能赢得对方的开心，又能令自己舒心。

3.少说不相干、不必要的套话

有人喜欢在谈话中使用许多不相干、不必要的套话。这种情况，在与人交谈中都是非常有害的，给人造成一种说话啰唆，没有条理或是故弄玄虚的感觉。平时应该多记一些词语。生动而恰当地表达自己的意思，或是说话时多动动脑筋，想想如何表达才能有更好的效果。

说话小启示

把话说到点子上是说话技巧中极为重要的一点，如果一番交谈连达意的目的都没有达到，那这场交谈真的是失败的。不论自己的话题是否符合对方的期望，都至少不会引人反感。因此，只有先做到以诚相待，又保证自己的话不偏离主题，才能把话说到点子上。就像是我们射箭一样，只有先看到了靶子，才有可能瞄准靶子的红心。

多点夸赞，恰到好处地打动对方

每个人都是不同的，但是每个人的心理都有相通之处。我们自己需要别人的肯定与认可，因而听到有人夸赞自己会觉得高兴，别人也是一样的。了解

了这一心理之后，与人交际时就多赞美别人吧，收起对自己的夸奖，多赞美别人，让别人为你的夸奖而感动、而开心。

董海浩原来在一家公司的分公司从事运营工作，后来因为工作能力突出被调到总公司里工作。总公司的各项设施都很好，但是，到了新环境里的董海浩总感觉有些不自在。同事们的私下活动也不带着他，他有一种被孤立的感觉。为此，他有些烦恼，但一时半会儿也没什么好的解决办法。为了尽快融入新的集体中，董海浩决定“好好动动脑筋”。

一次，公司举行新方案的策划报告会议，其间有一位同事提出的报告内容寻常无奇，因此现场没有多少回应的掌声，这位同事显得有些失落。散会后，董海浩故意留下，然后走到那位同事面前说：“哥们儿，你刚才做的报告简明扼要，主题明确，步骤清晰，我觉得很不错！相信如果你说话的精神更饱满一点，信心更足一点，效果一定更好！”那位同事听到此话，暗淡的眼神立刻闪出自信的光芒。他用力地握了握董海浩的手，并报以真诚的微笑。从那以后，这位同事与董海浩的关系一直都非常融洽。

在其他方面，董海浩也很注意赞美别人。比如，碰到同事穿了新衣服，他就会真诚地说：“挺帅气的，看着有活力，很有范儿！”碰到女同事换了新发型，他也会真心地夸上一句：“确实不错，很洋气，也很符合你的优雅气质！”

董海浩总是能恰到好处地赞美别人，短短两个月时间，他就成为了公司最受欢迎的员工之一，而他的工作和生活也都因此变得更加快乐和有效率。

人人都希望获得夸奖，没有人喜欢指责和批评。夸赞一个人的好处不胜枚举，可是，生活中却常常有人吝啬这么做，这种人理所当然不会有良好的人际关系。连这点儿小事都不愿做，甚至故意无视别人的优点，这种人除了引起别人的厌恶，根本不可能获得别人的真心认可。

请记住，与人谈话时，多去夸赞一个人，更能打动他的心。

1.被赞美人对你的印象分会大大增加

不管是谁，无事闲聊也好，求人办事也罢，先把赞美的话扔出去，给别人

扣上一顶高帽，让别人的心里甜甜的，如此一来，对方就会感到你的气场是温和的、容易接近的，对你产生一种喜爱之情。当你需要帮助时，对方一定会伸出援助之手，帮你走出困境。

2.赞美化解双方的矛盾

很多时候，抱怨、责怪并非解决问题的最佳方式，也不是处理人际矛盾的适当方式，它们只能让情况越来越糟糕，让人际关系继续恶化，而不是好起来。相反，一句简单的赞美之词却能吹散心头的阴影，化解双方的矛盾，打破人际僵局!

3.赞美能拉近彼此的距离

赞美是人际交往中的重要一环，是拉近彼此距离的无形绳索。人人都渴望得到别人的赞美，没什么东西比表扬更能启动人的积极性。当我们赞美别人的时候，他人就会在心中产生一种被认同和欣赏感，不自觉地接受和喜欢那个赞美他的人，彼此的良好交往就此开始。

说话小启示

在听到别人的夸赞时你是否心花怒放？答案不言而喻。其实，不管男女，大家都喜欢听别人赞美自己，或许，这就是人们骨子里的东西。在社交场合，无论对男人，还是对女人，有效的赞美非常重要，既取悦别人，又能让彼此的沟通事半功倍。

以理服人，消除对方的抵触情绪

朋友们，人与人之间的关系不可能总是那么和谐，矛盾是随时都可能出

现的。当交谈的双方形成一种矛盾关系之时，如果你理直气壮地要求对方如何做，对方恐怕不会听你的话。如果我们能够表现得客气一些，礼让一些，让对方取得一种心理上的优势，同时进行有理有据的劝说，反而更能够说服对方。

李晗所在的公司由于没有按照合同约定的时间给客户发货，造成了对方经济利益上的损失，并且要求李晗的公司给予相应的赔偿，由于数额要求过大，让李晗的公司难以承受，于是双方为此展开了“唇枪舌战”。

谈判一开始，对方在气势上就咄咄逼人，一再要求李晗的公司要赔偿他们名目繁多的损失，如订单损失、客户流失影响等，特别是订单损失，一下子开出了货物价值的两倍之多，实在令人不好接受。

李晗作为谈判代表，一直在冷静地听对方的倾诉，等他们把赔偿条件讲完了，李晗这才整理思路说道：“因我们的失误给贵方造成损失，作为一家有信誉的公司，对于这一点我们肯定要承担赔偿责任，但是我希望贵方能从实际出发，具体问题具体分析，合理地提出赔偿要求。”

说到这里，李晗开始一条条地罗列自己的理由，他进一步指出道：“首先，这次货物延期交付主要是遇上了大风大雨，而且持续多天，给物流运输造成了实际困难，这种比较严重的天灾是延误的首要原因。任何事情都有特例，如果是人为因素，我们责无旁贷要承担赔偿要求，天灾的话，通情达理的一方都会通融一下。”

“其次，在天气转好后，公司迅速地调用物流发货，本来物流费用应该由贵方支付，可是这次公司主动预付，就是本着对客户负责的精神办理。而且由于物流得力，到货时间仅仅比合同约定晚了两天，从合同内容约定上看，里面允许交货时间有稍许的变动，不过要事先告诉客户，这一点我们公司已经做到了告知义务，所以说并不算违约。”

李晗说话不疾不徐，连续举出两条理由给客户听。对方人员脸上的怒色慢慢缓和了下来，见此李晗继续道：“我们双方虽然合作时间不长，但是我们公司一直抱着长久合作的思想，如果你们提出太过分的要求，我们可以按照合同

约定执行，刚才我已经讲明了，我想我们公司不会有太多的责任。双方合作，应该以坦诚宽容为本，而不是漫天要价，这样很难寻找到真诚的合作伙伴。”

在李晗的据理力争下，对方终于缓和下来了情绪，理解了李晗公司所作出的努力，最后只要求后面的货物要尽量提前发送，以弥补先前的延误，一场理赔风险就这样化解于无形。

摆事实、讲道理，其实这就是以理服人，你把话说好了，那对方就会从你的话里领略到说服自己的那个点，这样对方才会配合你的思想，从而达成你的目的。需要注意的是，劝导说理要对准要害、出言有据、事实确凿，对方的观点就会不攻自破。

“理”存在于每个人的意识当中，是相通的。所以，理解了什么是“理”，你的思想和言语就有了支撑，就可以用“理”来说服别人了。那么，我们应该如何以理服人呢？

1.逐步试探对方的想法

人都有理性，但更多的时候是为感情所左右，不论你的意见多么好，如果不能与对方心心相通，那么就难以让对方接受。所以在谈话时应逐步试探对方的想法，只有想法一致了才能达到自己劝说的目的。

2.让事实和数据为你说话

当你要说服一个非专业人士时，记得要用具体的比喻和数字，效果更好。让事实和数据为你说话，你的说服筹码分量会更充足。为了更好地说服别人，我们不妨把一些抽象的事实想办法用事实说出来，只有这样，我们的说服才会更加清晰明了，更容易赢得别人的信服。

3.推心置腹，动之以情

说服工作，在很大程度上可以说是情感的征服。只有善于运用情感技巧，才能打动人心。在劝说别人时，应推心置腹，动之以情，讲明利害关系，使对方感到你的劝说并不抱有任何个人目的，没有丝毫不良企图，而是真心实意地帮助被劝导者，为他的切身利益着想。

说话小启示

俗话说："有理走遍天下，无理寸步难行。"如果你想成功地与别人打好交道，你就要把话说得有理有据，否则说服不了自己，怎么说服别人呢？有理有据，你才能让对方的阵势败下来，才能让对方服从你的思想，才会让对方叹服于你。

不说让你踩雷的话：为什么你说的话别人不爱听呢

与人谈话，你是否有以下几种情况：总是动不动就跟别人道歉，即便你没错；喜欢说些负面的话，让人很反感；不顾及他人感受，时常揭人伤疤；说话无趣生硬，惹人心烦……如果你中招了，不论是哪一点，相信你的话别人都不太爱听。这是为何呢？其实，是因为你说了一些踩雷的话，惹怒别人了。在与人说话的时候犯了忌讳，很容易使双方友谊关系破裂。那么，如何才能说出对方爱听的话呢？相信读完本章，大家一定会有所收获。

自问一下，我会“说话”吗？

我会“说话”吗？这是一个看似十分简单实则常常困扰我们的问题。

当自问到这个问题时，相信很多人沉默了，因为生活中很多人都因为自己的嘴巴坏事。说不好、不会说、说不出……说话，的确是一门学问，一门意义深刻的学问。

在工作和事业上，会说话的人，可以充分利用自己的语言交际能力来说服他人，使工作顺利进行，左右逢源。可以说，会说话的人，必定拥有良好的人际关系，也能为他的事业成功打下基础。

下面的例子就是不会说话惹的祸：

韩亮是上海人，在上海有两套房，一套自己住，另一套刚刚买下，是位于闹市区的一家门面，他把这当成一笔投资，等价格涨起来的时候就投出去。

不过韩亮最近碰上了麻烦事儿。他的闺女小曦大学毕业两个月了，多种原因凑合一起，至今没找到合适工作，韩亮经不起太太的唠叨，决定找朋友帮忙解决闺女的工作问题。

找谁呢？韩亮最先想到的就是朋友蔡京。蔡京是一家外贸公司的老总，跟法国那边有合作，而女儿恰好学的就是法语专业。韩亮觉得如果能让女儿去蔡京的公司，那是再好不过了。

打完一个电话后，蔡京答应了韩亮的饭局，两人在一家饭店里碰面聊上了。

“蔡兄，有事儿需要麻烦你。”没吃两口，韩亮就直入主题。

“行，什么事儿你尽管说，我能帮到的尽量帮。”蔡京为人也很爽快。

“是这样的，我闺女今年大学毕业，她学的是法语专业，我想，您那公司……”

蔡京听完一乐：“就这事儿啊，没问题，你让她什么时候有空就到我公司来上班吧。”

韩亮见蔡京这么爽快，激动地敬出一杯酒。酒刚下肚，蔡京说：“老韩，咱们都是朋友，像这种小事儿好说，朋友之间就该互相帮忙对吧。”

韩亮连连点头称是，他并没有觉得蔡京这句话里有什么玄机。

蔡京接着说：“老韩，我那公司现在准备搞一个门面，把业务做大，到时候你女儿要是干得好，她就可以管那一块了。”

韩亮还是没听明白，他对蔡京说：“那就指望兄弟你了。”

蔡京以为他是故意装听不懂，就对他说：“老韩，我听说你最近在搞什么投资是吧。”

韩亮其实很不愿意谈自己买房的事儿，于是打哈哈说：“没什么投资，整天上班嘛。”韩亮还是没有意识到对方话里有话。而蔡京呢？因为担心点破了会让韩亮觉得自己是索取回报，所以也就知趣地闭了嘴，不再谈这事儿。其实，蔡京是惦记韩亮的那个门面。

三天后，韩亮的女儿去找蔡京，想起前两天的事儿，蔡京心里就不舒服，最后他让小曦做了个普通的文员，并没有委以重任。

韩亮与蔡京之间的资源整合失败了。其实他们手上都有对方需求的资源，但是由于说话上出了问题，两人都没能将帮忙关系升级到整合关系当中。韩亮明明对人有所求，却不去多想别人的话，没有领悟蔡京的“话中话”。而蔡京碍于面子，又不想直接开口。这样一来，两个人都没有得到自己想要的资源。韩亮的女儿虽然进了蔡京公司，但显然没有获得最理想的职位，而蔡京最后也另买了一处门面，但由于不是熟人，价格高得离谱。

每天我们都在说话，但是我们每天说出口的话的效果又如何呢？其实，不见得说得句句好。话说得好，小则可以欢乐，大则可以兴国；话说得不好，小

则可以招怨，大则可以丧身。所以，话既要说好，也要说巧。

那么，一个会“说话”的人应该具备哪些基本的素质呢?

1.不要永远围绕自己说话

如果谈话主题永远围绕着“自己”的话，那会给人太过主观自我的感觉，周围人听在耳朵里，也会认为讲话者在出风头，炫耀自己。用心观察一下周围，我们就会发现，越来越多的年轻人喜欢将话题固定在“我”身上，他们心里、嘴上关注的只有自己。其实，这样太自以为是真的并不太惹人喜欢。

2.处处彰显你的尊重

谈话时应知道：不要揭露他人隐私，更不要“攻击”别人。这是谈话的基本准则。最重要的是对人要尊敬，要诚恳，要设身处地为别人着想，也就是谈话时要掌握分寸，避免任何可能伤害别人的成分。总之，不论谈话内容如何，只要你对人尊敬，就能得到相应的回报。

3.表达能力如何

对一个人是否有表达能力并不能简单地作判断。比如说一个人口吐莲花，说话时的语速和反应速度都很快，这只能说明这个人在讲话能力上比较强。但是他能否说到点上，能否令人信服又是另一回事了。如果不能让人信服，那么这个人顶多只算是个“话痨”。

4.是否善于倾听

倾听，不仅要懂得耐心听他人说话，还要懂得听出对方的心理，听出对方的“弦外之音”，什么时候该插嘴，什么时候该微笑示意，这些都是需要注意的。倾听是一种说话能力，善于倾听，才能把话说好。

说话小启示

看到别人演讲时口若悬河，你是否佩服至极？是啊，为何别人有着如此好的口才，自己就没有呢？其实，那些口才好的人不仅仅是会说话，而且人家也懂得说话的技巧，也就是不仅要会说，还要知道对不同的人采取不同的方式。如果你善于通过语言与人沟通，说明你口才很好，这就等于为你插上了成功的翅膀。

肯定的话，请记得多说一点儿

没人喜欢总被批评，人们的内心都是渴望肯定和接纳的。其实，很多时候，说句肯定的话就能达到讨人欢喜的目的。社会生活中，学会肯定别人的优点，就是在肯定一个人的独特价值，并能够使他受到激励，继续发扬自己的长处，在以后的工作和生活当中更加积极，充满信心。请相信，一个处处给人鼓励与肯定的人更容易得到他人的欢心，而一个总是给人泼冷水的人终究得不到多少人的喜爱。总之，想要谈话更顺心，请记得多说一点儿肯定的话。

我们看一下下面这个案例：

爸爸对女儿妮妮管得很严！可是妮妮却不理解，觉得自己没有自由，整天都要按照爸爸的要求来做事，不是责备自己这不对，就是说自己那不应该。可是爸爸却不这样认为，他觉得严格管教是为了女儿好，自己之所以要批评女儿，是为了让她认识到存在的问题，有利于她今后的成长。

一次，妮妮期末考试取得了班级第十名的好成绩。她兴奋地回到家，将这个喜讯告诉了爸爸，希望得到爸爸的奖赏。

等到爸爸下班回来，妮妮激动地说：“爸爸，你知道我这次期末考试考了多少吗？我考进了班级前十呢，给我什么奖励？”爸爸却并不满意，有些严肃地说：“你骄傲什么呢？班级前十又不是全年级前十，这点儿成绩就沾沾自喜，你之所以成绩老是上不去，就是因为太自满。”

妮妮有些不满地说：“爸爸，我的进步已经很大了，我足足前进了十几个名次呢！而且这段时间以来，我特别特别努力。”听到女儿这样说，爸爸更严肃地说：“就凭你这骄傲的态度，以后也没什么前途。还记得上次来咱家的梁叔叔吗？人家的儿子上的是重点中学，每次考试排名都在年级前十名，人家儿子都不满意，觉得进入全年级前五才是自己的目标。”听了爸爸的话，妮妮生气地回到了自己的房间，关起门来。

再怎么优秀的孩子，如果父母对他一味地采取否定的态度，那么孩子就会变得越来越糟糕。表现再怎么差的孩子，若是父母多看孩子的优点，持肯定的态度，那么孩子就会越来越优秀。所以，多对孩子说一些肯定的话吧，相信你的鼓励会让他更为出色。

众所周知，“良言一句三冬暖，恶语伤人六月寒”。其实，伤人的话不只是恶语。你没有骂人，但却经常从反面说话，那也照样会伤害别人。所以，“巧嘴的人都喜欢说肯定的话，而避开负面的话。”否则，至少会使对方抵触反感，从而阻碍交流和沟通，影响人际关系。

多说肯定的话，你需要从以下几点入手：

1.改变自己关注问题的关注点

比如说如果平时你关注的是对方的问题本身，这个时候你就要学会关注对方的解决方案，不要将过多的精力放在问题上，如果你过多地关注问题，那么你回答问题将会变得很直接，也会变得很生硬。如果你能够换一换关注的角度，那么你很有可能会找到更好的回答方式。

2.少打击人，少对人泼冷水

好泼冷水的人可以说是永远的失败者，因为他们对自己行为的结局如此盲

目，而且，由于爱泼冷水，他们将得不到别人的帮助。不管出于什么动机，破坏别人情绪的人，必招致别人的讨厌甚至憎恨。为了工作，为了成功，每个人都应该好好学学善解人意。

3.多点包容，善待他人

对每个人来说，都有这样一个愿望：那就是使自己的自尊心得到满足，使自己被了解、被尊重、被赏识。如果你满足了别人的自尊心，他就会对你所做的一切表示感激，进而喜欢你。如果你想拥有良好的人际关系，请记住：多一份包容，少一份指责。

说话小启示

总是一味地说些消极负面的话，这种人很难招人喜欢。虽然说你没骂人也没有说对方的坏话，但是你那万事皆不如意的心态，让人很难同你找到舒心满意的共同语言。时间长了，他人还会觉得你过于挑剔，毛病太多，不好相处，常避而远之，偶有接触，也只好打个哈哈敷衍了事。

“对不起”请不要轻易说出口

“知错能改，善莫大焉。”这句话告诉大家犯了错一定要善于道歉、敢于改正。如果过于死脑筋，那你就无法获得更好的人际关系。可是，话说回来，过于轻易的道歉未必对你有利。“对不起”，是自己有错误，而向对方道歉，“对不起”不是随随便便说的话。没有做错事就不必道歉，不必贬低自己。否则，你会因为自己的道歉而惹人误会，摊上大麻烦。

之前，新闻上有这样一则报道：

河北的一家医院收治了一名患儿，主治大夫为患儿做了全面检查，并将病情详细记录下来。住院的第三天，患儿病情大为好转，家长提出要带孩子回家过周岁生日。按照当地的习俗，孩子一岁生日需要邀请亲友红红火火地大办一次。医生无法阻拦，又见孩子已无大碍，就答应家长可以离开医院几天。

三天后，家长来医院办出院手续，那位医生询问患儿的情况，不料，家长伤心地说：本想给孩子庆祝三天，不知是受惊吓还是累的，孩子突然就没了，去医院也没能抢救过来。医生听后也很伤心，她流着泪对家长说："对不起，我没能治好你的孩子。"

连她自己也没想到，就是这么一句话，却给她惹来了大麻烦。家长回家就琢磨：不对吧，医生为什么说"对不起"，是不是她误诊了孩子？家长越来越怀疑，就召集众亲友将医院围得水泄不通，强烈要求主治医生给个说法。

后来，经过多方鉴定，证明该医院和医生没有过错。有关部门也出面做工作，事态才逐渐平息，那孩子的家长也收回了无理要求。

看完这则新闻，相信很多人都很震惊，只是一句"对不起"而已，没想到最终造成这么大的误会，惹来如此大的麻烦。看完之后，你还随随便便低声下气地说"对不起"吗？这就是活生生的例子，也是对大家的一个警告，希望都引以为戒。

朋友们，道歉是一种美德，一个敢于道歉的人是有担当、有责任心的体现，但是道歉是有底线的，如果你错了，你必须要道歉，因为这是你的本分；如果有些事不触犯原则，也无关紧要，你这时候替人揽错，那也没什么大不了；但是，如果问题严重，牵扯原则和底线，你应该注意，自己无错就不要说抱歉，随随便便把抱歉挂在嘴上是对自己的不负责。

人的气场是不能丢掉的，该强硬时就不该软弱，别总是唯唯诺诺地说"对不起，我错了"，请认真思考一下，你错在哪了，难道别人给你随意安个罪名你就要失去理智地去抢着对号入座吗？道歉是有根据的，不是说轻易揽错就能获取好人缘，殊不知，你遭受的麻烦会有多大。对于道歉的问题，你需要注意

以下几点：

1.坚持自己的立场

切记，重视自己的态度，坚持自己的立场，“对不起”3个字不可以随便说，只要不说就不会给别人可乘之机，从而才能比较理性地探究如何解决问题，才不会授人以柄，也就有机会“咸鱼大翻身”。

2.问问自己有没有错

“这件事与我有什么关系吗？我哪里做错了？……”在你想要随口表达歉意之前，你不妨问问自己到底该不该参与。当你确定你并没有因为自己的原因给他人造成伤害时，你就不要说一些“对不起”之类的话，你可以给对方提供一些鼓励或者有实际意义的帮助。其实，这样做相对更为合适。

3.说话做事之前要深思熟虑

“不要随便道歉”这句话，更深一层的解释应该是，做事之前要深思熟虑，要充满信心地去做，免得造成将来的遗憾。如果你总是做事欠考虑，那你说话也是极易不经思考就脱口而出。所以说，三思而后行，说什么话做什么事，请先考虑好再开口吧！

说话小启示

在一次宴会中，古埃及阿克图国王曾对他的儿子说：“圆滑一点儿。它可使你予求予取。”朋友们，对于道歉的问题，别太敏感，不要总是善良地把所有的错误都揽到自己身上，更不要把责任推给别人，保持一颗平常心，正确看待是是非非，这样你的对话就会轻松很多。

笑话别人服饰，真的很不礼貌

唐语溪是办公室里最漂亮的女生，家境优越，有足够的经济能力为自己梳妆打扮，穿衣也很有品位，但这并不能给她带来好人缘。其他的那些员工都是工薪阶层，平时不爱在买衣服上花太多钱，穿戴都很普通。唐语溪处在这些女员工中，很有优越感，经常评价别人的服饰。

在同一个办公室，有一个刚分过来的女员工小林，小林性格腼腆，打扮也朴素。唐语溪时常批评小林的服饰。“小林啊，你今天穿的衣服都过时了，这应该是你妈妈那个年代的衣服。”“小林，都要嫁人了，还不知道打扮打扮自己，整天灰突突的，也不怕你男朋友嫌弃。”“说实在的，白色搭灰色显得你无精打采的……”每次遇到这种情况，小林都以沉默相对，但是别人都对唐语溪很有意见。时间长了，办公室的人都怕唐语溪评价自己的服饰，自讨没趣，就离她远远的，也因此，唐语溪在公司没有一个朋友。

女人天生爱美丽，极为重视自己的穿着，如果你总评价她衣服“不合适”，那你就没法走入她的世界。会不会评价反映出一个人说话水平的高低，不会评价的人说好话未必能讨人欢喜，会评价的人即便是批评对方也能巧妙地赢得对方的尊重，这就是会说话人的魅力所在。

请记住，永远不要贬低对方的服饰，尤其是对女人。当你对她的服饰及穿衣打扮进行羞辱的时候，她对你的敌视已经深深埋在了心里。朋友们，没必要去得罪一个人，也没必要去羞辱一个人，与其自找没趣，何不学着赞美，适当地赞美对方的服饰，定会拉近你们的心理距离。

韩丽每次去见她的客户梅姐都要抓耳挠腮很久，恨不得停了她家的货，再也不合作。可是梅姐是一个大客户，哪能那么做，而且自己每个季度的奖金还得指望她支持呢。只是她对自己的态度永远那么爱搭不理，让人纠结。

有次韩丽刚去她们公司，在电梯门口正琢磨着今天怎么说要钱的事，结果

说曹操曹操就在眼前了。韩丽看到梅姐酒红色头发长长地散下来，耳朵边卡了一个小小的卡子，粉色蕾丝桃心灰色紧身T恤，外面套了件灰色短袖西装，加上白色毛线珍珠编织的多层项链，看着是那么精致。而下身是黑白波点短裤，金色网状高跟鱼嘴鞋，与之前每次见到她坐在办公室穿着正规的职业装相比，俏皮多了，而且拿着冰激凌的手腕上戴着一条粉色丝带皮质手镯。这一身打扮和冰激凌的点缀，看起来像完全变了一个人。虽然两人对眼的时候梅姐只是眼睛大了一下没说话，但韩丽还是很迅速地张嘴，发自内心地说了一声："梅姐，今天你真漂亮，这身衣服与你的气质配合得天衣无缝。""是吗？谢谢！我还担心以前没穿过这种风格怕不好看呢，听你这么说我就放心多了。韩丽，你今天也穿得很漂亮呀！"韩丽听后，心花怒放。瞬间，梅姐脸上从没有过的笑容出现在了韩丽面前。这一天她俩谈得很愉快，谈衣服谈男友，最后这月的货款很痛快就结了。从此，梅姐和韩丽就像朋友一样，经常在一起聊天，偶尔吃饭逛街。

朋友们，请学会尊重他人的穿着习惯。每个人的眼光都是不一样的，或许你觉得不好看，说不定别人觉得很漂亮，所以不要自以为是地当众对别人指指点点。在众人面前让人下不来台是一种极不道德的行为，不仅当事人，就连其他人也会觉得你是个不适合结交的人。

1.不要轻易否定他人的服饰

三岁小孩都不喜欢你否定他，何况是心思缜密的大人。如果你不能肯定他，至少不能否定他，如果否定他，你在他心中想翻身估计就没那么容易了。天下所有人都喜欢别人说他漂亮，更喜欢别人说他的衣服漂亮。

2.找出对方穿衣亮点

夸赞他人的服饰，请先最大限度地寻找对方穿衣的亮点并加以赞美。假如对方的服装没有出彩之处，就赞美她的丝巾颜色很高雅；假如对方穿衣的风格不是你喜欢的，你可以表示对她衣服牌子的关注，并适当赞美这个牌子……请注意，赞美的时候要真诚，不要虚假的连自己都觉得不愿相信。

3.必要时，你可委婉地表达意见

有时候，如果对方看不出自己搭配的有多突兀，作为对方的好朋友，你应该记得提醒他。因为你作为参考者不发表意见或者是一味地赞美，当他出丑的时候，他定会觉得你是故意害他闹笑话，这样你说的话就等于是害了你。比如，你可以这样说，“这件衣服的确很美，不过你可以把休闲拖鞋换成高跟鞋，这样更能显出你的大长腿，更美丽动人。”

说话小启示

赞美之词，人人爱听，赞美是拉近人与人之间距离的一种好方式，如果你想要获取好人缘，那就别做一个吝啬赞美的人。朋友们，相信你不会喜欢别人贬低你的服饰吧？因为这是让人尴尬的不礼貌行为。

无聊的话题，能不说就别说了

马克·利里是维克森林大学的临床心理学专家，他曾对297名人士进行了有关听取无聊对话的调查。结果显示，无聊对话排行榜的前5位分别是：

第1位：以自我为中心的对话，即谈论的全是关于自己的话题；

第2位：乏味的对话，即谈论表面的、相同的话题或者开相同的玩笑等；

第3位：缺乏情感的对话，即说话者没有激情和表情；

第4位：冗长的对话，即没有要点的长篇大论；

第5位：被动的对话，即说话者不主动提出话题。

朋友们，看到上面心理学家总结的这几点，你是否中招了呢？相信很多人都有过这样的对话失败案例。知道你说的话别人为何不爱听了吗？太无聊、太

空洞、太自我，这样的话是没法吸引他人兴趣的，所以，无聊的话题，能不说就不要说了，以免他人心生反感，与你产生隔阂。

在一个小区里，曾经有两位小伙子都想追这个小区的女孩艾米。这两个小伙子一个叫李可，一个叫阿南。虽然李可认识艾米，但是彼此之间也不是很熟悉，只是打打招呼而已。阿南只是经常在小区碰到艾米，但是从未有机会得以认识。李可是个很本分实在的年轻人，但也很木讷，有一次他在路上遇到艾米，于是趁此机会跟她搭讪。李可说："嗨，好巧，很高兴遇到你。"艾米同样回应了过去。李可说："今天天气很不错哦。"艾米愕然。李可又说："穿得这么漂亮，是去上班吗？"艾米说："上班？这个点儿上什么班啊？现在都下午四点了，我是出去办点儿事。"李可只能尴尬地说："嘿嘿，是的，看我糊涂的。"李可很紧张，尴尬地笑了笑。艾米感到这个人很无趣，于是找个理由打发掉，离开了。

但是阿南却很懂得与人交谈。他一直苦恼没有机会与艾米搭讪、接触，终于有一次周末的时候，阿南在路上看见艾米走进小区附近的一家水吧，他迟疑一会儿，也跟着进去了。阿南走到门口，看到艾米在一个角落的沙发上坐着看杂志。于是他就走上前，有点儿紧张地开口说："嗨，美女你好，经常在小区见你散步，今天好巧在这里遇到你，请问你叫什么？"艾米很纳闷儿地抬头看着他，说："我叫奶茶啊！"她显然不想说真名，但阿南居然说："噢，好，我叫咖啡。"艾米冷漠的脸上立刻露出灿烂的笑容，"奶茶"和"咖啡"就这样认识了，后来还真走到了一起。

其实大多数人都希望成为和蔼、优雅、自信、风趣的谈话高手。如果我们能适时地纠正自己那些不合时宜的言行，对自己是一种救赎，对他人也是一种解脱。虽然有时这样做需要极大的勇气，但它却能使你享受到愉快谈话的乐趣。

1.少谈论那些老生常谈的话题

莎士比亚说："第一个把女人比喻成鲜花的人，是天才；第二个这样做的人，是白痴。"如果我们总是谈论那些老生常谈的话题，那么对方就会在心里

想“又来了”，然后马上找机会离开。因为没有人喜欢在无聊的话题上，浪费自己的时间。

2.把话说到点子上

说话是否精彩不在于长短，而在于是否抓住了关键，是否说到了点子上，是否能打动听众。听众最喜欢的是有啥说啥，直来直去。对于那些空话、套话，他们不但不愿听，甚至觉得是受精神折磨，是浪费时间。

3.少谈无用的琐事

大家应当避免问一些令人扫兴、无趣的话题。尤其在与陌生宾客的初次交往中，彼此各自都有一定的意图，所以纯属个人生活的事情不要多谈，可能没有人会对你生活中的那些琐事感兴趣，诸如你的生活习惯、孩子的光环、近期的笑话以及家庭纠纷之类的事。

说话小启示

说话时，你一定要懂得把控好你的内容，如果一个话题结束了，你要适时地想出一个全新的话题，并且新的话题一定要吸引人。在演讲或普通交谈时，都要懂得做些变化，所谈问题要加以印证浅明的道理，使人容易听懂，这样也不会使人对于听同一种话语太久而感到厌倦。

不揭人伤疤，不戳人痛处

有这样一则寓言：

有位樵夫救了一只小熊，母熊对他感激不尽。有一天，母熊安排丰盛的晚宴款待了他。翌日早晨，樵夫对母熊说：“你款待得很好，但我唯一不满意的

就是你身上的那股骚臭味。”母熊虽怏怏不乐，但嘴上却说：“作为补偿，你用斧头砍我吧。”樵夫照它的话做了。

若干年后，樵夫又遇到母熊，问：“你头上的伤好了没有？”“那次痛了一阵子，伤口愈合后，我就忘了。不过，那次你说的话，我一辈子也忘不了。”母熊回答说。

无论是人之短也好，人之私也罢，人之短私都衔接着人的尊严，说与不说关乎着人心的良善，对人是非、隐私若揭若说，是损人尊严，折损消耗自己良善福德的行为，所以古人教导我等应当慎之又慎。不顾及他人的尊严揭人伤疤，会让人心生怨恨，你也会多一个敌对者。

在我国的春秋时期，就曾发生过这样一起离奇的弑君事件。身为一国之君的宋闵公，仅仅因为自己的一句玩笑话，就被大将军南宫万砸死在棋盘下。

当时，宋闵公携众臣前往郊外游玩，南宫万也在陪侍之列，玩到尽兴之时，宋闵公突发奇想，让群臣逐一展露绝活，有的人弹奏，有的人舞剑……轮到南宫万时，只见他举起手中的长戟，往空中一抛，然后稳稳接住，再抛再接，一连十几次，惹得众人连声叫好。

然而，南宫万的精彩表演却让宋闵公醋意渐生。他命人拿来一副棋，要与南宫万切磋棋艺，输者罚酒一碗。南宫万耍戟是把好手，下棋可就远远不及宋闵公了。几个回合下来，就喝得酩酊大醉，却执意要与宋闵公再战。宋闵公哈哈大笑：“你这个贼囚犯，还想赢我？”

原来一年前，南宫万带兵攻打鲁国时，不慎被对方活捉，后在宋闵公的求情下，才得以脱身，南宫万视之为奇耻大辱，然而，宋闵公却偏偏不知趣地触及了对方的伤疤。

南宫万当时就很生气，只是慑于君臣之礼，不敢发作，强颜欢笑。这时，突然传来周庄王驾崩的消息，宋闵公当即说道：“既如此，我当遣使入都吊唁。”南宫万一听，马上自告奋勇：“小人从来没去过国都，此番愿代大王前往吊唁，顺便领略一下国都的繁华。”

没想到，宋闵公却笑道："我们宋国难道没人了吗？要派你这个囚犯去丢人？"引得周围的人狂笑不止。南宫万再也抑制不住心中的怒火，大声吼道："你这个无道昏君，可知道囚犯也会杀人！"说罢，抡起桌上的棋盘。就往宋闵公头上砸去，宋闵公当场毙命！

和风细雨滋润万物，和颜悦色使人舒服。大凡有点儿德行的人，一般不揭人伤疤、戳人痛处，有事说事，有理摆理，绝不狐拉狗扯，因为将心比心烙饼翻个儿，谁也不愿别人揪着自己的小辫儿拎着玩儿，谁被别人侮辱了都会进行反击，那会给双方带来不快。

谁都有不足的地方，人人都有自己的缺憾，其实善于改正就是好样的。当我们那些小污点成为过往的时候，我们每个人肯定都不想揭开这个伤疤重新审视，也不希望有人提起。如果有人拿这些问题做文章，就等于在人家伤口上撒盐，这有损于人家的名誉，这也是不能容忍的。

做一个顾及他人尊严的人，你需要注意以下几点：

1.就事论事，不人身攻击

所以，在批评人的时候，对方哪件事做错了，就批评哪件事，不能因为他某件事做错了，就论及这个人如何不好，以一件事来论及整个人，把他说得一无是处，一贯如此。比如用"从来"、"总是"、"根本"、"不可救药"等言辞来否定人，都是不可取的，应当避免。

2.学会顾及他人的感受

在现实生活中，人都是有弱点的，所以在交谈的时候，尽量不要碰别人的"伤疤"。但很多人往往都认识不到这一点，在说话的时候，只顾着自己高兴，而不在乎别人的感受。要知道有时候一句侮辱性的语言完全可能把深厚的友谊葬送。

3.不要触碰他人的伤心点

月有阴晴圆缺，人难免有失意之处，或高考落榜，或恋爱受挫，或久婚不育，诸如此类的失意之事暂时忘却倒也轻松，有人有意无意提起就会使他心灰

意懒、沮丧不已。万事如意、踌躇满志之人则多以昔日的失意为忌讳，生怕传播开去，有失脸面。所以，请注意口德，不要触碰他人的伤心点。

说话小启示

荀子说：“与人善言，暖于布帛；伤人以言，深于矛戟。”朋友们，你如果喜欢做些伤人的事情，让人下不来台，你就不怕被报复吗？如果你不小心得罪了那些心小之人，报复是肯定会有的，所以还是劝大家好好估量一下轻重吧！得罪人真的是没什么好处。

学会拣好听的话说：谁都喜欢让人心情愉悦的语言

谁都愿意听好话，不好听的话太刺耳，人人都听了难过。所以说，想要获取好人缘，你一定要会说好话。很多时候你会说，好话虚，不实在，但这并不代表你排斥和拒绝好话，不是吗？想想看，有人说："你的鼻子怎么了？怎么有点儿歪？"另一个人说，哇，你的鼻子长得好有特点，精致极了。"听完这两个人说的话，你会喜欢谁？难道是第一位吗？所以说，想要引起听者的共鸣，请记得说话的技巧，说点儿让人容易接受的好听的话！

适度的赞美，每个人都爱听

古人云，信言不美，美言不信。话虽如此，可是大多数人还是喜欢“美言”的。“美言”让人开心、舒服、自信，但是批评的话就不一样了，它就像是一记耳光打在人脸上。赞美之词与批评的话语可能会对同样处境的人产生截然不同的结果。

一位成功学研究专家曾经就讲述过他所经历的这样一件事情：

以前，我经常到政府机关去办事。办理具体事务的那些工作人员可能是每天面对的事情太多了，所以看上去非常疲劳，服务效率很低，我办一件事要跑好几趟才能够有结果。

有一次，我又到那里去办事。这一次接待我的是一个年轻的小伙子。在办事之前，我先问了他一个问题：“先生，你在这里做多久了？”

“4年了。”小伙子连头都没有抬，有一搭没一搭地回答了我一句，显得非常不耐烦，“怎么？有什么问题吗？”

“是吗？难怪呢。”我故作惊讶道。

“怎么了？”小伙子用非常疑惑的眼神看着我。

“我经常到这里来，但是没有见过你。不过我今天在这里有一个巨大的发现，那就是：我发现在这个机关里，你是从头到尾最卖力气的一个人。”

其实，这并不算是我最大的发现。我最大的发现是当我说完这句话以后，那个小伙子的眼神马上变得非常亲切，整个人马上精神起来，立刻接手办我的事情。

我趁机又美言了一句："你的工作精神真好，我真希望每次来办事都能遇到你。"

小伙子在几分钟之内就给我办完了所有的手续。按我以往的经验，那些手续最少要跑两次才能办完，然而那天只用了5分钟。

一件事情，通过几句赞美之词，竟然五分钟就完成了。可见，赞美的效力还是非常大的。不要埋怨对方脾气不好，如果你懂得巧妙变通一下，那一切不就很快解决了吗？

不管何种场合，人们都喜欢被他人夸赞、肯定，或许这里面也有小小的虚荣心吧，但是话说回来，谁不喜欢呢？赞美不仅能让他人高兴，还会为你自己带来很多好处，可以给你带来远见卓识，可以让你拥有宽广的胸怀，这些是一个人走向成功必备的性格和修养。学会赞美别人，可以使你获得真挚的友情，可以有很好的人际关系。

1.最有实效的赞美是"雪中送炭"

生活中，最需要赞美的不是那些早已功成名就的人，而是那些因被埋没而产生自卑感或身处逆境的人。他们平时很难听到一声赞美的话语，一旦被人当众真诚地赞美，便有可能振作精神，大展宏图。因此，最有实效的赞美不是"锦上添花"，而是"雪中送炭"。

2.赞美之词要脱离常规

面对一幅油画作品，几乎所有的人都异口同声地感叹道："真是太绝了！"油画家对这样的恭维早就习以为常了。你可以说"画如其人。您的画运笔沉稳，是和您刚正不阿的秉性、对人生与社会的深刻思考分不开的。"独辟蹊径，避开了套词俗语，令人耳目一新。

3.赞美的话语要及时表达

一个人在完成工作任务后总希望尽快了解自己的工作结果、质量、数量、社会反映等。好的结果，会带来满意愉快的情绪体验，给人以鼓励和信心，使人保持这种行为，继续努力；坏的结果，能使人看到不足，以促进下一次行动时的改进，求得好的结果。

4.赞美要懂得真情流露

赞美要表达真情实感，如果不真正的做作反而会适得其反。这就要求大家必须针对对方的引以为豪之处进行赞美，不然就会变成拍马屁了。比如明明人家长相一般，你偏偏说人家长得很帅，那么只会让对方觉得你是在消遣他，说不定会拂袖而去的。就是这种驴唇不对马嘴的赞美在我们的身边却天天都在发生着。

5.赞美要多用于鼓励

自信是成功的一半，用赞美来鼓励对方，能达到事半功倍的效果，尤其在“第一次”。每个人做事都有第一次的时候，如果对方第一次干得不好，你应该真诚地赞美一番：“第一次有这样的表现已经很不容易了！”别人会因为你的赞美而树立信心，下次自然会做得更好。

说话小启示

美国哈佛大学的心理学家威廉·詹姆斯说：“人类本性最深层的需要就是渴望得到别人的欣赏。”其实人类的很多情感都是相互的，一个从不吝啬于欣赏和赞美别人的人，他的人缘会相对比较好，因为没有人会反感来自别人的肯定。

会恭维，你的话才能得人心

所谓：“良言一句三冬暖，恶语伤人六月寒。”一个人在自己的价值得到肯定后，必然会高兴万分；此时，你再提出自己的要求，对方自然会很爽快地应承下来。很多心理学家都证实：人一旦在心理上对你感觉亲切起来，也就意味着对

你的意见开始接受，态度自然会开始转变。所以说，如果你想得到对方的认可或者是寻求他人的帮助，请记得学会恭维对方，恭维，会让你的话语更为动听。

海露在某家公司做人事经理，她在给新来的员工讲授沟通经验时，最重要的一条就是懂得适度恭维别人，尽量谈及别人的优势或者感觉自豪的事情，这样能快速打开别人的心门，让别人更容易接受自己。这一条沟通秘诀是海露的经验之谈。

由于业务上的需要，海露经常要跟广州一代的生意人接触。有一位广州女领导林小姐，人非常有气质，而且很有才干，但是她有一点不好，就是过于傲慢，不太把一般人放在眼里。有一天，海露有事情需要跟她商谈，但是一看到林小姐傲慢的样子，海露就有点儿发怵，于是海露决定绕个弯子，换种方式和她谈谈。因为当时大家一起去参加一个展会，所以海露主动走上前去跟林小姐打招呼，相互交换名片后，海露说："林小姐，您的名字真不错，一听名字就知道您是一个非常有气质、有修养的人，里面肯定大有学问。"

林小姐有点儿惊愕地说："为什么这么说呢？我没觉得啊？而且我的名字很普通，全国应该很多人叫林曼玉。"海露笑着说："首先，您长得漂亮且气质不凡，跟林黛玉就差一个字，但是您避开了她的缺点，您看着很有活力。此外，您的名字跟明星张曼玉也只差一个字，您的美貌一点儿都不输于她。而且更为可贵的是您比较有能力，是我们中间的佼佼者。"

林小姐平日里自视清高的原因就是得意于自己的美貌和能力，而海露的话"切中要害"，自己得意的事情被人夸奖，自然喜形于色。之后，林小姐很快就和海露成了好朋友，她们成功地合作了许多项目。

好听的话语会使对方在一开始就产生愉快的心情，有利于进一步的深谈。在对方心情愉快的时候，是非常乐意仔细了解你的需求的。只要你给对方留下了美好的印象，对方一定会对你大为欣赏。

在生活中，如果你的恭维话说得比较巧妙，那你定会左右逢源，遇到麻烦也会有很多人帮你解决。当一个人听到别人的恭维话时，他的内心是澎湃的，

会乐呵呵地说："哪有，哪有，您真是过奖了！"即使事后回想，明知对方所讲的是恭维话，却还是没法抹去心中的那份喜悦。那么，朋友们，你知道如何说好恭维话更得人心吗？

1.恭维的话，不要太离谱

一个人受到别人的夸赞，绝不会觉得厌恶，除非对方说得太离谱了。奉承别人首要的条件，是要有一份诚挚的心意及认真的态度。言辞会反映一个人的心理，因而轻率的说话态度，很容易被对方识破而产生不快的感觉。

2.恭维的话，要找准时机

在对方想听到恭维话的时候，千万不要让对方失望。当你感觉到对方特意在显摆什么的时候，就表示他希望得到恭维。例如，你的客户说："我昨天买了这套新西服，你看怎么样？"这时候，你就应当给予恭维，说："嗯，真不错，怪不得您今天看上去特别有气质。"

3.恭维的话，要注意对象

在人际交往中，应当注意交际对象的年龄、文化、职业、性格、爱好、特征，因人而异，把握分寸，切不可随意恭维、奉承对方，尤其是新交，更应小心谨慎。你对一个过于肥胖的姑娘说：你的身材实在是漂亮极了！"姑娘一定会认为你是在取笑她而大为不快。

4.恭维的话，内容要具体

即使是同事，也完全是彼此性格不同的人，有着自己独特的爱好与特点，都愿意让别人发现和肯定自己的优点。在我们对同事们说恭维话的时候，要有具体内容，切忌毫无新意地生搬硬套。

说话小启示

其实，虚荣心是人人都有的，因为每个人都喜欢自己活得出众、活得精彩，希望自己的光鲜能得到他人的认可和称赞。当你对他们这些没把握的事情中的任何一桩加以颂扬时，都会发生你所预期的功效。

让人听着舒服，那就把话说到心坎上

有一次，公交车上坐满了乘客，就在这时，一名抱着小孩的中年妇女上车了。公交车售票员凌凌像往常一样对乘客们说："麻烦一下大家，给这个抱小孩的女士让个座吧。"可是，凌凌喊了两声，始终无人让座。凌凌没有慌乱，缓缓地站了起来，用期待的眼神看了看靠窗口的几位年轻人，提高了嗓音："这位女士，您往里面走走吧，后门附近的那几个年轻人都想给您让座，可是看不到您，大家稍微换一下，让她们过去吧。"话音刚落，"呼啦"一声，那几个年轻人都站了起来纷纷给她让座。抱小孩的女士坐下以后，光顾喘气定神，忘记对让座的年轻人道谢，年轻人看着有点儿不太高兴。凌凌看在眼里，心中明白，她忙中偷闲，逗着小孩子说："小家伙，你跟前的叔叔给你让了个座，你是不是应该说点儿什么呢？"一语提醒了那位妇女，连忙拍着孩子说："宝贝，快，快谢谢这几位热心的叔叔。快说声谢谢。"那年轻人听到"谢谢叔叔"时，连声说："不客气。"

聪明的人要学会在交流中把话说到别人心坎上，俗话说："人心都是肉长的。"只要是人，都是可以被感动的，贵在把话说得恰到好处，从而得到他人认可，进而赢得好感。不论说什么理，说服什么人，都要遵循对方的心理轨迹步步深入，将自己的观点和意图逐渐融入对方的思想中去。这样说理才有力量，才能达到目的。

慈禧太后是一个脾气古怪的人，高兴的时候还可以，不高兴的时候就会"让人好看"，所以她的奴才们在她面前说话总是加倍小心，俗话说：伴君如伴虎嘛！

一次她去看京戏，是当时的著名演员杨小楼演的，特别精彩，真是让她大乐了一场。看完戏后，她心情很好，就把杨小楼召了过来，说："你的戏演得不错，让我今天心情很好。说吧。你想要点儿什么，我都赐给你。"

杨小楼叩头谢恩，说："老佛爷洪福齐天，不知可否给奴才赐个字？"

慈禧一听，说："好！准备笔墨！"然后写了一个字。

杨小楼接过来一看，"福"字写了两个点。拿回去让别人看了会惹是生非，不拿回去还不行，吓得他双腿都站不稳了。

慈禧刚开始不知道怎么回事，后来她才发现是写错了字，但是又不好意思要回来。

旁边的李莲英早看见了，脑子一动，笑呵呵地说："老佛爷之福，比世上任何人都要多出一'点'啊！"杨小楼一听，马上反应过来，叩谢老佛爷说："这万人之上之福奴才可不敢领啊。"

慈禧太后一听李莲英的话，正好说到自己的心里，听着又顺耳，又解了她的难。事后她赏了李莲英白银500两。

话说得中听，在事情发展不利的时候却可以扭转乾坤，达到预期的目的；话说得不中听，即便是好的事情也能办砸了。这里的话说得中听与否，是指能否把话说到对方的心里去。

要想获取对方的好感，说话是一个非常重要的关键因素。因此如何说话，即怎样才能说好话，应该是我们要予以重视的一个问题。那么，如何才能顺利地把话说到对方心里去呢？总的来说有以下几个窍门。

1.察言观色，了解对方

学会察言观色，留意对方身边的事物，从中了解他的心态，并把话说到他的心里，这样才能赢得对方的好感，这时，你无论办什么事，都会顺利得多。把话说到人心里，仔细研究起来，其实很简单。这就需要我们多用些心思，了解对方心理，与其建立更深入的关系。

2.善于揣摩对方心理

善于揣摩对方微妙的心理，是帮助自己提出意见并说服他人的重要方法。并且，当对方有一些顾虑和担忧时，如果你能及时洞悉他的心理，并加以疏导，你的成功率就会大大地提高。

3.站在对方角度说话

在双方沟通的过程中，如果只顾自己的利益，不管别人的需要和利益，是非常愚蠢的做法。要想使沟通顺利进行，首先就要与对方站在同一个立场，多方为其考虑，把话说到他的心里，让对方觉得你是“自己人”，这样才更有益于双方沟通。

说话小启示

说话时，只有句句到位才能句句让人满意，说到对方心坎上，你要注意一点，那就是心口如一，千万不要口是心非。人们最讨厌不正常的人，一旦你被人察觉，那就会无形中让对方树立对你的敌意，导致沟通的失败。

戴个“高帽”，他人更欢喜

“戴高帽”一词源于唐代李延寿所著《北史·熊安生传》中的一个故事：

北齐有一个叫宗道晖的人，平时喜欢戴一顶很高的帽子，脚穿一双很大的木屐。每当有上级官员到来，他都以这身打扮去谒见。见到官员时，他又总是向上仰着头，举着双手，然后跪拜，一直把头叩到木屐上，极尽阿谀奉承之能事。后来，人们把这种做法叫“戴高帽”。

欲先取之，必先予之，如果你想让别人平白无故帮你忙，你得先付出。不要以为你穷困潦倒，实在掏不出什么好东西来赠予他。你错了，你真诚地给人戴个“高帽”就是最好的礼物，人人都需要、都喜欢，而且越是位高权重的人越在乎。

说起铭姐这个人，大家都不太敢招惹。在公司里，铭姐是一个非常能干的

人，做事很有一套，但是她这个人却不太与人亲近，总是让人觉得冷冰冰的，很少有人跟她谈论工作以外的事情。铭姐也不喜欢参加单位的集体活动，这么个怪人没人喜欢她，可有些问题还非得她来解决，所以她是单位有名的硬茬、牛人。

陈小莫的案子有问题，需要铭姐帮忙，怎么开口呢？陈小莫想来想去，演出了下面的一幕：

陈小莫装作无意地在铭姐身边抱怨："你说说，这不是给我找罪受嘛，又来这样一个奇葩案子，我可咋整啊，以前也没接触过，真不知怎么下手好。"铭姐抬头看了看陈小莫，陈小莫继续，"铭姐，为何你就这么厉害呢，真是怪了，很多事情大家都处理不了，唯独你，什么都难不倒，我是真佩服啊，看在我这么可怜的份儿上，铭姐帮帮我好不好，收下我这个笨徒弟吧，教教我，好不好？"铭姐听到这里，似笑非笑地一把抢过陈小莫手里的文件夹，有点儿嗔怪地说："我是不是前世欠你的啊，小莫！"

就这样，简单的几句话，陈小莫就给铭姐戴了一顶高帽，而正因为这一顶高帽，陈小莫顺利得到了铭姐的欢心，达到了自己的目的，这就是巧戴高帽的好处。

但是，大家要正确理解戴高帽的意义，它不是奉承，也不是讨好，而是一种说话的策略。戴高帽要结合对方的自身实际，才能把话说到巧处，让人觉得真心，从而让对方打心底满意。因此，它是人际交往中一种常用的说服技巧，如果运用得当，在人际交往中，会得到意想不到的效果。

1.每个人佩戴不同的"高帽"

有句话说：看什么鱼，放什么饵；见什么人，说什么话。给人戴高帽也是如此，不能乱戴。对于不了解的人，最好先不要冒冒失失地就去戴高帽。要等你找出他喜欢的是哪一种赞扬，才可进一步交谈。最重要的是，不要随便恭维别人，有的人不吃这一套。

2."高帽"大小要合适

只有大小合适的高帽才能戴得稳，不分人乱戴高帽是不明智的。人们发现

你言过其实时，会感到受到了愚弄。所以宁肯不去恭维，也不宜夸大无边。比如，对不熟悉的人，如果你不停地夸奖对方的人品、性格等，不免让人感觉做作，刻意奉承。

3.背后戴“高帽”

背后赞人，是一种至高的恭维技巧。我们都知道，背后说人坏话被当事人知道后，往往会结下仇怨；而背后赞美则恰恰相反，如果你的赞语通过第三者转述给当事人，则会让他觉得尤为受用，而且非常真实可信。

4.“戴高帽”不是“拍马屁”

“戴高帽”与“拍马屁”一褒一贬，形式相似而本质迥异。拍马屁是恶意的，是怀着不可告人的目的去曲意逢迎；而戴高帽是善意的，是怀着善良之心去劝说，所讲的话虽然有所夸张，但基本上是实话。在人际交往中，马屁不可拍，高帽可以戴。

说话小启示

头衔虽然是虚的，但它却有十足的诱惑力。很多人可能不记得小学时都学过些什么东西，但如果他曾担任过“少先队大队长”、“学习委员”之类的差事，那这些头衔却会让他记忆一生。小孩子尚且如此，更何况成人呢？成人有着更强烈的自尊的需要、自我实现的需要。

礼貌先行，让说的话更为动听

王晨上班第一天，竟然在公司大门口遇到了老板。虽然王晨不认识老板，但看到周围的人都和老板打招呼，她也礼貌地说：“老板，您好！”老

板面带微笑，还稍微欠身低头，细心的王晨发现原来老板也是一个很有礼貌的人。

王晨到了办公室以后，按照人事部门的要求，需要先向老板报到，然后由老板安排具体工作事宜。走到老板办公室的门口，王晨用手轻轻叩了三下，里面传来老板的声音："请进！"王晨轻轻推开门，面带微笑，说道："您好，老板，我是新员工王晨，今天特向您报到。"言语很有礼貌，老板放下手中文件，赞许地微微点点头，然后开始为王晨安排具体工作。

从上面的案例可以看出，王晨和老板都是非常讲礼貌的人，礼貌不仅体现在他们的言辞上，还体现在他们的行为举止上。《释名》中有这样一句话："礼，体也，言得事之体也。"意思是"礼"就是说话做事的规范。孔子之前都是"礼不下庶人"的，即平民没有资格遵循和享受礼仪。礼仪也是一个人道德修养的一种体现，所有粗俗的、不礼貌的言辞首先是对自己的不尊重。

梅宇老师是某地区一高校的大学教授，一天，他正在办公室里备课，有人敲门，他习惯性地说了声请进。抬头一看，是一位女学生，但是他并不认识，他想也许是找别的老师的。但是那位女学生四下看了看，并没有确认自己找谁，张口就说道："梅宇呢？"

顿时，整个办公室静了下来，大家都非常吃惊，都往梅宇这里看，梅宇感到非常震惊，这些年来，在教学生涯中，没有人这么直呼其名。此时，梅宇的脸上露出了不悦的神色，但是他还是保持镇定，非常有礼貌地回答："请问有什么事？我是梅宇。"

可是，那位女学生依旧没有教养地说："可找到你了，你就是梅宇呀，那好，我介绍一下，我是某某教授的学生，这是我的论文，你给我看看吧！"

原来当时有规定，论文答辩时要请一个校外的专家来指导。这位女生是外校的学生，来找梅教授给自己批阅论文。

梅宇是一位素质比较高的教授，即便这位学生如此没礼貌，但是他还是忍

住了自己的不悦，没有对她发火，只是无奈地说了句："你先放桌子上吧！"

随后，这位女学生就把论文扔在了桌子上，不耐烦地说："你这样慢吞吞的，真的是急死人啊，这可是关系到我毕业的大事啊，还有两天就要答辩了，你能不能快点儿啊！"

梅宇再也无法忍受，说："这位同学，找人办事就要有找人办事的态度！你这样嚣张，未免太不尊重人了！请你拿着你的论文离开，你的论文我看不了！"

在和他人交往的时候，要注意做到自己的一言一行都有礼貌。有句话叫作"尊重别人就是尊重自己"，一个有礼貌的人到处都会受欢迎，受到人们的热情接待，而一个习惯于出言不逊的人，就不会得到别人的喜欢。

立足社会，没有礼貌和教养是不行的，这两者可以为你的个人形象增光添彩，可以说是你良好品质与魅力的象征。礼貌不用花钱，却能赢得一切。礼貌使有礼貌的人喜悦，也使那些受人以礼相待的人们喜悦。

1."嗯"、"喔"等语言容易让人感觉不受重视

与人交谈，最好不要用鼻音词来表达意见。不要用"嗯"、"喔"等鼻子发出的声音来表达个人意见，这些音调虽然不是粗话，却会令谈话者有一种不受重视的感觉。

2.避免粗俗的语言，多用敬语

交谈时应该避免粗俗的语言，多用敬语。语言轻狂、油腔滑调或者带有某种草莽腔、市井俚语、骂腔是最不堪的，即使批评、怒骂也不要用下流语言。尽量多用"请"、"谢谢"、"不客气"、"抱歉"等文明用语，尤其在初次见面时，更要如此。

3.做有礼貌的人，一定要懂得尊重他人

无论是求人办事，还是日常交往，说话时一定要礼貌先行。说话有礼貌，就是对别人的尊重，而只有尊重别人的人，才会获得别人的尊重。因为你满足了对方的"被人尊重"的心理，就会使对方对你怀有好感，这样一来，办起事

就会顺利了。

说话小启示

人与人交往，离不开语言，语言是信息传递的纽带和桥梁。没有了语言，人们的交际就失去了色彩和活力。语言作为一种表达方式，能随着时间、场合、对象的不同，而表达出各种各样的信息和丰富多彩的思想感情。说话礼貌的关键在于尊重对方和自我谦让。

幽默可以愉悦人心：诙谐幽默的语言最是招人喜欢

幽默是一种高深的说话艺术手段，运用得当，能为你的谈话锦上添花。如果你想在社交中给人留下良好的印象，就得运用幽默力量。然而，并不是每个人天生就是幽默家。人通过后天的练习也可以变得幽默。幽默是如何增添人的魅力的？我们要怎样才可以具有幽默的气质？做一个幽默的人需要哪些技巧呢？这一系列的问题，相信大家在阅读完本章之后就能找到答案。

缓解尴尬，巧用幽默来解围

纪晓岚在编纂《四库全书》时，正值盛夏的一天，打着赤膊坐在案前。这时，乾隆突然驾到。衣冠不整见驾就有欺君之罪，更何况纪晓岚这副模样！他慌得连忙钻进桌子底下躲避。其实乾隆早就看到了，向左右摇手示意，叫他们别作声，自己就在纪晓岚藏身的桌前坐下来。时间长了，纪晓岚感到憋闷，听听外面鸦雀无声，又因桌围遮着看不见，不清楚皇上走了没有。于是低声问："老头子走了没有？"

乾隆心里又好气又好笑，故意喝道："放肆！谁在这里？还不快滚出来！"

纪晓岚没法，只好爬出来跪在地上。乾隆说："你为什么叫我老头子？说不出理由来，绝不轻饶。"

纪晓岚从容答道："陛下是万岁，应该称'老'；尊为君王，举国之首，万民仰戴，当然是'头'；子者，'天之骄子'也。呼'老头子'乃至尊之称。"

乾隆笑道："卿急智可嘉，恕你无罪！"

在社交场合中，遇到尴尬处境是常有的事。一些猝不及防、进退尴尬的情境，往往会令人啼笑皆非，狼狈不堪。如何解脱，首先需要随机应变的能力，随机应变是幽默技巧中一种高超的能力。如果你脑袋转得快，说出来的话更有意思，那么，一切尴尬问题就会迎刃而解了。

严格在某家公司担任总经理一职，习惯于别人称他为"头儿"。有一天，公司新来了一名员工，这名员工叫李雷，李雷来到严格的办公室报到，这时严格就对他进行了一番说教："小李啊，你别总是一口一个严经理地叫了，

太麻烦了，听得我脑袋大，在公司里我是头儿，所以，你以后只管叫我‘头儿’即可。”

严格只管说得痛快，哪知道外面有没有人。说来也巧，往常很少出现在公司的董事长恰巧这一刻走进了严格的办公室。很明显，刚才严格说的话已经被董事长全部听到了耳朵里，而且董事长面部露出了比较反感的神情。

更让人感到尴尬的是，李雷故意添乱似的回了这样一句话，问道：“哦好的，‘头儿’，我想问一下，您上面有‘头儿’吗？”

严格看看董事长，又看看李雷，立即改口道：“这是当然的呀，那就是头儿的脖子——董事长！”

李雷这才随声应了一句：“是呀，当头需要转动的时候，它确实必须服从脖子啊。”

想要周围的气氛更为缓和，想让紧张的局面变得放松，想要彼此的矛盾快速解决，朋友们，学点儿幽默的话语吧，这会帮你解决很多尴尬的难题。一个善于运用幽默诙谐语言的人，能给他人带来欢乐，也能使自己成为一个吸引人的社交高手。

朋友们，当我们遇到尴尬的时候，幽默不失为一种极好的应对方法，那除此之外，你还知道哪些化解尴尬的小妙招呢？

1.巧用歧义缓解尴尬

你也可以利用特定的场景，造成情境歧义。有时同一个词语就存在着不同的含义，这时候你可以巧妙地运用语言的多义，再加上具体的场景，造成歧义的效果。让听者搞不清楚你到底所要表达的是哪种意思，自然也就不会将那些触碰言语禁区的话放在心里。

2.借题发挥缓解尴尬

如果你说错了话，确实很难挽救，不妨借题发挥一下，有意地凸显错处，借机大做文章，为自己的话找到最佳效果的解释。这种方法就妙在一个“借”字，难在一个“发挥”上，借什么样的“题”，如何发挥，这就是关键所在。

借题发挥得好，就会轻松走出尴尬境地。

3.装傻充愣缓解尴尬

这是厚脸皮的万用灵方，它可以轻而易举地将尴尬施加的影响摒弃掉。谁都知道傻子总被人们嘲笑，但从未有尴尬时刻，因为傻子做傻事没什么新鲜的，他自己也不在乎。虽然我们不是真的要当傻子，可是在特殊时刻采用一些特殊方法来脱危解困又有什么不好呢？

4.自嘲打趣缓解尴尬

说错话之后，机智地将话题引向自己。通过对自己的善意攻击来消除对方的敌意，转移对方关注的焦点。这样做的好处是，能够不露痕迹地照顾到对方的自尊心，同时巧妙地使紧张的气氛得以缓和。

说话小启示

尴尬场合，无法解困？那就用点儿小幽默为自己增添点儿小魅力吧。做一个说话幽默的人，需要我们用一种趣味的角度看待发生在自己身边的种种事情，只在一念之间，悲剧变喜剧。朋友们，言谈中多点儿幽默吧，这样你定会是一个非常吸引人的人。

幽默，彰显你的智慧与高雅

有人形象地说：“没有幽默感的语言是一篇公文，没有幽默感的人是一座雕像，没有幽默感的家庭是一间旅店，而没有幽默感的社会是不可想象的。”假如你没有幽默感，那就会被人认为是死板、单调、缺乏人与人之间沟通的趣味性，长期与你交往，就会让人感到没意思……幽默，是一个人智慧的体现，

一个懂得幽默的人更为高雅脱俗。

陈默是一个非常幽默的警官，不管遇到什么重大案件，他总能一笑置之，使问题迎刃而解。

有一次，有四个中年妇女因为一丁点儿事情起了冲突，可以说是闹得不可开交，四个人你不让我我不让你地闹到了警察局。到了警察局之后，四个人仍旧是吵翻了天，办公司里闹腾腾的，人虽然不多，但是嗓门却不小，气势非常逼人。女人的话匣子一打开，连局长都没有插嘴的份儿。这时，陈默淡淡地说了一句话："来，几位，年长者先说吧！"

陈默刚把话说完，办公室顿时安静了下来。是的，没有人愿意坦言自己是最老的那一位，这个问题对于女人来说最是敏感，谁又能主动承认呢！

聪明的陈默正是利用了女人们爱美、爱年轻的心理特点，使令人头痛的问题迎刃而解。

陈默的聪明才智不仅如此，他还曾经运用幽默顺利地救助了一名企图跳楼自杀的女孩子。案发现场，形势非常紧张，那位女孩子站在26楼的窗台，依当时情况看，她很有可能会跳下去。楼下挤满了围观的群众，这时医生和记者也都来了，乱哄哄的全是人。那名想要自杀的女孩子正色厉内荏地喊叫着："你们走远点儿，如果你们再往这儿迈一步，我立马跳下去，滚远点儿！"

这时，陈默带了一名医生走上前去，他只说了一句话，那女子便默默地走下了楼。陈默说："姑娘，我可不是来劝你的，我知道劝你也没啥用，这位是某某医院的大夫，我想问一下，你死后愿不愿意把尸体捐给医院？"

除此之外，陈默还利用自己的幽默感帮助局里破了一件大案！当时，局里正在打探一名男性通缉犯的下落，可是案子过了好久也没有破，一个偶然的机会这个男子却让陈默在处理其他事情的时候给逮住了。事后，警长问他："这位通缉犯女扮男装，而且乔装打扮的如此精细，你是怎么发现他是一名男子的呢？"

"连女人的生活习惯都没有，怎么可能是女人呢！"陈默笑着回答说，

“当时，看到他路过美容院、甜品店、时装店，他竟然看都不看，你说说，这怎么可能是正常的女人呢？”

说完，大家都哈哈大笑了起来。

就是这样，幽默可使人冷静，冷静则使人充满机智。

幽默，是人与人交谈成功的一大法宝，幽默的力量不容小觑。巧妙地运用幽默的语言技巧可以达到以下效果：

1.幽默是语言的润滑剂

幽默风趣，妙语连珠，能使交际双方很快熟识起来。人们常有这样的体会，疲劳的旅途上，焦急的等待中，一句幽默话，能使人笑逐颜开，疲劳顿消。那个说幽默话的人，立即受到众人的青睐，成为社交场上最受欢迎的人。

2.让人际关系更和谐

友善的幽默能表达人与人之间的真诚、友爱，拉近人与人之间的距离，是和他人建立良好关系不可缺少的媒介。尤其是当一个人要表达内心的不满时，若能使用幽默的语言，听者会觉得顺耳很多。当一个人需要把别人的态度从否定变为肯定时，幽默具有很强的说服力。

3.让拒绝的话自然说出口

拒绝并不一定是一件严肃的事，适当地在拒绝别人的时候加入一些调笑剂，不仅能不让对方难堪，而且自己心里也不会有太多的压力和内疚。事实上，拒绝可以是一件轻松的事情。有时，如果我们不得不拒绝别人的非分要求，不妨用幽默来达到自己的目的。

4.巧妙地化解生活中的尴尬

幽默是一种人生智慧，它能让你和他人零距离接触，它温和而不软弱，含蓄而不张扬，机智而不圆滑，它是“天真”与“理性”的巧妙结合，帮你化解困境，在社交中轻松自如地面对一切。

说话小启示

得到别人的认可和接受，你才能达到交际的目的。幽默这种交际智慧可以说是能够彰显出你的独特魅力。幽默是打开别人心房的一把钥匙，也是交际场合的一种常用手法，懂得幽默的人必然会受到别人的欢迎。让我们成功地驾驭幽默，达到交谈的最高境界吧。

幽默获取小技巧，你知道多少？

传说李鸿章有一个远房亲戚，胸无点墨却热衷科举，一心想借李鸿章的关系捞个一官半职。他在考场上打开试卷，竟无法下笔。眼看要交卷了，便灵机一动，在试卷上写下“我乃李鸿章中堂大人的亲妻（戚）”，指望能获主考官录取。主考官批阅这份考卷时，发现他竟将“戚”错写成“妻”，提笔在卷上批道：“所以我不敢娶你。”

“娶”与“取”同音，主考官针对他的错字，来了个双关的“错批”，既有很强的讽刺意味，又极富情趣。这就是巧用幽默的好处。如果你想幽默地反击对付，不妨学习一下上面这种“一语双关”的技巧。

幽默语言可以对人们的生活做出恰当的喜剧性反映，它通常会产生极大的趣味性、娱乐性的效果，有时它还可以减少那些不愉快的情绪，给生活带来不同的乐趣。每个人的生活因为幽默而更有趣味，有趣味的生活会让人更加愉快。幽默是一种优美的、健康的品质，恰到好处的幽默更是智慧的体现，当你掌握了幽默这门社会交往的技巧时，你会发现，它可以在商务场中让你与人愉快沟通，并能发挥意想不到的作用。

美国人赫伯·特罗在《幽默的力量》一书中提到一个生动的事例：

一位经验丰富的老推销员带着一位对业务完全生疏、慌里慌张的实习推销员去推销收款机。这位前辈看起来并不潇洒：身材矮小、圆圆胖胖、红彤彤的脸，可是言谈举止间洋溢着一种幽默的活力。

他们来到一家小商店。老板向他们喊道："我们不需要收款机！"这时，老推销员靠在柜台上哈哈大笑起来，好像刚听到一个世界上最好笑的故事一样。老板莫名其妙地望着他。

笑了一会儿，老推销员直起身子，微笑着说："我忍不住要笑，您让我想起另一家商店的老板，他也说对这个没兴趣，可是后来他成了我们最好的主顾之一。"

随后这位老推销员津津有味地介绍了他的商品。每当老板表示对它没兴趣时，他就把头埋在臂弯里，咯咯地笑起来。然后他再抬起头，又说了一个故事，同样是说某人在表示不感兴趣之后，又买了一台新的收款机。

当时大家都在看这两位推销员。那位实习推销员感到窘迫极了，恨不得掉头就跑，他想："他们肯定会以为我们是一对傻瓜，而把我们撵出去。"可是那位老推销员继续哈哈大笑。把头埋在臂弯里，然后又抬起头来，把老板的每一声拒绝都变成对往事的幽默回想。

最后，令年轻推销员惊诧不已的是，不一会儿老板居然同意购买一台新的收款机。后来，这次经历对年轻推销员产生了神奇的影响。每当他遇到棘手的事情时，就会想起那位老推销员，那圆圆胖胖的身材、微笑的脸庞又浮现在他的眼前，耳旁还响起那快活的意义深远的哈哈笑声，于是他就有了对待工作的幽默力量。

幽默有"秤砣虽小压千斤"的力度和"片言明百句，坐役驰万里"的广度。每个人都应该而且都能够在交谈中使用幽默技巧，从而用最简洁、明了的语言确切表达出自己的意思。获取幽默的技巧有很多，你知道哪些呢？

1.培养高尚的情趣

一个情趣低下、脱离不了低级趣味的人，是不可能有幽默感的。他所说的话，只能成为生活中的笑料、文化中的垃圾。或许会博取人的一时之乐，但会给人留下不良的印象。因此，要想有幽默感，就必须培养高尚的情趣。

2.多学习、多积累

一个人要想幽默，最主要的是在日常生活中要多学习、多积累，就是多学习文化知识，多增长人际交往知识。因为幽默是一种文化积累，需要有一定的文化素养，知识丰富了，谈资才能丰富，表达才会生动有趣。只有博学多才，在与人交谈时，才会用词得当，妙语成趣。

3.多与有幽默感的人接触

俗话说："近朱者赤，近墨者黑。"多与有幽默感的人接触。可以让你在对方的潜移默化下增加幽默感。而社交活动则是你运用幽默、锻炼幽默的最佳场所。什么事情都需要在实践中加以增强，而不只能是空谈。

4.巧设悬念法

巧设悬念法一般是先把自己的思路纳入对方的思维轨道，然后突然来个急转弯，把对方置入困惑的境地，再用关键性话语一语道破，起到画龙点睛的作用，让听众在出乎意料中捧腹大笑，进而达到你的目的，幽默的最高境界即在于此。

说话小启示

幽默的素质是每个人都必须拥有的，不管你是上司还是普通职员，面对每天扑面而来的压力，你需要用幽默感来冲击紧绷的小情绪。不然，你将会付出更大的代价，使自己真正的"生活"淹没在争执和对立之中。一个人是否懂得运用幽默，直接关系到他的职场生活是否顺利，他的事业能否取得成功。

尺度把握好，幽默才能更受用

小玉工作非常努力，有时为了赶时间，一大清早就要赶到车站等车。满身疲惫回到办公室，经理不仅不体谅，还不分青红皂白地说她迟到、旷工。小玉委屈极了，向闺密求教。闺密启发她，“你是不是平时不注意得罪过领导啊？”

这么一问，小玉想起来了，自己平时就爱说点儿幽默的话逗逗同事，后来看经理这个人比较好说话，平时总是笑呵呵的，非常亲民，于是小玉就对经理不再那么拘束了。一天，经理穿了一身新衣服来到公司，本以为自己这一身帅气十足，却没想到被损的抬不起头。经理穿了一身灰色西装，一进办公室，小玉夸张地大叫一声：“哎呀，经理，今天这身新衣服很精神啊！”经理听了咧嘴一笑，感觉很有面子，还没来得及回复，小玉接着来了一句：“真像是一只灰灰的大老鼠！”

这下，大家都愕然了，经理什么话也没说，走向了自己的办公室。

俄国作家托尔斯泰说：“不懂得开玩笑的人是没有希望的人！”在公共场合中，幽默能引发喜悦、转化情绪、消弭冲突，能让我们与周围的人更加和谐地相处。但过分的幽默往往会使人产生浮躁的印象，所以在运用幽默的说话方式时一定要适度，不要造成不必要的误会。

李丹与雪琪是多年的好朋友，从高中开始就是同学。雪琪很胖，但很可爱，屡次减肥都以失败而结束，所以胖成为雪琪最烦心的事情，同时也是大家开玩笑的话题。因为大家都比较熟悉，雪琪也就不往心里去，久而久之，雪琪也习以为常了。

有一次同学聚会，李丹与雪琪都参加了，五年过去了，昔日的同学都有了很大的变化，然而雪琪却没有什么变化，身材依然是胖胖的。

在聚餐的时候，同学们都讲述着自己这几年有意思的事情，大家也非常开

心。此时，有一位同学对李丹说："李丹，你比较瘦哦，以后要多注意饮食，要向雪琪冲刺。"大家都笑了。李丹也开玩笑地说："对啊，现在这个市场行情啊，就雪琪最值钱，按斤卖的话肯定大赚，如今的肉价啊是直线上升！"此话一出，大家笑得更厉害了，只有雪琪很无奈，便生气地走了。事后，李丹也觉得自己的玩笑开大了，私下里怎么说都可以，那次聚会毕竟是公共场合，可是后悔也来不及了，怪只怪自己的嘴巴在不当的场合说出了不当的话。

任何事情都有一个度，幽默亦是如此，幽默过了头，会出现尴尬、沮丧甚至引起他人的愤怒，影响朋友或同事之间的感情，同时也给所处的环境造成紧张与压抑，甚至损害办公室成员之间的团结，这是我们不愿意看到的，也可能是说话者始料不及的。

幽默，是极为巧妙的说话技术，是交流中的欢乐剂。运用幽默不是一件容易的事情，虽然幽默在面对一些情况时，可以使你摆脱困境或者尴尬。但是，使用幽默也要注意分寸，不能什么场合都用，要分情况使用。如果使用不当，容易使自己陷入进退两难的境地。

1.分清对象和场合

过分严肃的场合不宜使用这种幽默，看清适用对象很重要。如果无意间言及对方的某种缺陷，则有可能造成误会，出现不好的后果。对自己的家人、朋友，如果实在不懂，可以装懂，既没有恶意，也可在似懂非懂、不懂装懂中给他们带来快乐。

2.不要用幽默讥讽人

苛刻的幽默很容易陷入残忍，使他人受到伤害、陷于焦虑之中。通常，讥讽、攻击、责怪他人的幽默，也能引人发笑，但是它却常常造成意想不到的后果，使本应欢乐的场面变得十分难堪。

3.避免恶作剧

幽默的目的本是愉悦，而不是惩罚。弗洛伊德说过：恶作剧就是平时压抑的情感与欲望得到的一种发泄。发泄情绪没有错，可前提是千万别伤害他人，

特别是与自己关系亲密的家人和朋友。很多时候，就是那些不怀好意的恶作剧，会令你丢了所有的信任与好感。

4.一定要把握好“量”

一句幽默的妙语可以为沟通带来契机和轻松的气氛，但是川流不息的妙语、笑语、警句、讽喻，却只能阻塞沟通。因为“幽默轰炸”通常都会导致思维紧张，使人不知如何是好。试问，有谁能不间断地承受源源不断的幽默呢？只能认为你没正经，油嘴滑舌。

5.不要故作幽默

幽默的特征之一是其质朴性。幽默语在心理感觉上应该是轻松明快、自然的。幽默的大敌是做作，矫揉造作永远与美无缘。“幽默是一种优美的健康品质”，自然的幽默具有很高的美学价值。

6.避免低级趣味的幽默

幽默表现的是语言的美，是一种高雅的语言艺术，它与庸俗的粗话、“荤”段子绝对不能混为一谈。但现在有些人误把粗俗当高雅，误以“荤”段子为幽默，常常是粗话连篇，以在听众中引起哄笑为自豪，对幽默的理解完全背离了本意。

说话小启示

即使再有味道的调料也不能任意使用，就如同菜里放盐，适当地调入会让菜肴美味可口，但要是放得太多，便会成为一种苦涩。同理，适度的幽默会让生活变得多姿多彩，但要用得过滥过度，同样会对别人造成伤害，会让事情的发展进一步恶化。

培养幽默感，请学会开玩笑

一个受人欢迎的人，别人夸奖他时往往说这个人会说话。可见，会说话不仅是一个人的优点，还是对一个人为人处世有方法不莽撞的褒奖。日常聊天中，会开玩笑的人更受人欢迎，因为他们总是能适时调节气氛。

春秋时期，齐顷公即位，晋国大夫却克、鲁国大夫季孙行父、卫国大夫孙良夫和曹国公子首，各奉本国君主之命到齐国祝贺，巧的是晋大夫却克只有一只眼睛；鲁大夫季孙行父头上没有头发；卫大夫孙良夫两脚高低不平；曹国公子首弯腰驼背。齐顷公觉得很可笑，就想跟他们开个玩笑。

第二天，齐顷公挑选了独眼的、秃头的、瘸腿的、驼背的各一人为四国大夫驾车。晋却克独眼就让独眼车夫为其驾车，鲁季孙行父秃头就让秃头的车夫驾车，卫孙良夫瘸腿就用瘸腿的车夫驾车，鲁国公子首驼背就用驼背车夫驾车。四国外交使节的车辆走过观礼台，惹得齐国百姓、文武百官、三军仪仗放声大笑。

四国使者察觉之后，勃然大怒："我们好意来建立外交关系，反而被侮辱，此仇不报非君子！"于是，四国使者歃血结盟，回国之后，兴兵攻打齐国。从此，晋、鲁、卫、曹四国与齐国之间因一场玩笑，十几年战争不断。

玩笑是把双刃剑，用得好可以调节我们的生活，一旦失去分寸，就会适得其反，弄巧成拙。上面的故事就是因玩笑过度而造成的悲剧。我们继续看一下下面这个案例：

王贝贝和陈雨是很要好的同事。一次在公司的聚会中，王贝贝突然心血来潮地想拿陈雨"开涮"，她一本正经地对周围的人宣称陈雨在买彩票过程中中了几百万。结果当晚，陈雨家的电话简直成了"热线电话"，一直响个不停，有人要向她借钱，也有人要和她合作做点小生意……任凭陈雨百般解释那是王贝贝的一句玩笑话，可这些人硬是认为她的话是"此地无银三百两"，真是令陈雨哭笑不得，左右为难。一连几天，陈雨家的电话还是响个不停。就这样，陈雨原本平静的生活被打破了，忍无可忍的她和王贝贝反目成仇，一纸诉状将王贝贝告上法庭。法院经过审理，最终作出判决，王贝贝不仅向陈雨赔礼道歉，还要赔偿精神损失费。这就是王贝贝开玩笑不注意分寸所造成的后果。

不论什么场合，开玩笑都要讲究艺术，如果尺度把握不好，就会引火烧身。当然，这里并不是让人们在生活中三缄其口，只是让大家注意别人的禁忌。下面给出一些禁忌，以供大家参考：

1.不要尖酸刻薄

开玩笑应该是善意的，是为了增进感情，但如果你借着开玩笑的时机对他人冷嘲热讽，发泄不满，那么就会招致厌烦，甚至得罪于人。在这个过程中，你的伶牙俐齿看似暂时帮助你占到了上风，但别人会认为你不懂得尊重他人，从而疏远你。

2.合适的时候再讲

不要刚想到一则笑话就讲出来，要等到环境气氛适合于说笑话的时候再讲出来。另外，还要准备好适当的词句以及故事高潮的韵律。笑话结束语要干净利落、欢快、自信。

3.开玩笑要因时因地而宜

一般来讲，在庄严、肃穆的场合不能开玩笑，工作时间不能开玩笑，在公共场合和大庭广众之下，也尽量不要开玩笑。在非常时期，不能拿非常之事开玩笑，在公共传媒上开玩笑更是要慎之又慎。

说话小启示

开玩笑对大家来说并不陌生，但是并不代表着每个人都会开，因为不适当的玩笑得罪人的情况到处都是，所以说，大家一定要在说话之前考虑一下，你的玩笑是否会让人难堪，如果不适合说出口，还是谨慎一点儿。

美满家庭，离不开幽默沟通

苏东坡有个妹妹，虽然看起来是一副慧黠的模样，但却长着凸出的额头。她从小就爱与两个哥哥比才斗口，一派天真，尤其是大哥苏轼满腮胡须，肚突身肥，穿着宽袍大袖的衣服，不修边幅，不拘小节，更是她斗口的对象，于是整天在家战个不休。一天苏东坡拿妹妹的长相开玩笑，形容妹妹的凸额凹眼是："未出堂前三五步，额头先到画堂前。几回拭泪深难到，留得汪汪两道源。"

苏小妹嘻嘻一笑，当即反唇相讥："一丛衰草出唇间，须发连鬓耳杳然。口角几回无觅处，忽闻毛里有声传。"

这诗讥笑的是苏轼那不加修理、乱蓬蓬的络腮胡须：女孩子最怕别人说出她长相的弱点，苏小妹额头凸出一些，眼凹进一些，就被苏轼抓出来调侃一番。苏小妹说苏轼的胡须似乎还没有抓到痛处，觉得自己没有占到便宜，便再一端详，发现哥哥额头扁平，了无峥嵘之感，又是一副马脸，长达一尺，两只眼睛距离较远，整个就是五官搭配不成比例，当即喜滋滋地再作一诗："天平地阔路三千，遥望双眉云汉间；去年一滴相思泪，至今流不到腮边。"

幽默可以给平淡的生活增添乐趣和笑声，从而激发和唤醒亲人之间的情感，拉近彼此的距离。有时候幽默的力量使用得十分温和，我们可能会觉察不到它。但是它的确使家人的心情愉快，这无疑有助于亲情的升华。

冰冰和小杨是一对年轻的夫妻，别看两人年轻，但是他们经营家庭很有自己的一套方法。

有一次，小杨因感冒发烧半躺在床上。冰冰下班回家问他："老公，身体好点儿没有？"小杨说："头疼，浑身不舒服。"冰冰说："我给你按摩一下吧。"按摩了一会儿，冰冰又说："你躺下吧，你又舒服，我又好操作。"小杨可能因为累，闭着眼一直都没有挪动身体。又按摩了一会儿，冰冰因为按摩用力和男子的位置不对，显得有些力不从心。这时，聪明的冰冰开玩笑说：

“老公啊，我记得小时候给猪挠痒痒的时候，猪能很快地感觉到舒服，并且它的身体立刻作出反应，乖乖地躺下来，让我继续给它挠。你怎么没有这种动作上的配合呢？”冰冰说完后，在一边做作业的上小学的女儿对小杨说：“哎呀，爸爸，你没听懂啊，妈妈是说你和猪还有一定的距离啊。”女儿说完诡异地一笑，溜了……吃晚饭时，女儿不小心将米粒掉到饭桌上，又把菜的汤汁滴到衣服上。冰冰生气地说：“你吃饭怎么跟小猪吃食一样，盆里盆外都洒上米和汤？”女儿生气了，将筷子一放说：“我不吃了！”这时，小杨不紧不慢地对女儿说：“宝贝，你没听懂啊，妈妈是说你比爸爸进步多了，因为你和猪已经没有距离了。”小杨说完全家哈哈大笑了起来。

幽默是具有智慧、教养和道德上的优越感的表现。在家庭成员的交流中寓庄于谐地表达一个严肃的内容，甚至用来进行善意的批评每每使另一方在轻松的感觉中备受启迪。当夫妻间发生矛盾时，双方都应该放弃争吵，试试在那一刻能直达人心灵深处的幽默的力量。

一句得体俏皮的话，立即会让你和对方之间的心灵距离缩短，并获得愉悦；几句对付难题的机智回答，会让自己摆脱困境，并展示美好的自我形象，获得对方的赞美。当然，如此的语言风格不仅需要风趣，更需要得体，才能更好地表达出语言的效果。

朋友们，在家庭中我们该如何发挥幽默的功效，让家庭更为和谐美满呢？

1.夫妻之间少用“是非对错”作判断

家庭是男人和女人靠爱情建立起来，又靠爱情来维系的爱情的栖息地。夫妻间的是是非非、恩恩怨怨不是某种道理可以讲得清的，夫妻之间的一些行为也就不能简单地以“是非对错”作判断；而幽默也往往是靠歪理来产生。在这一点上家庭和幽默恰恰有共通之处。

2.生气的时候用幽默代替道理

人在生气的时候智商是很低的，而发脾气的时候智商是零。这时候，你最好不要讲道理。争吵的技术在于适可而止，把该说的话说了，该发泄的情绪发

泄了，又不伤人，这才是争吵的最高境界。

3.树立正确观念，教育孩子不忘幽默

父母对孩子有教育的义务，孩子有错要管教，但是关键还是在于让孩子明白事理，简单的打骂不但达不到教育的目的，还会伤害孩子的自尊，如果引起他们的逆反情绪，就更不利于子女的成长。父母应该有一种平等的观念和态度，多运用幽默的方式对孩子进行教育。

说话小启示

家家有本难念的经，每个家庭都有自己的苦恼存在，面对这些琐事，我们不必过于烦忧，如果我们让家多一天鲜活的快乐，那彼此的生活就会变得更加活跃。运用你的幽默感，发挥你的创造力和想象力，你可以把“柴米油盐”作为你的幽默素材，为你的家人带来快乐，为你的家庭增添无限生机。

委婉友善易得人心：切忌说话不经大脑和口不择言

含蓄委婉地说话，正是以礼待人的表现。作为社会上的一员，应当有这种文明意识，掌握这一有利于人际交流的语言表达方式。朋友们，语言是思想的外壳，是人际沟通的桥梁。任何人际关系的处理都需要靠说话的技巧来协调。现实生活中，是否能说，是否会说，往往决定着一个人的成功与失败。那些善于用贴切、生动的语言与别人交往的人，做事往往能够成功。

委婉一点儿，相信你说的话更动听

小漠在相亲派对上认识了一个男生叫阿力，开始两个人相处得还不错，但很快，小漠就发觉两个人性格不合，打算找一些借口和对方断绝往来。

“下周末我们还去郊外钓鱼怎么样？”临分别的时候，阿力又邀请小漠。“下周我们要一直上班，周末也不休息。”“那就下下周了。”“那就再说吧，最近总是在周末出去玩，我周一上班都没什么精神，我要回去休息了。”说着，小漠还适时地打了一个“哈欠”。阿力马上意识到了小漠的意思，从那天起几乎就不和小漠联系了。

对于阿力的邀请，小漠是不愿意去的，她很清楚自己的内心想法，自己并不喜欢这个男人，所以她需要拒绝。拒绝，不管是什么理由，都有点儿伤人心，所以在开口的时候千万要顾及对方的面子，把话说得委婉一点儿。通过委婉地暗示给对方，你的话更为动听，对方也会对你心存感激。

英国思想家培根说过：“交谈时的含蓄与得体，比口若悬河更可贵。”在言谈中，有驾驭语言功力的人，会自如地运用多种表达方式。委婉含蓄比直截了当的表达效果会更佳，但也更需要多动脑筋，它是一种语言修养，也是一个人智慧的表现。

凯文是某家公司的总经理，他有一位年轻漂亮的女助理，叫戴芳。但是凯文发现他的助理戴芳对待工作十分粗心，经常出现差错。

有一天，凯文看见戴芳走进办公室，就对她说：“戴芳啊，你今天的衣服可真漂亮，很适合你这种年轻漂亮的女士穿。”助理戴芳顿时受宠若惊。

接着，凯文又说："可是，千万别自满啊，我相信你处理公文的能力也会像你本人这么漂亮。"

果然，从这天起，女助理戴芳在工作的过程中细心了不少，很少出现差错。

董事长知道这件事情之后，觉得很奇怪，于是问凯文："凯文啊，你真是有法子啊，你是怎么想出来的呢？"

凯文说："董事长，其实并不难，你注意到理发店给人刮胡子吗？他总是先给人涂肥皂然后再刮，就是为了刮起来使人不疼。说话也是这个道理。"

委婉并不是每个人生来都会的，委婉代表着一个人的成熟与体贴。一个成熟的人在每个场合都会替别人考虑，有时还能含蓄地表达自己的意见，避免太过直接而伤害到对方的感情。所以，善于委婉地说话，也是一种与人善处的技巧之一。

委婉含蓄是一种巧妙和艺术的表达方式。当我们很想表达一种内心的愿望但又难以启齿时，不妨使用含蓄的表达方法。它有时要比口若悬河更能达到正确表达的目的，从而收到令人满意的效果。

1.委婉，能防止消极的语言暗示

做人固然要正直、直率，但并不意味着说话都要直言，因为不适当的直言如同反面说话一样，是一种消极和否定的语言暗示，不是使人抵触反感，就是使人顾虑重重，增加心理压力，而恰当得体的委婉说话意味着进行积极的语言暗示，防止消极的语言暗示。

2.委婉，更容易劝说他人

委婉含蓄的语言，是劝说他人的法宝，同时它也能适应人们心理上的自尊感，容易产生赞同。换句话来说，委婉含蓄的语言就是成熟、稳重的表现。中国人讲究曲径通幽的含蓄美，虽然它和条条大路通罗马是相同的意思，但却有明显的差别，而智者往往就是说话委婉含蓄。

3.委婉，能培养你良好的幽默感

你之所以缺乏幽默感，就是因为太习惯于直截了当、简洁明了的表达方式。而幽默则与直截了当不同。要养成幽默感，就要学会迂回曲折的含蓄的表达方式，明明看出问题也不直接说出来，而是婉转表达，从某个侧面毫不含糊地点出该说的话。

说话小启示

言辞委婉比卖弄口才更为靠谱，有些话不是说得美就好的，不是所有的话都适合说出口，该委婉的时候你必须委婉，否则难以达到理想的效果。当然，委婉含蓄要建立在让人听懂的基础上，如果说话晦涩难懂，便没有了含蓄的效果。

说话直言直语，小心伤人又伤己

阿凯这个人还不错，唯一的毛病就是说话太直。有一次，阿凯在台球馆和朋友阿磊及其他几位朋友打球。阿磊是初学，没掌握打球的技巧。出于好心，阿凯便教起阿磊学打球。由于关系比较铁，阿凯在跟阿磊说话的过程中就没有什么顾忌可言。在教的过程中，他一会儿说阿磊“真笨”，一会说阿磊“不长脑子”。

阿磊听后，满脸的不高兴，更何况当着好几个人的面，所以阿磊感到分外的难堪。但是阿凯视而不见，继续说道：“你这小子，平时看起来挺聪明的，学起台球来怎么就是不开窍呢？脑袋里是不是全是糨糊啊？”

阿磊实在忍无可忍，反唇相讥道：“阿凯，人各有所长，你如此羞辱人未免太过不道德了吧！你能不能学着尊重人一点儿，这样说话实在太毒舌了。”

“我怎么毒舌了啊，你看看你总是打不好，我教教你你还不高兴了。再说

了，你就是笨嘛，还不让人说了。”阿凯继续这样说道。

阿磊气得脸都绿了，最后转身就走，本来两个人的关系还不错，从这件事情之后，关系疏远了很多。

寇准是北宋时期被人一直称颂的好官。他在处理国家大事时，总是游刃有余，但是在如何与性格不合、政见不一的同事相处方面，他却吃尽了说话过于直率的苦头。最为典型的是对待副参知政事丁谓。《资治通鉴》记载了一个故事：

丁谓任中书官职时，对寇准非常恭谨。

一次朝中会餐，寇准不小心把胡子沾上了汤汁。丁谓一片好心地站起来，慢慢替他擦拭干净。

而寇准却认为丁谓这是有意巴结，竟当着文武百官的面，讽刺丁谓说：“你身为国家大臣，就是替上级擦胡须的吗？”

丁谓自此记恨寇准，只要有机会就会对寇准进行诋毁，并且还与王钦若、曹利用等同样受过寇准谩骂、讽刺、挖苦的大臣结成同盟，共同对付寇准，经常在皇帝面前说他的坏话。

久而久之，就连皇帝也觉得寇准不会讲话，随之结束了他的政治生涯。寇准一而再、再而三地被流放，直至客死雷州。

直接的人，其实本质上是比较可爱，也是比较真诚的，没有过多的心计谋算。“直言直语”本来是人性中一种很可爱、很值得大家珍惜的特质，因为也唯有这种直言直语的人，才能让是非得以分明，让正义邪恶得以分明，让美和丑得以分明，让人的优缺点得以分明。但在复杂的人际关系中，“直言直语”却是一个人致命的弱点。

那么，对于说话太直的人来说，到底该如何改正自己的说话方式呢？

1.深刻认识直言直语的危害

直言对方处事的不当，或纠正其性格的弱点，这不会被认作“爱之深，责之切”，而会被看作和他过不去。因为每个人都有一个内心的堡垒，“自我”

便躲藏在里面，你的直言直语恰好把他的堡垒攻破了，把他从堡垒里揪出来，这样你也自然不会受到欢迎。

2.对于他人的错误，切记委婉留面子

说话不能太直，而应该委婉，特别是在指出别人的缺点、错误，或者批评别人的时候，委婉、巧妙的话语能让对方接受自己的意见，最终达成自己的目的。如果你懂得委婉的沟通方式，甚至你根本就不用说话，也能够顺利地与人沟通。

3.将心比心，掂量说话的分量

有些人在日常交际中，对问题缺乏理智，不考虑后果，说话没轻没重，以致说了一些既伤害他人、也不利自己的话。其实，把话说得有轻有重，并非人们想象中的那么难。只要将心比心，把对别人说的话放在对自己说的位置上想一想，就知道我们所说的话有多少分量。

说话小启示

与人打交道，常会遇到一些不能直言的问题，这时不得不用到委婉的办法来解决。所谓委婉，即当我们不便、不忍，或者由于种种原因不能直接将所想告知对方时，可以用曲折的语言，将自己的意思含蓄地表达出来，让对方去揣摩深思，感悟事情的真相。

迂回表达，将反对的话绕弯说

秦国攻打赵国，赵太后向齐国求援，齐国要求长安君（太后最宠爱的儿子）作为人质才肯出兵解围。赵太后不答应，群臣强谏，赵太后生气地说：

“有复言令长安君为质者，老妇必唾其面。”

群臣闻言，纷纷默语，赵国势如危卵，局势相当严重。只有触龙仍请求见太后，太后还是召见了他。触龙见了太后，并没有开门见山地说明自己的来意，而是先问及太后的起居和身体状况，寒暄一番，让太后的心情逐渐平静。

触龙：“老臣的小儿子舒祺，最不长进，我年长了，最疼他，请太后看在我的份儿上，让他到宫里当侍卫，不知太后是否答应？”

太后：“好吧，他年龄多大了？”

触龙：“15岁，年龄虽小，但趁我没死前想求太后看在老臣一生为朝廷效力的份儿上，多担待小儿。”

太后：“男子也这么爱儿子吗？”

触龙：“比妇人更爱。”

“妇人比男人更爱！”太后笑着争辩道。

触龙：“老臣本以为您爱燕后（赵太后的女儿，嫁于燕国为后）甚于长安君。”

太后：“你错了，我更爱长安君。”

触龙：“父母爱子女，总会为他们的将来做长远打算。你送燕后出嫁祭祀时祝愿，希望燕后不要被休妻或燕国亡，是不是希望燕后能够安享荣华富贵终老？”

太后：“是的。”

触龙：“今赵国后嗣继承王位之风日衰不是吗？”

太后：“是。”

触龙：“现在你疼爱长安君，给予他肥沃的土地，赏赐他金银财宝，而不让他为国建功，一旦您驾崩，长安君有何功劳可居于赵？”

赵太后想了一会儿就说：“那就让长安君做齐国人质吧！”

故事写的就是在强敌压境，赵太后又严厉拒谏的危急形势下，触龙因势利导，以柔克刚，用“爱子则为之计深远”的道理，曲折迂回说服赵太后，让她的爱子出质于齐，换取救兵，解除国家危难的故事。很明显，触龙是反对太后溺爱幼子忽视国家安危的行为的，但他看到太后正处于气头上，直谏反而不妙，于是就采取了以退为进、以迂为直的方法来间接地表达自己的意见，使太后得以领悟其中的利害关系和是非曲直，达到了说服太后的目的。而且，触龙也避免了直接触犯太后，给自己引来不必要的麻烦。这种委婉迂回、将反对话语绕弯说出的说话策略，值得我们大家学习。

我们发现，通过迂回途径表达自己的不同意见，反而更容易被人接受，原因其实很简单，迂回的方法很容易淡化矛盾，并转移争论焦点，减少领导对你的敌意，在心绪正常的情况下，理智占了上风，他自然会认真考虑你的意见，不至于先入为主地将你的意见“一棍子打死”。

把反对的话绕弯说是有技巧的，如果你想把话说得更合理、更入人心，你需要记住以下几点：

1.欲此说彼，幽默表达你的意思

欲此说彼是声东击西幽默法的一种，也就是明骂桑而实骂槐。巧妙运用此法既可达到己方目的，又不授人以柄，避免了正面冲突，一箭三雕。此法的运用技巧主要表现在应对的选择上，要让“槐”听明白是骂“槐”，但又抓不住把柄，叫对方“哑巴吃黄连，有苦说不出”。

2.知己知彼，进退自如，不生拉硬扯

运用这种方法，要知情，知己知彼，方能百战百胜；要有度，退要适度，进要有力，有如拉弓，过度则弓弦易断，不够则不能把箭射远，此外，生拉硬扯是不能取得好结果的，只有顺应对方的话题和心态，自然而然，顺理成章，才能退得巧妙，进得有力。

3.转动脑筋，深思熟虑再开口

与人说话，你不能过于耿直，说话要经过大脑。有些话到底怎么说才能达到理想的效果？其实，很多时候应该说出的话不是开口就能说好的，需要在头脑中思考一下，当你深思熟虑之后，你说出的话一定比你不经思考就说出的话

更能打动对方的心思，效果也更好，所以说，很多时候，这个弯子还是必须得绕的。

4.求同存异，懂得顺着对方说话

思想品德高尚的人绝不会置别人的感受于不顾，他们往往能看到对方的优点，让对方心里舒坦，做起事来也能顺顺当当。如果能看到对方观点的合理性，求同存异，那么你的意见至少有一半是对的。如果你不懂得转着弯说话，总是颐指气使，就会让自己有失君子风度。

说话小启示

说话委婉让人如沐春风，为你赢得顾客的信赖，为你换得老板的赏识，为你抓住同事的情谊。懂得了说话委婉的妙处，就可以在你的领域里驰骋自如，就可以利用它在你做事的时候巧妙地传达你想要表达的意思。

旁敲侧击，远胜当头一棒

若若的家庭条件比较优越，她的爸爸是某单位的一名局长，从小，若若就是被宠大的小公主。陈海是个年轻的小伙子，大学毕业之后凭自己的本事来到了现在的单位，虽然现在只是一名小科员，但是他努力上进，是一名很有潜力的职员。陈海家是农村的，在大城市也没什么靠山，若若在和陈海谈恋爱时，总是显示出她在某方面的优越感，认为她这方面比陈海优越。

谈恋爱之后的一段时间，若若到陈海家做客，她总对陈海家人的某些生活方式流露出不顺眼的情绪，而且还不断地在陈海耳边嘀嘀咕咕地发牢骚。特别是吃过晚饭后，把小姑子使唤得团团转，一会儿是让小姑子收拾床铺，一会儿

又是让小姑子洗洗毛巾，可以说是当作一个仆人用了。陈海看在眼里，疼在心里，觉得很不高兴。但也不宜直接说，他就借助这个机会笑着对妹妹说："小小啊，这是你锻炼的好时候啊，想要当师傅你就得从徒弟做起了！以后你长大了，找了男朋友，去对方家的时候就会摆架子了。"

听到陈海的话，若若感受到了他的言外之意，也深知自己的行为是没有素质的表现，从此之后，她收敛了很多。

大家应该明白，如果直言批评若若，那若若在陈海家毕竟下不来台，而且一定会把关系闹得非常尴尬，这并不是理想的劝说技巧。很显然，案例中的陈海很聪明，他是巧妙地运用"旁敲侧击"的方法来达到阻止若若任性行为的目的的。"旁敲侧击"不是直接说出某一件事物、某一个人、某一种观点，而是仅说出与它们有关联的方面，让对方猜测言外之意，最终达到说服人的目的。间接地、隐蔽地给人以启示、教育，这正是"旁敲侧击"的特点。如果你在生活中遇到某些不方便直言的话，你不妨试试"旁敲侧击"的委婉劝说术，相信这定会让你的说话效果好上百倍。

齐景公喜欢玩鸟，便派邹烛专门管理鸟事，可是邹烛不慎让鸟飞了。齐景公大为恼火，便下令要杀死他。

晏子说："邹烛有三条罪状，让我数落他一番，然后再杀，让他死个明白。"

齐景公高兴地说："好。"于是，把邹烛叫进来。

晏子一本正经地说："邹烛！你知罪吗？你为国王管鸟，却让它逃走，这是第一条罪状；使国王为了鸟儿而杀人，这是第二条罪状；这事传出去，让天下人耻笑，这是第三条罪状。"晏子说完，马上请求齐景公下令斩杀。

可是，齐景公却说："不要杀他了，我已经明白了。"

晏子没有与齐景公正面交锋，而是用旁敲侧击的方式使齐景公幡然醒悟过来，从而主动放了邹烛。这就是"旁敲侧击"术的可用之处。

每个人都有一定的自尊心和认识能力，为了照顾人们的自尊心，批评应委

婉含蓄一些。因为那些太过直白的话，不容易被人接受，往往会伤到他们的自尊，但如果通过旁敲侧击，迂回进行，那么对方就容易接受你所提的意见并自觉地改正，也就达到了“双赢”的效果。

1.侧面巧妙来点拨

所谓的侧面点拨，就是指从侧面委婉地点拨对方，不要直言告诉他，而让他能够更明白自己的不满，从而打消他失当的想法。这个技巧往往会借助于一些问句的方式而表达出来。很多时候，直言只会冲撞对方，造成不好的结局。

2.逐步给对方启发

你要帮助对方改正错误，关键还在于对方内心对错误的认识，关键还在于“内因”，而批评者的“外因”在一定程度上只能起到辅助作用。所以，在实践当中那些高明的谈话者总是采用逐渐“敲醒”对方的方式，启发他进行自我批评，这样做无疑非常有利于错误的改正。

3.多角度思考最佳方式

“旁敲侧击”时，要注意在话说出口之前，先开动脑筋，从正面、反面、侧面多角度地想一想，寻找出可以使人得到启示的多种不同的表达方式，选择其中一种最好的，以便达到预定的交际目的。

说话小启示

卡耐基认为旁敲侧击的说话术有这样几个好处，首先能给对方留下足够的面子，让他有回旋的余地和自我决断的权力，没有丝毫的压迫之嫌；其次，不伤彼此间的和气，也就是说，不管对方答应与否，都不会给双方造成不良的影响。

模糊的艺术：活水好喝，活话好听

王安石的小儿子王元泽，小时候非常聪明，才智闻名遐迩。有一天，王安石的一伙朋友来做客，其中一客人送的礼物是用一个笼子关着的一只獐和一只鹿。有个客人想考问一下王元泽，指着笼子问他：“这两只动物哪只是獐，哪只是鹿？”六岁的王元泽，根本不认识獐和鹿。但他小眼珠一转，马上回答说：“獐旁边的那只是鹿，鹿旁边的那只是獐。”

王元泽的回答，巧妙至极。既然一獐一鹿关在一只笼里，那么，一獐一鹿之间就存在着“邻居”关系：獐位于鹿之旁，而鹿位于獐之旁。虽然他并不认识哪只是獐，哪只是鹿，但根据这种“邻居”关系，他作出了二者的关系判断。虽然并没有指明究竟哪只是獐，哪只是鹿，但回答固然是没错的。如果他照实回答“不知道”，就显得平庸，也有负他的名声。如此巧妙的回答，则显露出他年幼聪颖和机智幽默的才能，令客人为他的睿智惊叹不已。而他这种采用模糊语言应对问题的方式，值得我们大家学习。

模糊语言，即采取恰当的方式、巧妙的语言对别人的请求作出间接的、含蓄的、灵活的表态。其特点就是不直截了当地表明态度，避免与对方短兵相接式的交锋。模糊语言是日常生活中随机应变的一种重要方法，常用于一些不必要、不可能或者无法把话说得太死的情况。

李劼是唐朝初年的大将。唐高宗李治即位后，李劼任司空，他为人机巧，行事谨慎。

高宗李治想立太子，由于王皇后没有儿子，而作为嫔妃的武则天却有，高宗便就此事征求大臣的意见。

尚书右仆射褚遂良提议说：“王皇后是世家之女，是先帝为陛下娶的，先帝驾崩前，守着大臣们对您说：‘我的好儿子好媳妇，现在托付给你们了。’臣听到过这话，至今如在耳畔，而且，王皇后表现一直很好，怎么能轻易将她

废除了呢？陛下如果一定要变更皇后，可以选择其他望族啊，何必要选武氏呢？武氏曾经跟随过先帝，这是众所周知的。天下众人的耳目，怎么能遮挡得住呢？"

韩瑗、来济也上书李治，力主不选武则天，但高宗却听不进去。

后来，高宗问李勣的看法，李勣生性乖巧，心想，若是真的说出自己的想法，可能招来杀身之祸。因为，废立皇后成功与否，都与性命有关。同意废除王皇后，要是不成功，就将得罪王皇后；不同意废除王皇后，如果武则天被选中，无疑是自投罗网。

李勣左思右想，含糊其辞地对高宗说："这是陛下的家事，有什么必要问外人呢？"

高宗听罢，便有了主意，将褚遂良降职为潭州都督，随即废除王皇后，下令将武则天立为皇后。武则天当上皇后之后，通过各种手段报复当初不拥护她的大臣，长孙无忌、褚遂良、韩瑗等一批人，或者被贬逐，或者被诛杀。李勣因为应付巧妙，避免了祸及自身，并且受到重用，负责审理这些不拥护武则天的大臣。

尖锐的话题伤人，但有时却无法避免地要涉及，作为交流的一方，我们能做的就只剩下减少尖锐话题的冲击力这一点了，用模糊的语言来说尖锐的话，给他人一个缓冲的空间，给对方一点儿理解与关怀，或许，反馈给我们的会是另一种美好。

言而不尽意是人生的一大憾事，但有时候却又不能尽意，"犹抱琵琶半遮面"是最理想的一种效果，它既不得罪人，也不会让人穷追猛打。那么，你知道如何才能说出言不尽意的模糊话语吗？

1.寻求两个对立极端的中间状态

在谈话时，我们要端正思维方式，冲破传统的、习惯的"非此即彼"的思维约束，寻求两个对立极端的中间状态，使其真正与现实问题相吻合。彻底抛弃"非对即错"、"非社即资"、"非黑即白"等长期困扰我们的违反辩证法

的极端观念。

2.说话要懂得避其锋芒

有些问题不能用“是”或“不是”回答，直言注定要吃亏。所以聪明人懂得避其锋芒，模糊回答。例如，当朋友问你她新买的上衣是否漂亮时，你觉得难看，但直接否定又容易伤害人，你可以说：“还好。”“还好”是不太好还是还可以？不好界定，这就是假话中的真实，它区别于违心而发的奉承。

3.“模糊”绝非含糊

“模糊”绝非含糊，绝非模棱两可、搪塞应付者躲躲闪闪、装腔作势。尤其是领导干部在决策时，绝不能用“模糊语言”作盾牌，掩盖自己的真实观点，对于群众的意见、建议，更不能采取官僚主义的态度，用“研究、研究”、“争取解决”之类的托词去敷衍塞责。假如对于那些需要认真对待的问题你还模糊的话，那你将会遭受很大的损失。

说话小启示

说话的艺术，在于委婉而贴切。言辞如刀，一旦不懂方法，任何话都直话直说，很容易伤害到他人。有的时候，对于一些难以回答的问题，学会模糊语言，就能避免很多冲突。

好话也需要巧妙说：用点儿小计策让话语能巧达目的

所谓“说得好不如说得巧”，有些人说话在内容上虽然不占优势，但说话的方式却能给人一种非常迷人、舒服的感觉。每个人都有自己的个性，每一次对话会因为说话技巧的不同而有各种不同的回响、反应。那么，使对方愿意听我们说话并逐渐进入对话的最佳状态有什么技巧呢？本章将会为大家进行详细讲解。

求人办事，话要说得巧妙

盈盈小两口已经结婚三年了，至今还没在偌大的城市里买上自己的房子。这次正好赶上公司分房，他们想怎么也得争取到一套房子，否则，机不可失，时不再来。这次公司分房的事情由梁总负责。盈盈夫妻俩打算请梁总到家里来吃饭，等酒过三巡，梁总心情好且放松戒备的时候，再提分房的事情。但是，大家都在想怎么才能分到房，自然都会想到请梁总帮帮忙。这个时候，梁总一样“早有防范”，那如何做才能请到梁总呢？

盈盈小两口绞尽脑汁终于想到了一个好方法。梁总最喜欢红酒，并且对红酒颇有研究，他家也收藏了很多红酒。盈盈和老公一咬牙就托朋友从国外给他带回了一瓶两万元左右的红酒，之后，盈盈就去邀请梁总了。盈盈问：“梁总，周六有空吗？我想托您办点儿事，拜托拜托。”“有什么事情呢？我可跟你说啊，如果你是谈房子的事情，我可没空啊，你也别开这个口，公司有规定，我不能给你开后门的。”梁总如此回答道，看来确实是早有防备。“哎呀，梁总，瞧您说的，谁不知道咱公司大名鼎鼎的梁总是个公事公办的人啊，只不过我表妹从国外给我带来了一瓶红酒，我看着吧还不错，至少外观挺讲究的。但是我哪懂这些啊，这不您对这方面不是很有研究嘛，所以拜托您过去一趟，帮我看看呗。如果没啥讲究，品质一般，那就做菜用得了。”“也行，周六我帮你看看吧。”

“太谢谢您了，梁总，那我们周六好好喝一杯！”

在酒桌上，梁总认真仔细地看着那瓶酒，连连不断地说这酒真是好东西。

盈盈把酒放到一边，便开始与梁总闲话家常。席间，盈盈注意到梁总的眼睛时不时地就将目光投向那瓶红葡萄酒，心中就有底了。但是，盈盈并没有马上道破，只是在言语之间，将两人的难处向梁总诉来，说是双方的父母都还在乡下，因为房子的问题，没有办法接到城里尽孝道。梁总对此深表同情，说是知道他们很难，还说要替他们向公司上级反映一下。临走的时候，盈盈硬是将这瓶名贵的红葡萄酒送给了梁总，说自己也不懂，根本喝不出什么滋味，还是让懂它的人来品尝吧，免得在这里也是浪费。梁总半推半就收下了，承诺会将他们的特殊情况反映给上级领导，让他们放宽心，等待好消息吧。果然，一个月之后，盈盈夫妻俩如愿以偿地搬进了公司分给他们的新房子——一套两室一厅的房子。

想要求人帮忙，你就要懂得把话说到巧处，打动对方，这样才能达成目的。说话和做事是紧密相连的，你在巧言妙语与人交谈的时候一定不要忘了你应该做点儿什么，让言行配合一致才是为人处世的上上策。

每个人都希望自己能拥有一副好口才，但好口才有一个重要原则，那就是说出对人胃口的话，包括什么时候开口，什么时候闭口，开口该说什么，不该说什么等。可见，口才的重要不在于说“多少”，而在于是否说得“巧”。

朋友们，在求人办事的过程中，怎样说话才能更好地达成自己的目的呢？

1.说话必须要注意场合

一般情况下，说话必须要注意场合，不同的场合，应该有不同的语言表达方式。不看场合，信口开河，想到什么说什么是不会说话的拙劣表现。反过来，特定的场合也制约着语言的运用，善于利用一定的场合来说话，往往能够收到理想的说话效果。

2.见什么人，说什么话

话有三说，巧说为妙。怎么才算是巧说呢？话是对人说的，自然首要的是要因人而异。俗话说：“见什么人，说什么话。”你不能对每一个人谈论同一件事。比如，与一个厨师大谈如何耕种、与一个生意人大谈厨艺，对方多半没什么兴趣。

3.开口之前先想好

说话之前，应对自己所要说的话稍作思考。这里有两层意思，一是知己知彼，即对自己的性格、脾气、心境有个正确的估计，设置自我“警戒线”，同时对对方的个性、爱好、兴趣等有个概略的了解。

4.动摇对方的心理防线

瑞士心理学家卡尔·容格说：“事物本身如何并不重要，重要的是如何看待它们。”要把话说到别人心里，最大的障碍就是对方的“心理防线”。因此，设法动摇对方的心理防线，是掌握说话心理学的关键所在。所以，你必须试着让自己站在他们的立场上。

说话小启示

不会说话，怎么可能把事情顺利地办好？说话是求人办事必不可少的一步，所以想要成功必须要会说话。如何使日常交往、办事过程中的每次说话都成功，这并非一件轻松的事。不过只要掌握了其中的诀窍，说话办事也不是什么难事。

话到巧处，矛盾自然解决

汉武帝时期，韩安国是御史大夫，掌管监察、执法之事。有一次，大臣窦婴与田蚡为了要不要给一名叫灌夫的将军定罪发生了争执，事情不大，可争执双方地位特殊，牵涉面颇广，汉武帝决定在朝堂上公开评判是非。

当问及韩安国的意见时，他可为难了。窦婴是武帝的表舅，他的姑姑便是

武帝的祖母窦太皇太后；而田蚡是武帝的亲舅舅，他的姐姐是武帝的母亲王太后，都是皇亲国戚。虽然他明知在这一案中，过错不在窦婴一方，是田蚡挟嫌报复。可太皇太后已死，窦婴早已失势免官家居，而田蚡呢，是当朝丞相，又有王太后作靠山，正炙手可热，他又怎么敢得罪？于是回答道："窦大夫说灌夫为国立了大功，是天下壮士，没有大的过错，只不过酒后乱性，没有必死之罪，这话是对的。田丞相说灌夫交结不法之徒，横行乡里，欺凌百姓，丞相的话也是实情。究竟该如何处理，请陛下明断。"

他就这样双方都不得罪，把矛盾上交给了皇帝。

在社会交际活动中，由于交际双方彼此缺乏了解以及种种突发事件的存在，往往会导致冲突、争执或僵持场面，这个时候如果没有人站出来打打圆场，那么就很可能陷入尴尬甚至没法收场。不管是当事者还是旁观者，如果你想化解这样的局面，就需要有一定的口才专长，把话说得巧、说得妙。

我们继续看下面这个故事：

清末陈树屏有急智和快才，善于用几句话解开人们的纠纷，人称"片语解纷"。有一年，在他做江夏知县的时候，清朝著名大臣张之洞在湖北做督抚。张之洞与抚军谭继询关系不太合得来。有一天，陈树屏在黄鹤楼宴请张、谭等人。座客里有个人谈到江面宽窄问题。谭继询说是五里三分，张之洞就故意说是七里三分，双方争执不下，不肯丢自己的面子。陈树屏知道他们明明是借题发挥，是狗扯羊皮，说不清楚的。他心里对两个人这样斗闹很不满，也很看不起，但是又怕使宴会煞了风景，扫了众人兴，于是灵机一动，从容不迫地拱拱手，言辞谦恭地说："江面水涨就宽到七里三分，而落潮时便是五里三分。张督抚是指涨潮而言，而抚军大人是指落潮而言。两位大人都没说错，这有何可怀疑的呢？"张、谭二人本来都是信口胡说，听了陈树屏这个有趣的圆场，自然无话可说了，于是众人一起拍掌大笑，不了了之，停止了"争辩"。

矛盾是充斥着这个世界的每一个角落的。工作及生活中的碰撞、摩擦、冲突甚至于矛盾都是不可避免的，但有冲突并不是世界末日，关键在于要及时、巧妙地化解。一句话：有冲突并不可怕，可怕的是不能巧妙地化解。如果不能化解，就可能导致严重的后果。

朋友们，如果你们面临争执或者是冲突的问题，你将如何用言辞巧妙地脱险呢？

1.远离无谓的冲突

冲突毕竟至少要有两个人，如果其中的一个人避而不谈这个事情，冲突就会烟消云散了。比如说你偶然听到你的同事在和其他人喋喋不休地说着你的坏话，这时你突然现身，一场争吵就在所难免。如果假装没有听见，然后远离他们的谈话，这样至少可以避免一场冲突。

2.说话幽默一点儿

幽默是人们在社交场合中“最漂亮的服饰”。在日常生活中起着点缀、调和、调节的作用，幽默不仅能为你赢得广阔的人脉，助你摆脱尴尬与窘迫，更能像润滑剂一样，降低人际交往中的“摩擦系数”，化解冲突和矛盾，使人们能从容地摆脱沟通中可能遇到的困境。

3.积极主动灵活处理

工作及生活过程中可能会遇到各种各样意想不到的问题，灵活地解决处理是十分重要的。在和对方产生一些利益上的纠葛，使双方关系变得紧张和冷淡的时候，要学会主动与对方改善关系。创造一个良好的工作氛围，既有利于提高工作效率，也有益于人的身心健康。

说话小启示

与他人有冲突时，切忌表现出不可一世的样子，非要和对方分个高低胜负。如果自己一方占理的话，更是不能得理不饶人。否则只会让对方对你敬而远之，觉得你是个不宽容的人，以后也会在心中时刻提防你。这样你可能会失去一大批朋友的支持。

借巧言妙语，勾销往日恩怨

王晓文是一个漂亮聪明的姑娘，大学毕业后应聘到一家公司任总经理秘书。她同学开玩笑说："哟，小王当官了，秘书相当于经理啊。"王晓文听了心里也美滋滋的。但是，王晓文从上班第一天开始，就感觉很难受。原来，她们办公室还有一位叫乔玲的秘书。乔玲比王晓文早来两年，自觉资格比她老，对她不苟言笑，经常支使她干这干那，对她做的事情横挑鼻子竖挑眼，交给她一堆跑腿的活儿，但是有一个地方不让她去，就是总经理的办公室。王晓文一开始很委屈，很气愤，很想质问乔玲凭什么这样对待她？想跟她大吵一架，辞职而去。但王晓文生来是个要强的人，转念一想，这也许是个挑战，我一定把工作做得更好，让乔秘书也不得不满意。所以，在以后的工作中，王晓文更加努力，早来晚走，各项工作也做得有条不紊。

有一次，乔玲又让她去跑腿，叫她过来递给她一份合同，交代道："这是一份很重要的合同书，你马上按这个地址用特快专递寄走。"王晓文不敢怠慢，赶紧打车到邮局。邮局里人很多，在排队等候的过程中，她不经意地看了一下合同的内容，忽然发现合同内容中货款总额的大小写互相不符合。货款总额的小写是280000.00元，而货款总额的大写却是贰佰捌拾万元。王晓文生怕数错了，仔细地数了好几遍货款小写的那几个"0"，结果的确比大写少了一个零。王晓文心想是乔秘书小写少打了一个"0"呢？还是大写打错了呢？王晓文内心很矛盾，把合同书就这么发了吧，合同内容有错误，可能会给公司造成不利影响，乔秘书也会因此受到严厉批评。不发吧，想想乔秘书那可恶的嘴脸，真想就这么发了，让她尝尝挨批评的滋味。思想斗争了半天，最后，她还是决定不发了。

她回到公司马上去找乔秘书，乔秘书正在总经理办公室帮总经理整理文件，王晓文把她叫出来时她很不耐烦，说："找我什么事？合同书发走了吗？”王晓文说：“没发走，因为合同金额打印有错误。”乔秘书不相信地说：“不可能，我不可能打错，准是你看错了。”王晓文说：“的确错了，不信你看。”乔秘书拿过合同仔细一看，还真是错了。

这件事情过去了两天，王晓文突然接到乔秘书发的短信：“这次多亏了你，真谢谢你！”王晓文很惊讶，马上回了个短信：“应该的，我们应该互相帮助。”从这件事后，乔秘书对王晓文的态度彻底改变了。

俗话说：“说得好不如说得巧”、“良言一句三冬暖”，这些都是告诉人们说话不但要会说，而且要说得有技巧。能够把话说到别人心窝里的人才是最有才能的人，能够一语中的、一语勾心的语言才能真正地打动人。即使是拍马屁也要做到拍马而不惊马，这才是真正的沟通高手。朋友们，如果你与对方并没有多大的仇恨，请和谐相处吧，多一个敌人不如多一个朋友，即便是有矛盾或者是对方性格不合你意，在说话的过程中也记得礼貌对待，当你的真诚被对方看到的时候，或许你们就会成为无话不谈的好友。

人与人相处肯定会有摩擦，产生一些或大或小的恩恩怨怨，这时候，你是该牢记仇恨，还是想办法用行动去改变这一关系呢？

1.宽容地对待无谓的恩怨

在与人谈话的过程中，要想解决彼此的恩怨，你的言语中一定要彰显出大度的一面。言行举止坚持不念旧恶，即别人有怨于我，不是斤斤计较，耿耿于怀，必思报复而后快，而是既往不咎，则不会使旧怨添新仇，越积越深。如果你把话说绝了，那以后就更难相处。

2.沉默，对恩怨一笑置之

如果说某些沉默是掺杂了些许无奈的话，那么心怀宽容的沉默则是其成熟人格的必然条件，是其真心的自然流露。人的成熟表现在性情上就是温厚平和，如一口沉静的深塘，外面投来的石子也难以激起太大的水花和波纹。

3.循序渐进地与对方沟通

沟通看似简单，但要达到目的并不容易，所以沟通之前要经过深思熟虑，

一定不要着急，不要试图一下就改变对方对自己的看法，要有耐心，一步步来。沟通必须是双向的，要跳出自我立场，多站在对方角度看，避免陷入“和自己说话”的陷阱，以免影响沟通作用的发挥。

说话小启示

很多时候，为了大局，都应懂得求同存异的道理。求同存异，不需要任何一方卑躬屈节，迎合对方，只是把旧怨放在一边，双方为共同的目标和利益进行合作，在说话过程中重建新的友谊，这样旧的怨恨也会逐渐淡化，自然消除，以达到“两惠无不释之怨，两杍无不合之交”的效果。

巧用话语为自己完美推销

历史上有这样一则故事：

战国时候，赵国都城邯郸被强大的秦国军队重重包围，危在旦夕。为解救邯郸，赵王派平原君去游说楚国共同抗秦。平原君要选20个有能力的人陪同前往，但只选中了19人，就在这时，有一位宾客不请自到，自荐补缺。他就是毛遂。

平原君上下打量了一番毛遂，问道：“你是什么人？找我何事？”

毛遂道：“我叫毛遂。听说为了救邯郸你将到楚国去游说，我愿随你前往。”

平原君又问：“你到我这里，有多长时间了？”

毛遂道：“3年了。”

平原君说：“3年时间不算短了。一个人如果有什么特别的才能，就好像锥

子装在囊中会立刻把它的尖刺显露出来那样，他的才能也会很快地显露出来。可你在我府上已住了3年，我还没听说你有什么特殊的才能。我这次去楚国，肩负着求援兵救社稷的重任，没有什么才能的人是不能同去的，你就留下来好了。”

毛遂充满自信地回答道：“你说得不对，不是我没有特殊才能，而是你没把我装在囊中。若早把我装在囊中，我的特殊才能就会像锥子那样脱颖而出了。”

从谈话中，平原君似乎觉得毛遂确有才能。于是接受了毛遂的自荐，前往楚国。

到了楚国后，毛遂软硬兼施，最终使楚王答应与赵国联合抗秦，达到了此行的目的。

没过3天，毛遂的名字在赵都邯郸便家喻户晓了。

“世有伯乐，然后有千里马。”若没有伯乐发现你、赏识你，纵然你是千里马，也很难有作为。然而，倘若你一味等着伯乐来找你，那你就大错特错了，因为“千里马常有，而伯乐不常有”。所以，你要学会推销自己，合适的时候主动站出来，这样才能得到更多的机会。

蒋彬和也青是大学时代的铁哥们儿，毕业后，他俩结伴来到沿海某城市找工作，并同时接到了一家大企业的面试通知。在此之前，蒋彬无论是专业水平还是综合能力，都一直比也青优秀，但是，蒋彬有一个弱点，就是很不擅长将自己所拥有的优势及时地表达出来。而且，他自己也从未正视过这个问题，认为“是金子到哪里都会发光”，企业需要真正的人才。因此，在面试的过程中，无论是自我介绍还是应对企业的问题，蒋彬总是寥寥数语——他认为自己所有的优势都写在简历上了，根本无须多言。再说能力，那么多的证书不就是最好的证明吗？而也青就不一样了，他对面试考官的任何一个问题都做了认真而详细的回答，结果，面试官将大部分时间都花在了与也青的交流上。这次面试的结果可想而知。

人的一生，大多数的时间都处在认识自己、推销自己的过程中。必须得承认，一个人要想有所作为，首先就要当一个好的推销员。面试是把自己推销给公司，相亲是把自己推销给异性，即便是当你夸奖自己的亲人或朋友时，也是在推销。推销好自己是我们过得好的关键。

你知道如何推销吗？

1.言语中显示出自信的一面

初次交往，都想互相多了解对方，又都想被对方所了解。自我介绍时就要大大方方、不卑不亢，切不可羞答忸怩、吞吞吐吐、左顾右盼：应该勇于向他人展示自己，树立自信，让别人产生与你交往的愿望。

2.需要的场合请多多露脸

人们常说“脸熟好办事”，首先，要尽可能多地参加各种企业活动，发挥自己的专业能力，多提有利有新意的建议，等等。其次，要敢于承担别人不愿意的工作，尽管一般情况下会有难度，但是也会有更多机会，一旦完成就会让人刮目相看，必然就吸引到管理者的注意力。当你吸引到对方注意力的时候，一定要注意言辞，把话说好，为下次交谈做好铺垫。

3.不断提升自我价值

自我价值就是对自我的肯定，对自我的接纳程度和喜欢程度。我们胆小、懦弱，害怕被拒绝，缺乏自信和勇气，其中一个主要原因就是自我价值低。如果你自己都对自己不满意，还如何推销自己呢？所以我们应该做的就是尽力提升自己的价值。平时，我们应该多学一些知识，多增强自身技能，多接触新鲜事物……当自己能力足够强大的时候，相信自己会吸引更多的赞赏者。

4.懂得选择自己的“贵人”

当然，要选择“贵人”，一定要选择恰当的，选择最好的，选择顶尖的。这样的人有一定的影响力，在工作或生活中能给你起到榜样的作用。你应该想尽办法去结识这些人，帮他们做事也好，与他们合作也好，最重要的是要让他们认识你，并把你的优势展现给他们。

说话小启示

推销自己，不是自我炫耀，也不是鼓吹自己，而是一种介绍自己并拓展交际圈的好方式。不论你从事何种职业，你同时也是一位推销自己的推销员，你随时都在向别人推销你的观点和意见，其主要目的就是使别人认同你、接受你、欣赏你。

妙语激将，燃起对方的感情冲动

一位看起来内心比较骄傲的女士看中了某一处房子，但她只是站在楼盘前反反复复地看，问一些无关紧要的问题。很明显，她很喜欢这套房子，但又因为价格太贵而犹豫不决。销售人员捕捉到了她的这种心理，于是上前问道："要是您对这个房子的价格不太满意，我可以带您去看看其他几处房子，可以吗？"

销售人员如此一说，这位女士神情紧张了一下，说："不，我就要定这套了。"

销售人员抓住了对方的心理，他明白这位女士的确喜欢这套房子，只是因为价钱的原因而稍有些犹豫，他没有滔滔不绝地逼迫她买下房子，而是巧妙地激发对方的好胜心和内心对房子的欲求心，因此成功地把房子销售了出去。

使用激将法往往能够使对方感情冲动，从而去做一些他在平常情况下可能不会去做的事。激将法还可以激起对手的愤怒感、羞耻感、自尊感、忌妒感或羡慕感等，这样，被求者在激动之中来不及考虑太多就答应下来，最终结果是：这些事不是你求他，而是他自己要做的。

我们继续看一下下面这个例子：

李志云是一位成功人士，他在回忆自己的成长经历时充满深情地提到以前的班主任刘老师，很有感慨地说如果没有刘老师当年讲的话，可能就没有自己的今天。听者们在心里暗自猜想：刘老师当年讲的可能是很深情、很有鼓动性的话吧，哪知事实却出乎意料。

李志云说，自己从小调皮捣蛋，无心学习，整天打架……总之是劣习成性，没有哪个老师能把他驯服。后来刘老师当了他的班主任，有一次他把邻班同学的头打破以后，刘老师怒气冲冲地对他说："李志云同学，我看你就是完了，自己都放弃自己了，就你这样的学习态度，你永远不会有什么出息，如果你以后能有点儿出息，那真是太阳从西边出来了。这么不争气，没人会瞧得起你的……"李志云说刘老师的话对年少的他刺激很大，他没想到老师会从心底里瞧不起他，认为他不会有出息。于是，李志云下定决心改掉所有的劣习，好好学习……最后，他终于成功了。那时，他才明白老师话中真正的含义。

人是一种情绪化的动物，人们的情绪很容易因为周围的一些人和事而发生改变。比如，人们就有不服输的逆反心理：越是被否定，越是要证明自己；越是受压迫，越是要反抗等。正因为人们有这样的心理，也就产生了激将法的心理策略。《孙子兵法》曰："怒而挠之"，人们常称之为激将法。人争一口气，佛争一炷香，古往今来，为争一口气的人们总是不惜牺牲一切。很多时候，劝将不如激将，人总是有自尊的，找准这个点，狠刺一下，通过巧妙地刺激，可以促其作出卓有成效的反应。

妙用激将法，你需要牢记以下几点：

1.不要逼迫对方作决定

在运用激将成交法时，要注意不能逼迫对方。比如，对于导购来说，你不应这样逼问顾客："您下定决心了吗？""您是买还是不买？"在购买商品时，有时候顾客对于面前的物品并没有拿定主意，如果你要顾客马上回答上述那些问题，顾客必然会感到难堪，从而阻碍成交的顺利实现。

2.一言一行，流畅自然

你在运用激将法与客户沟通时，必须要让自己的言行看上去非常自然，而不能一副肆无忌惮的样子。一般的激将方法很容易被客户发觉，不能巧妙掩饰自己意图的人，同样无法让激将法发挥出真正的作用。

3.巧用第三者对比激将

这是要借用与第三者的对比反差来激发其自尊心、好胜心和进取心。用对比法激人，选择对比的对象很重要。一般来说，被激对象最好是比较熟悉的人或过去情况与他差不多的人，而且对比的反差越大，效果会越好。

4.把握好不同人的“度”

大家应该注意，激将法的效果取决于你对客户刺激的“度”的把握，有的“稍许加热”即可，有的则要“火上浇油”；有的只要“点到为止”，有的却要“穷追猛打”……当然，能否取得最佳效果，这就要大家根据不同的情况而定。

说话小启示

对于领导者来说，如果你想激发下属的好胜心，那你一定要懂得巧用激将法。俗话说：“人争一口气，佛争一炷香。”为争一口气的人们总是不惜牺牲一切。领导者在确定目标后，最重要的事情就是激发部下的斗志，打造强大的士气，让团队齐心协力，奋勇前进。

良药未必全都苦口：加层糖衣让批评更易被人接受

张嘴就来的批评，就像直接给人一巴掌一样，很少有不惹人怨恨的。因此，在批评别人时，要注意方法，讲究艺术，否则，不仅难以收到积极效果，而且还会影响彼此之间的和谐关系。“良药苦口利于病，忠言逆耳利于行。”“逆耳”，让忠言基本上等于没说，起不到什么效果。那么，有没有一种可能，变忠言为“顺耳”呢？如何把批评做得让当事人感到舒适？本章将为大家进行详细讲解。

批评的话，请记得委婉表达

杨女士请了几位建筑工人来修缮、加盖她的房屋。刚开始的几天，每次她来到房子里的时候，总看到院子里到处是木屑，一片狼藉。王女士心中有些不满。但那些建筑工人都是技术很优秀的人，杨女士不会直接表达自己的不满，怕引起他们反感，她想到一个委婉的办法。

等工人们下班离去之后，杨女士就和孩子把所有垃圾清理干净，让院子里恢复井井有条。第二天早上，她把工头叫到一旁，悄悄对他说："师傅，我很满意昨天你们把前院清理得那么干净，没有惹得邻居们说闲话。"从此以后，工人们每天完工之后，都把木屑堆到园子角落里，领班也每天检查前院有没有维持整洁。

试想一下，如果杨女士直接批评那些建筑工人，不仅闹得双方不高兴，还会让对方下不来台，说不定影响房屋的修缮工作，这确实是得不偿失。但是杨女士是个聪明人，她懂得巧妙利用婉言批评的方法。委婉批评总比直接批评要好，间接指出别人的错误，比直接说出口来要温和，且不会引起对方的强烈反感。这种说话方式带来的效果定会让双方都满意。

小轩刚到公司上班的第一天，晚上加完班，经理提出，为了犒劳大家，请大家去唱卡拉OK，小轩和部门同事兴高采烈地接受了邀请。进了包房，小轩很自然地在离自己最近的一个沙发上坐下。经理进来后，发现沙发已经被坐满了，就顺势坐在小轩身边的一个椅子上。过了半个小时，经理离开了。小轩万万没想到，经理一走，其乐融融的气氛大变，室温仿佛骤然下降了十几度。

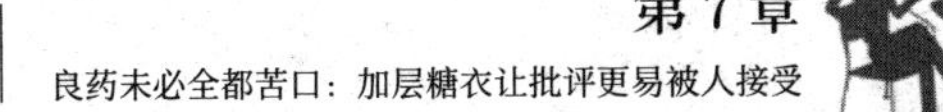

一个男同事语气激动地指责小轩："你这人怎么这么没眼力见儿？经理坐在你旁边，都不知道让个座？真是太不懂事了！"

长到25岁，小轩从没被人这么大声训斥过，尤其是还当着全体同事的面。她的脸一下子红到了脖子根，委屈的眼泪也忍不住在眼眶里打转转，心中不禁无限懊恼："啊，自己怎么就缺根筋呢？经理以后会怎么看自己呢？"

这位男同事的初衷可能是想教小轩在职场上如何做人，但说话方式不恰当，不仅让小轩尴尬，也破坏了当时的气氛。其实，如果早先他主动给经理让座，别人看在眼里，自然能心领神会，效果不是更好吗?

在言谈中，有驾驭语言功力的人，就会自如地运用多种表达方式，不断探索多种语言风格。有些话，非直言不讳不行，但生活中并非处处都能"直"，特别是批评时，为了不伤他人的自尊，有时还非得含蓄、委婉，这样的语言表达效果将会更佳。

批评的艺术就在于批评而不伤人，既点中问题的症结，又照顾到对方的心理承受能力，使被批评者以更高的热情投入工作中，这样的批评就能取得最好的效果。

1.让人心里更舒服

委婉的言语是蜜，即使你回绝了对方，客客气气的言语让人听了心里也舒服；直来直去的言语则是一把刀，能够刺得人心里流血。前者会使人对你心生好感，后者则会让人对你痛恨不已，甚至心生报复。

2.更能保住对方面子

如果委婉地指出对方的错误，这样既达到批评的目的，又保住了对方的面子。古往今来，很多人之所以赢得人脉，进而成就一番事业，受到人们的尊敬，就在于他们掌握了说话的技巧，尤其是在批评他人时巧妙恰当，既达到了目的，又使人易于接受。

说话小启示

批评过于直接，肯定会得罪人，而且这也是一种不礼貌的行为。所以，大家尽量做到顾及他人的颜面，说话不戳人痛处，而应借助委婉、含蓄、隐蔽、暗喻的策略，由此及彼，用弦外之音，巧妙表达本意，揭示批评内容，让人思而领悟，使这种批评达到“藏隐词间，锋露于外”的效果。

批评有道，技巧请仔细牢记

美国著名作家马克·吐温曾说：“批评只有一个目的与作用，那就是提醒犯了错误的人不要再犯。”批评对方时，要注意方法，讲究技巧，不能无视他人独立的人格和尊严，否则，不仅难以收到积极效果，还会影响自身形象，更会影响彼此之间的和谐关系。

办公室里，乔冉正和同事谈论上次会议要求大家解决的问题，这时，她的手机响了起来。一看是老板办公室的电话，乔冉赶忙接通说：“老板——”“乔冉，抓紧时间到我办公室来一趟！”还没来得及回复，老板啪的一声挂了电话。如此形势，乔冉吓得不知如何是好，于是她急急忙忙地跑到了老板的办公室。

“乔冉，你是老员工了，有些话我也不想说得太难听，你自己看看，这段时间以来你到底干啥了，这个月的业绩怎么如此差劲！你瞧瞧其他同事，这个月都做得不错，就连新来的米艾也比你强！我给你如此高的待遇，是让你干什么的，你不知道吗？……”乔冉还没来得及开口，老板就是一番连珠炮似的语言轰炸，还顺手把一沓厚厚的报表扔到乔冉面前。

“老板，您别急，我可以解释清楚。”乔冉本想趁机把工作中的问题与老板沟通一下。

“这有什么好解释的，业绩摆在这里，数字就是最好的证明，我现在什么都不想听，你先回去吧，想想你自己到底应该怎么做。我再给你一次机会，要是下个月你的业绩还不能上来，那你的年终奖金就不发了。回去吧，我还有很多事情要处理。”老板不耐烦地摆手，示意欲言又止的乔冉出去。

乔冉眼里含着泪委屈地离开了老板的办公室，刚才的一幕让她非常心痛，老板说的话像刺一样扎在自己的心里。顿时，乔冉感到极为委屈。由于被老板分派到新市场，客户数量不多，销售额自然不能与成熟市场相比。米艾虽说是新员工，但进公司就被安排到原有的老市场，客户源稳定充分，客户关系网坚固牢靠，销售额自然高一些。乔冉心里觉得老板只看数字，不问事实，心里很委屈，工作情绪也不高了。

批评是一门艺术。批评与责备的语言能表达出你对某个人或某件事的否定看法。批评的话语需要运用得恰到好处，不恰当地批评，反而会收到不良的后果。

批评对方不掌握好分寸，不仅达不到“治病救人”的效果，反而会使他人产生抵触情绪，因此，批评也要说得好，而批评有道是需要一些技巧的。

1.注意批评的态度和情绪问题

批评人时要心平气和，做到诚恳、冷静、耐心，不能急躁，不能怨恨，更不能存心找麻烦。态度要温和，语言要中肯。当你心中愤怒、埋怨、焦虑，并想责怪对方时，最好是先克制一下情绪，整理一下思绪，甚至可以先听听音乐，散散步，等冷静时再实施批评。

2.要在私底下进行批评

当众批评会增加对方的心理负担。正确的做法是和对方单独交谈，让他体会到你对他的关心，进而使他愿意正视自己的问题与错误。不是所有的批评都

要私下进行，要视情况而定，如果有必要在公众场合对对方进行批评，以达到杀鸡吓猴的效果，但应提前给下属打预防针。

3.批评前给颗甜枣吃

批评时的氛围很重要，在冷冰冰的气氛里很难收到良好的批评效果。如果在批评之前先表示对对方某一长处的赞赏，肯定对方的价值，满足其某种心理需要，那么就能够制造出较好的气氛，既能削弱批评本身让人难以接受的程度，又能使被批评者不致产生逆反心理。

4.用反问代替肯定的斥责

如果常常用肯定的语气斥责他人，诸如“你不应该这样做”“你不要做这件事”……极可能使对方恼羞成怒并将错就错。如果能用委婉一些的方式，比如：“你是否可以考虑这样做？”“你认为这样做可以吗？”相信这样的说法更容易让人接受。

5.给当事人提前解释的机会

无论你有什么样的事实或证据支持你的谴责，正确的工作方法应该是：给当事人一个机会陈述自己的看法。从当事人本人的角度来看，发生了什么事？为什么会发生？他对这件事是怎样理解的？如果在某些方面，你与当事人的观点差异很大，你就应该做进一步的调查。

6.有事说事，不牵扯他人人品

有些领导干部批评下属时总是说：“从你做的这件事就能看出你这个人怎样。”这是批评之大忌。批评时只能针对事情，而不能针对个人的人格、品性。否则最容易让人失去自尊，进而产生反面的消极情绪。领导把批评指向下属具体的工作，就无损于下属的整个自我形象。

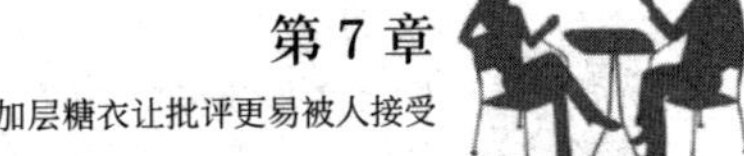

说话小启示

俗话说得好："给人留一线，日后好相见。"每个人都应避免当面指责别人，尤其是在公共场合，这会让人很难堪，就是你本身也不会显得有风度。这就是给人留一线，等到有机会再委婉地表达自己的意见要比当面指责效果好很多。

批评他人前，先来个自我批评

批人先批己，这是很多人非常喜欢的一种批评技巧，为何如此好用呢？其实是这样的，因为在批评对方之前，我们已经先将自己置于一个很低的位置，拿自己开涮，所以此时再批评别人，别人也比较好下台，就不会那么生气，就算他想出言"报复打击"，也没有关系，反正你已经先自我批评了。所以，如果真的想恰当地批评他人又不让对方生气的话，不妨试试这个方法。

艾拉是克莉丝太太的远房亲戚。上完大学之后，艾拉离开家乡，到克莉丝太太的公司做助理工作，那时她刚刚二十出头，对于商场上的事情一窍不通，所以在工作中经常会出现一些失误。

有一次，克莉丝实在忍不住了，她真的很想给艾拉一顿恶狠狠的批评，这段时间以来，她真的感到很生气、无奈、失望。可是自己仔细想一下，好像不应该这么做，艾拉毕竟刚离开学校，年纪这么小，也没有什么工作经验，如果按照老员工的要求对待她，的确有点儿过于苛刻。于是克莉丝和颜悦色地对艾拉说："其实，你现在还小，刚接触这行肯定不能尽早顺手，出现一些错误也是情有可原的。我跟你一般大的时候，我也是经常犯错，比你犯的错严重好多

呢，但是我相信，随着年龄的增长和阅历的增加，你的能力一定会有很大提高的。”通过这一次委婉的批评，在以后的工作中艾拉越来越努力、认真，犯的错越来越少，对克莉丝的帮助也越来越大。

即使对方还没改正他的错误，但只要在谈话开始时你就先承认自己的错误，这将有助于帮助对方改变其行为。这时候的批评是隐形的，我们话语里更多的应该是真诚、友善和谦逊，以感召他人。如果运用得当，相信这一说话技巧必然有助于我们在人际关系上创造奇迹。

在批评人时，要达到既能使被批评者认识到缺点和不足，又不伤其自尊心、不至于下不来台，最好的办法是在批评中加入自责的成分，使人在感情共鸣中接受批评，这样的效果会更好。

俗话说“责人先责己”，在开口批评别人之前，先承认自己也有错误，然后再指出别人的错误，这样有利于营造一种民主的沟通氛围，在这种氛围下，对方往往能更愉悦地接受我们的批评。

一个懂得自我批评的人需要谨记以下几点：

1.先做到自我检讨

事实上，当我们批评他人时，最先应该考虑的就是从自身上找原因，先想想自己做得怎样、自己是否有责任，是否应该完全怪罪他人。这样你也许会改变自己的想法和行为，并与他人保持一种良好的人际关系。

2.立足他人角度看问题

大家应多站在别人的立场上，设身处地地替别人着想。在批评别人时，要考虑对方的实际情况，如能力、环境等对他的过失的影响，以及自己在相同条件下可能达到的水平。首先应该承认自己的不足，以己之短，比彼之长，再去批评，对方就会欣然接受。

3.做一个内心宽容的人

学会宽容，是处世的需要。世间并无绝对的好坏，而且往往正邪善恶交错，所以我们立身处世有时也要有清浊并容的雅量。眼里揉不得沙子，锱铢必

较，为血气之争搞得跟卖面粉的遇见卖石灰的一样谁也见不得谁，不仅尴尬，还招致仇怨，实不值得。

说话小启示

本杰明·富兰克林年轻的时候并不圆滑，随着时间推移，他却成为了一位善于交际的外交高手，他在与人打交道方面非常在行，终究成为一名驻法大使。他的成功秘诀是："我不说别人的坏话，只说大家的好处。"只有不够聪明的人才批评、指责或抱怨别人，但是善解人意和宽恕他人，需要修养和自制的功夫。

不要急于批评，请先表扬对方

王丽丽今年刚刚毕业，在一家出版社工作，她的顶头上司谭湘云是个非常严谨的人，王丽丽的马虎性格让她非常不满意。事情是这样的，王丽丽的文采还可以，完全可以胜任现在的工作，但是她有一个大毛病，做事不细心，在撰稿的过程中总是忽视标点符号，这让谭湘云很苦恼，总想找机会批评她。几天之后机会终于来了，王丽丽穿着一件很别致的多纽扣的套装。谭湘云对她说："丽丽啊，今天的打扮好漂亮，这件衣服很适合你，很大气也很标致。尤其是你这排纽扣，点缀得恰到好处。其实啊，写文章也是如此，句句间的标点正如这扣子一般，只有你正视它，认真地对待它，你写出来的东西才会更加有条理，更为完美。"王丽丽听出了谭湘云的言外之意，从此之后，王丽丽在打字时不再马虎，非常注意标点符号。

在批评之前，给予对方亲切的言辞和称赞，对建立彼此的友好关系有很大

的帮助。首先你必须让对方明白你并非恶意批评，以减少敌意。同时，通过提及对方的好，使对方明白你的批评是很客观的，从而能心甘情愿地接受意见、改进不足。

李敏是一位腼腆的女生，平时很少说话。很多老师都向李敏的新班主任韩老师反映说李敏上课时不愿意表现自己，回答问题也从不积极，韩老师决定帮助李敏改掉这个毛病。

一次语文课上，韩老师对大家说："今天，我们学习的这段文字非常优美，很适合朗读，谁愿意站起来给大家朗诵呢？"很多同学都举起了手，韩老师看到李敏的眼神闪烁了一下，但很快就低下头，便对大家说："让李敏同学来为大家朗读吧！"李敏慢慢地站起来，用很小的声音念完了这段课文。大家听后开始叽叽喳喳地议论起来，有的甚至笑了起来，李敏很是伤心。韩老师让李敏坐下，然后对全班同学说："李敏的声音虽然有点儿小，但她的发音很标准，一个音都没有读错，大家都要向她学习啊！"李敏没想到韩老师会表扬自己，抬起头，脸红红地看着韩老师。韩老师微笑着，继续说道："相信大家从李敏'微弱'的声音里可以体会到桂林山水是多么清幽与美妙了，不过，其他的部分要是她能读得再响亮些，会让我们更能感觉到文字的优美和作者的情感。希望李敏同学以后多多练习，进一步提高自己的朗读水平！"韩老师的这番话，既让李敏感到舒服，又让她意识到了自己的问题。以后，韩老师经常叫李敏朗读课文，她读得越来越响亮。慢慢地，李敏也变得开朗起来，同学和老师都很喜欢她。韩老师对李敏的表扬中有期望、批评中有鼓励，让腼腆的李敏鼓起勇气，改变了自己。由此可见，巧妙的批评不但会让别人心服口服，还能帮助别人！

所以说，在批评他人时，采用先表扬后批评的方法更为有效。因为这样可以使对方产生树立改正错误的信心，有助于对方树立全新的自我形象。因为对方从你那里得到的信息是，自己虽然有缺点，但不是一无是处，这样即使有错误也能较为容易地接受并很快地改正。

励人之道，一张一弛。该褒则褒，该贬则贬；褒贬结合，其妙无穷。一句真诚的赞美，会使部下如沐春风，精神振奋，一语婉转的批评，可使下属迷途知返，干劲倍增。赞美与批评并用时，需讲究次序，先批评后表扬，事倍功半，费力不讨好；先表扬后批评，事半功倍，四两拨千斤。

1.表扬要真心实意

欣赏对方，发现他们无可取代的优点。认同他们、赞美他们，不是恭维他们，是发自内心地肯定他们，只有这样才能使他们获得巨大的动力，在接下来的学习、工作、生活中有更出色的发挥。不要让对方觉得“我已经很努力了，但是还是得不到父母、领导、老师的赞赏”。

2.批评要有理有据

你在批评对方的时候，要先想一下事情的真实性，批评的本身就是为了使对方改正错误的。教育人、引导人的前提必须是对方犯错误的事实的确存在。如果没有错误，硬是去批评人，就会让对方觉得你这个人是无理取闹，是在故意刁难。

3. 提出指导性建议

在批评别人时，告诉他正确的方法，在你告诉他做错了的同时，应告诉他怎样做才是正确的，这样，会使批评产生积极的结果。重点不应该放在批评别人的错误上，而应该放在改正错误的手段和方法上，以避免以后再犯。

说话小启示

批评得过于急躁会让人难以接受，面对这样的问题我们不妨学点儿技巧，先说点儿好听的，把对方的优点赞美一下，然后再过渡到批评上，这样会更为顺耳。这种方法使人认为你的批评是公正客观的，自己既有过失，也有成绩。这样就减少了因批评所带来的抵触情绪，收到良好的批评效果。

打完巴掌，记得给个甜枣吃

在中国古代历史上，耕柱子是墨子众多学生中的得意门生。但是墨子经常责骂耕柱子。耕柱子非常委屈，大家都公认自己最优秀，但墨子常常指责他，让他感到十分没面子。

墨子又一次批评他时，耕柱子终于忍不住了：“老师，您老人家总是责骂我，难道我真的很差劲吗？”

墨子没有正面回答弟子的提问，而是心平气和地问他：“如果我现在要上太行山，我应该用良马拉车，还是用老牛来拖车？”

耕柱子回答说：“当然要用良马了。”

墨子又问：“为什么不用老牛呢？”

耕柱子回答说：“理由非常简单，因为良马能够担当重任。”

此时，墨子开导弟子说：“你说得对，这就是我时常责骂你的缘故了。”

墨子接着说：“你是能够担负重任的人，所以才值得我一再教导。”

耕柱子听后，不满之情顿时消失得无影无踪，原来他误解老师了。从此，耕柱子更加勤奋。

没有人喜欢听批评的话，当面的、直接的批评会使对方产生抵触的心理，从而影响了批评的效果。其实，很多时候，批评的效果往往取决于形式的巧妙而不是言语的尖刻，就好像给苦涩的药片加上一层糖衣之后，就能减轻人们吃药的痛苦，使人更愿意接受。中国有句俗话叫“打一巴掌，给个甜枣吃”，意思是批评之后要做好善后工作，减少负面效应。简言之，就是先批评后安抚。如果你在批评对方的问题上巧妙地运用这个方法，相信你收获的效果定会更好。

薛凝是某家公司的一名部门经理，她对待做错事的下属，一般都会先批评，而后再给予安慰。

有一次，薛凝把一份资料交给了他的下属李良，说："还记得上次一起吃饭的王总吗？他的公司你去过，现在，你把这份资料和这本书给他送过去。记得，你要亲自送去，里面的资料很重要，一定要拿好，千万别丢了。"

李良笑着答应："放心吧，一定没问题的。"

可是，李良在坐车的过程中由于玩手机，下车的时候急急忙忙，只拿了自己的随身背包，却把重要的资料袋丢在了车上。他垂头丧气地回到公司，来到薛凝的办公室。

"有没有送到？"薛凝问。

李良脸红了："经理，对不起，我……我把东西丢了。"

"你再说一遍？"薛凝说，"这你都能丢？"

"我是不小心丢的，真的对不起，你能原谅我吗？"李良说。

薛凝大声斥责："你还好意思让我原谅？这点儿小事你都做不好，你是傻吗？你脑子干什么了，送个东西都能丢，就这点儿事都办不好吗？你诚心给我难堪是不是……"

整个批斗过程持续了10分钟左右，薛凝的责骂声也越来越大。李良哭了起来，就差跪下来求饶了。

薛凝停止了责骂，过了几分钟，等双方的情绪都平静下来后，薛凝才走到李良身边，拍着他的肩膀说：

"我实在是太生气了，所以刚刚真的是控制不住自己的情绪，话说重了。但我是一番苦心啊，我希望你能好好长点儿记性，千万别犯这样的错误了，一定要改掉这个坏毛病，否则以后会吃大亏，不管是对公司还是对你自己，当事情真的到了严重的地步时，相信我也帮不了你了。"

"经理，我记住了，我一定改，以后再也不给您添麻烦了。我现在去丢失的地方找找看，看看能否找到。"李良说。

可是，资料袋还是没有找到。但是，李良工作更卖力了，他用努力工作来弥补自己给公司造成的损失。

需要强硬的时候你就不能软弱，需要温柔的时候你就不能太冷酷。“打一巴掌，给个甜枣吃”的做法并不可笑，懂得奖惩分开的领导自然会赢得员工的支持。领导的潜能究竟有多少，有时连他自己也弄不清，而能够使其尽情发挥的原动力就是你的工作方法。使其感到尊严的存在却又承认你的领导地位，同时让他明白工作不单是为他个人，也是为了整个集体，这样就能使下属更好地努力工作。

“打一巴掌，给个甜枣吃”，是一种不可多得的管理智慧，也是一种十分有效的激励手段。管理者对员工进行批评和惩罚，目的是使其清楚地认识到自己的错误，待员工的愧疚平息下来，还要恰当地给员工一点儿甜头，并指引员工向正确的方向迈进。

那么，批评完之后该如何安慰对方呢？

1.要根据不同性格的人采取不同方法

有的人性格大大咧咧，领导发火他也不会往心里去，善后工作只需三言两语，象征性地表示就能解决问题；有的人心细明理，领导发火他也能谅解，则不需下大功夫去善后；而有的人死要面子，会耿耿于怀，甚至刻骨铭心，善后需细致而诚恳，对这种人要好言安抚……

2.注意自己的态度和表情

有的领导批评处罚下属以后，好像还不解恨似的，与下属见面时，总是露出一副冷若冰霜甚至疾恶如仇的表情，使下属思想负担加重，导致下属的自暴自弃。在与被批评处罚的下属接触时，正确的做法应是表情庄重、严肃而又不失友善，使对方感受到领导的关心与期望，从而达到激励对方的目的。

3.安慰的话，一定要及时说

批评之后，安慰的话要及时说出口，不要等到事情过了很久才去说一些后话，殊不知在此期间对方的内心已经受伤，对你的仇恨已经积累起来。如果你及时说出安慰的话，对方不仅不会对你产生怨恨之情，还会在当时就认识到自己的错误，你的安慰也会给他及时的鼓励，他也会更有动力去改进。

说话小启示

其实，每个人的性格不同，所以技巧的使用也是因人而异。如何批评，批评的方法如何，这都要根据实际巧妙定夺。但需注意的是，无论你使用什么方法批评对方，都别忘了巴掌要打，但不能不给个甜枣吃，这才是一个真正有能力、有水平的人。

避免冲突的说服术：好听的话更容易让人心悦诚服

人们都希望能掌握说服技巧，轻松地说服他人，但是说服力毕竟与饶舌不同。说服力并不取决于能说善道，而取决于适时说出适当的言辞。掌握说服的艺术与技巧至关重要。说服人要换位思考，灵活巧妙地运用言辞把话说到点子上。说服的过程是说服者对被说服者攻心的过程，也是被说服者心理渐变的过程。掌握说服技巧，并且运用得恰当巧妙，就能取得理想的说服效果。

归谬说服，让对方主动让步

优孟是楚国的艺人，身高八尺，喜欢辩论，常常用诙谐的语言婉转地进行劝谏。

楚庄王深爱一匹马，给它穿上锦绣做的衣服，让它住在华丽的房子里，用挂着帷帐的床给它做卧席，用蜜渍的枣干喂养它。结果马得肥胖病死了，于是庄王让臣子们给马治丧，要求用棺椁殡殓，按照安葬大夫的礼仪安葬它。群臣纷纷劝阻，认为不能这样做。庄王急了，下令说："有谁敢因葬马的事谏诤的，立即处死。"

优孟听到这件事，走进宫门，仰天大哭。庄王吃了一惊，问他为何而哭。优孟说："这马是大王所心爱的，堂堂的楚国，只按照大夫的礼仪安葬它，太寒碜了，请用安葬国君的礼仪安葬它吧。"庄王问："怎么葬法？"优孟回答说："我建议用雕花的美玉做棺材，用漂亮的梓木做外椁，用楩、枫、樟各色上等木材做护棺，发动士兵给它挖掘墓穴，让年老体弱的人背土筑坟，请齐国、赵国的代表在前面陪祭，请韩国、魏国的代表在后头守卫，要盖一所庙宇用牛羊猪祭供它，还要拨个万户的大县长年管祭祀之事。我想各国听到这件事，就都知道大王轻视人而重视马了。"庄王说："我的过错竟然到了这个地步吗？现在该怎么办呢？"优孟说："让我替大王用对待六畜的办法来安葬它。堆个土灶做外椁，用口铜锅当棺材，调配好姜枣，再加点儿木兰，用稻米作祭品，用火光做衣服，把它安葬在人们的肚肠里吧！"庄王当即就派人把死马交给太官，以免天下人知晓这件事。

我们在与他人交谈的过程中，有时对方的观点出现了错误，但是我们又不好直接指出，这时候我们可以先假定对方的论点是对的，将计就计，顺着对方的前提进行推理，最后得出荒谬的结论，这就是逻辑上的归谬法，其最大的特点是“以子之矛，攻子之盾”。

我们继续看一下下面这个案例：

李兴被公司调到一个新的部门担任部门经理，初次见到他的下属，李兴对他们的工作态度非常不满。这群员工没有一点儿纪律意识，上班时间总是进进出出，此外，他们对于工作任务也不积极，工作效率非常低下。为了整顿这种行为，李兴决定给大家开个会，会议主题为“谈坚守岗位的重要性”。

会议开始，李兴鼓励大家畅所欲言，当大家都说完之后，李兴决定对此次会议发表自己的看法，做一个总结发言。李兴站起来说：“好，刚刚大家的发言都非常精彩，那么此刻我对这一会议主题来做个总结，谈谈我的看法。”说完这句话，李兴却向门外走去。员工们面面相觑，先是小声议论，彼此猜测；继而喧声四起，怒不可遏。他们觉得新来的这个领导实在太不像话了，竟然不说原因便撇下所有员工自顾自离开。

过了一阵子，大家决定自行散会，这时，李兴突然出现在了门口，不慌不忙地走了进来，好像什么也没发生。大家对于他的行为非常不满，都愤愤地埋怨着。面对激怒的员工，等大家平息下来，李兴充满激情地说：“我刚才在开会过程中不负责任地离开，大家非常反感，不能容忍对吧？好，既然这样，大家为何在工作时间无视纪律，玩忽职守呢？难道你们就没有注意到自己这一行为的严重性吗？”

会场安静了一会儿，突然爆发出一阵热烈的掌声，员工们都被这个新领导的好口才彻底征服了。

归谬法是指以对方的论点为前提，推论出一个非常明显的荒谬结论，从而证明对方论点的虚假性的辩论方法。这种方法不但具有不可辩驳的逻辑力量，而且会使论辩更加形象生动、诙谐幽默。懂得运用归谬法，你才能更好地劝服对方让他的行为朝着自己所希望的方向发展。

如何运用归谬法巧妙达到说服的目的？我们不妨注意以下几个建议：

1.先要保持内心的镇定

归谬法的运用非常简单。当你听到对方荒谬的逻辑之时，不要被人家给激怒，乱了自己的方寸，要保持镇定，牢牢抓住对方说话的思维，经过一番推理之后，得出一个对对方不利的结论，从而反败为胜。如果你乱了阵脚，你的思维也会凌乱，那你就无法在心态上战胜对方，达到说服目的。

2.听出对方话里的谬误

运用好归谬反驳的先决条件，是要善于发现对方的谬误，然后予以反驳。如同先要看准靶子，然后才能射出有力的箭一样。如果你能敏锐地发现对方的谬误，就为辩论运用归谬反驳法奠定了基础。想要反驳说服对方，请一定仔细听，认真思考对方话语的纰漏。

3.归谬的话语，巧用幽默来表达

在辩论中反驳对方，有时不采取锋芒毕露、相互抨击的语言，而采用风趣含蓄、诙谐生动的语言，其效果会更好，更具有说服力。讽刺幽默显然是不同于证明与反驳的，它是以谐趣的方式，揭开表皮下的荒唐外衣，暗示事物的本质，达到明辨是非的目的。

说话小启示

引申归谬是幽默的辩驳之术，在辩论中抓住对方的谬论点，将其用类似事物来表明对方观点的不正确。引申归谬作为论辩中一种反驳的手段，但绝不是生硬的反驳，而是绕个圈子，运用幽默的睿智实现的强力辩驳。

将心比心，更能说服对方

大多数的人在说服别人的时候没有达到成功，其实并不是他们没有把道理或者是事情说明白，而是始终使自己处在一个说服别人的位置上，居高不下，不替对方着想造成的。如果多替对方着想，将心比心，把心理上的位置互换一下，也许事情就会出现截然不同的结果。将心比心是说话过程中必不可少的技巧，也是一个人为人处世中不可或缺的胸怀和气度。

“人生最悲催的不是吃不上鸡肉，也不是减肥却练出了一身肌肉，而是遇见一个一毛不拔的铁公鸡。”午休的时候，当唐凯刚在空间说说上打上这一行文字，电脑就突然死机了。唐凯决定，一定要说服老板换电脑了，这样落伍的电脑总有一天会让自己崩溃的，一天当中居然死机六次，不仅没有工作效率，还搞得自己特别沮丧。不过这次，唐凯学聪明了，决定换一种说服方式。

“老板，告诉你个特大惊喜，今天咱们电脑可好用了，网速超快，效率极高。”

老板微微一笑：“对吧，我说嘛，咱们的电脑没问题，非常耐用，所以换电脑根本就是没必要的事。”

“先等等，还有一个坏消息，网速的确快了，但是一天死机六次，今天统计的数据单报废了。”

老板一听，脸色晴转多云：“唐凯，你怎么不注意一点儿呢，那份数据很着急用的，真是麻烦，我抓紧找人给你修修电脑，重装一下系统。”

“老板，这样修来修去，您觉得值吗？”唐凯的语气微露惋惜。

听唐凯的话，貌似是有省钱的方法，老板问：“呀，难道你还有更好的办法？”

“修电脑的钱可以免了，公司也可以买新的电脑……”

还没等唐凯说完，老板就说：“哎呀，小唐啊，你看看你，说来说去就是想换电脑。”

“真不是，老板！”唐凯说得一本正经，“我觉得这样做对您来说真不值，总是花些冤枉钱，您看，这电脑都修了几次了，修完没几天又坏，这样修来修去都花多少钱了，因为这是治标不治本啊。我算了一下，这几次的修理费差不多都够买一个电脑了。”

“唐凯啊，公司的电脑不止你这一台啊，难道还能只给你换啊，那得是多大的一比开销，你知道吗？”老板有点儿犹豫。

“当然全部换啊！老板您想想，这样落伍的电脑为咱们公司损失了多少啊。一是维修费，二是我们员工的工作效率。要是换了新电脑，工作效率肯定翻倍啊。第三，您还记得上回一份重要的文件，就是因为这电脑，造成多大的损失……我想您不愿悲剧重演了吧？”

老板吸了一口气，似乎狠下心作了一个决定：“那行吧，周一我就给你们换新的。”

唐凯不失时机地幽默奉承道：“还是老板英明威武，小的告退。”

劝服他人如何才能达成目的？其实，只要你言语中处处表达你对对方的关心，为他考虑，那你的劝服工作就会更容易成功，对方也会对你更为信服。设身处地，将心比心，人同此心，心同此理。许多说服工作遇到困难，并不是你没把道理讲清楚，而是由于你不会将心比心，不愿替对方着想，结果遭到了对方的拒绝。如果换个位置，采取一种将心比心的说服方法，对方也许就不会拒绝你了，劝说和沟通也就会容易得多了。

1.设身处地地考虑对方的利益

将心比心，就是设身处地为对方着想，帮助对方分析情况，权衡利弊得失，讲清利害关系，使其同意你的主张和观点。说服要设身处地地考虑对方的利益，诚心诚意地替对方着想，然后有的放矢地进行说教，这样对方才容易被说服。

2.先承认对方的观点再表达自我意见

想说服对方，应向他说“想必你也是这么想的”来诱导他。人都想要别人承认自己的强烈愿望，若伤害到对方的自尊心，纵使你再说多少好话，对方的心也不会为你所动。但先承认对方，然后再说出自己个人意见，绝对比任何恐吓的话都能使对方朝我们的方向走来。

3.一定要找出对方最关心的那个问题

将心比心，关键是抓住对方的要害，了解他最关心的那个问题。任何一件事情都是多面的，一个问题产生的原因也来自多方面的因素。当你对这多方面的因素进行阐释并说服对方时，你最需要做的就是把对方最为关心的那个导致问题产生的原因找出来，从关键之处着手。

说话小启示

在交往中，要把自己设想成别人，用心倾听他人，用心体味他人，去体会他们的内心感受，去理解他们真正的想法，以他们的角度考虑问题。当与他人相处时，我们为何不问自己一声：“假如我是他，我现在的心境怎样？我最需要的是什么？”

不压服对方，巧妙说服是关键

某中学中午开饭时，李同学端着一盘子刚买到手的菜来找司务长反映：菜不熟。司务长经过鉴定，证实了李同学的话，于是就和李同学带着那盘没熟的菜去找炒菜的杨师傅。

杨师傅没等司务长把话说完就来了大气：“学校提供的煤不给力，火力不

足，一次炒这么多菜，这样的情况，我能怎么办？”作为司务长明明知道学校烧的煤是没有问题的，平常这位杨师傅炒的菜也是没有问题的，这次完全是因为他的责任心不强造成的。但司务长没有急于接着他的话反驳他，而是问站在一旁的炒菜的章师傅：“老章啊，你今天炒菜烧的什么煤？”“院子里的那堆煤。”“噢，那你今天炒了多少菜啊？”“和老杨的一样多。”“好，你盛出一点儿你做的菜给我看看。”司务长尝了后又交给那个李同学尝，都说熟了。这时司务长才转过头来问杨师傅：“老杨，你看看吧，到底是因为煤炭的问题还是因为你的问题，你想想看，是重新实验一下，还是怎样？”杨师傅开头的那种神气已经没有了，连忙答应把那没卖完的不熟的菜端去重炒，连司务长宣布按规定扣他的奖金，他都没吭一声。

一味地采取口头“压服”式的方法，不仅会让人无法接受你的说法，还会使他人更加坚持自己的意见。所以，我们要想赢得他人的尊重，让他人从心底接受自己的观点，就一定要耐心地说服他人，而不是利用身份、权力乃至话语去“压服”他人。

蜀建兴三年（225年），诸葛亮亲自率兵南征。诸葛亮好友马良的弟弟、参军马谡送诸葛亮出城，一直送了几十里地。临别的时候，马谡说：“南中的人依仗地形险要，离开都城又远，早就不服管了。即使我们用大军把他们征服了，以后还是要闹事的。我听说用兵的办法，主要在于攻心，攻城是次要的。丞相这次南征，一定要叫南人心服，才能够一劳永逸呢。”马谡的话，正合诸葛亮的心意。

双方首战，诸葛亮就大获全胜，擒住了南蛮首领孟获。但孟获却不服气，说什么胜败乃兵家常事，诸葛亮说：“既然这样，您就回去好好准备一下再打吧！”孟获被释放以后，逃回自己的部落，重整旗鼓，又一次进攻蜀军。但孟获本是一个有勇无谋的人，根本不是诸葛亮的对手，第二次又乖乖地被活捉。诸葛亮下令放了孟获，像这样又放又捉，一次又一次，一直把孟获捉了七次。到了孟获第七次被捉的时候，诸葛亮还要再放。孟获却不愿意走了。他流着眼

泪说："丞相七擒七纵，待我可说是仁至义尽了。我打心底里敬服。从今以后，不敢再反了。"

打败一个人很容易，但打败一个人的心很难！打赢一个人，得到的是一时胜利者的名号；而打赢一个人的心，得到的却是永久的胜利。

朋友们，如果你想征服一个人，一味地凭借"压服"式的劝说是徒劳的，有时候还可能激发对方的叛逆心理，如果你巧妙地用智慧说服对方，让对方心甘情愿、心悦诚服地与你达成共识，那一切问题将会迎刃而解。那么，如何才能避免自己的"压服"心理，让说服工作顺利进行呢？

1.友善比强硬更有说服力

作为说服方，要想让对方接受自己的主张，就必须要让他们认为你对他们是非常友善的，是全心为他们着想，你不能强迫他们同意你的意见，但却可以用引导的方式，温和而友善地使他们认同。可以说，选择友善往往比选择强硬更有效果，更有力量。

2.不要强词夺理，借助声势压人

向来强词夺理都是不能服人的。好比两个人吵架，往往理亏的人叫声最高，希望借声势压人。比如，父母在说服不了孩子的时候，以权威身份来压服孩子，实际就表明自己已经到了"理屈词穷"的境地。稍微懂事一点儿的孩子都能体会到这一点，可不要把他们当傻瓜。

3.巧妙地诱导对方的心理或感情

说服别人要巧妙诱导对方的心理或感情，以使他人就范。如果说服方特别强调自己的优点，企图使自己占上风，对方反而会加强防范心。所以，应该注意先点破自己的缺点或错误，暂时使对方产生优越感，而且注意不要以一本正经的态度表达，才不会让对方乘虚而入。

说话小启示

一个人想要说服他人，没有足够的耐心是完全不行的。当你的观点不被他人赞同时，一定不要过于心急。说服高手一定要在说服的过程中慢慢寻找足以让人信服的观点，不能让他人在你的强压下“屈服”。记住，只有你倾注足够的耐心，才能最终得到他人的赞同。

巧用逆反心理，顺利达成目的

某建筑公司的工程师董海，有一次说服了一个刚愎自用的人。他们公司有一个工头叫王凯，他常常坚持反对一切改进的计划。董海想换装一个新式的指数表，但他想到那个王凯必定要反对，于是董海去找他，腋下夹着一个新式的指数表，手里拿着一些要征求他的意见的文件。当大家讨论着关于这些文件中的事情的时候，董海把那个指数表从左腋下移动了好几次，王凯终于先开口了：“你拿着什么东西？”董海漠然地说：“哦！这个吗？这不过是一个指数表。”王凯说：“让我看一看。”董海说：“哦！你不要看了。”并假装要走的样子，并说：“这是给别的部门用的，你们部门用不到这东西。”但是，王凯又说：“我很想看一看。”当他审视的时候，董海就随便但又非常详尽地把这东西的效用讲给他听。他终于喊起来：“我们部门用不到这东西吗？它正是我想要的东西呢！”董海故意这样做，果然很巧妙地把王凯说动了。逆反心理并不是只有那种顽固的人身上才有，其实每个人身上都长着一根“反骨”。

逆反心理的应用，是一种极佳的激将法。为什么会这么说呢？原因是，对于有些人，在某种事情上，你禁止他做，他便会禁不住去做，尤其是倔强的人

更会如此。反之，你放手不管，说“你尽管做吧”，对方反而不愿服从，或者起了怀疑，结果就不去干了。所以说，想要达成说服的目的，你应该懂得心理战术。

云飞打算买一套二手房给父母住，因为父母年老多病，所以云飞希望能尽快购买到一套合适的房子。当云飞去看第一套房子的时候，觉得各方面条件都很不错，就是价格有点儿贵，似乎在这样一个地段买一般装修的二手房价格太高了。不过，云飞当即对户主表达了自己急切的购买心情，谁料，这样一来，在价格方面，户主更是一点儿也不会少了，而且还劝云飞说：“以这样的价格购买如此舒适的房子，已经很划算了，再说你父母现在正等着房子住，买了吧。”云飞差不多就快要答应了，但脑海里却冒出“或许还能找到更不错的房子”，于是，他暂时回绝了。

之后，云飞又看了几套房子。到第三套房子的时候，云飞非常满意，这个地段距离医院很近，小区里绿化、健身设施都弄得不错，特别适合老人住。吸取了上次与户主谈判的教训，云飞没有表现出自己强烈的购买欲望，而是不咸不淡地对户主说：“我觉得房子还行，不过，装修好像好多年了，都有些陈旧了。”户主急忙解释说：“装了大概有四五年了。”云飞笑着说：“以这样的装修，我想在价格上应该有商量吧。”户主摇摇头：“我给出的价格应该是最低了，你想在这样的地段，距离学校、医院都近，交通也方便，这样的价格实在不能再低了。”云飞依然保持淡定的笑容，回答说：“我再考虑考虑。”

过了几天，当中介催促付定金的时候，云飞说：“我前天去看中了另外一套更实惠的房子，请您容许我再考虑考虑。”中介当即把这个情况反映给户主，又从中做了一些说服工作，那户主在中介的劝说下，将房价降了几万元。听到这样的消息，云飞故意装作毫不在意地说：“那就把这套房子定下来吧。”

其实，大家自己就有这种心理，当别人禁止你或者引导你做某件事时，心里就容易犯嘀咕：既想接受又想反叛。反叛，就是我们大家都非常熟悉的“逆

反心理”。人际交往中我们也经常会碰到这种逆反现象。巧用逆反，可能会使某些事情达到意想不到的作用。

1.善于从反面考虑问题

首先，要打破常规的思考问题的方法，善于从反面考虑问题，想出办法。如果你不把着眼点放在反面，那么，你就不可能想出这一奇招了。这就需要大家多发散一下自己的思维，多思考多尝试，不要让思想固定在某一方面，一个思想灵活的人更容易获取新点子。

2.分清对象，区别对待

不论做什么事，采用什么战略，我们都应该懂得灵活运用，毕竟每一个人的情况都是不同的。其实，巧妙利用对方的心理，还需要有恰当的对象，最好是那种刚愎自用、自以为是、虚荣心强、傲慢自大的人，假如对方是性格相反的人，那使用这个策略就有点儿弄巧成拙了。

3.把握好语言的“火候”

如果说话平淡，就不能产生激励效果，如果言语过于尖刻，就会让对方反感；语言不能过急，也不能过缓。过急，欲速则不达；过缓，对方无动于衷，无法激起对方的自尊心，也就达不到目的。所以，说话时一定要掌握火候，语言不能“过”。

说话小启示

作为一种心理现象，逆反心理是很普遍的，这可能是出自我们内心的那一份好奇心理，由于好奇，就总是想尝试去反着做事。特别是只作出禁止规定而又不解释禁止原因的时候，反而更加激发了人们的逆反心理，使人们更加迫切地想要了解该事物。

妙用比喻，增强说服的感染力

《说苑》中记载了这样一个故事：

有人对梁惠王说："惠子这个人说话善于打比喻。要是大王您不让他打比喻，那么他便没法说话了。"

于是梁惠王对惠子说："希望你今后发言时不要打比喻了。"

惠子回答说："假如有个人不知道'弹'为何物，您告诉他'弹就是弹'，他能明白吗？"

梁惠王说："当然不能明白。"

惠子接着说："如果您改换一种说法，告诉他'弹的样子像弓，是用竹子做的弓弦'，那么，他能明白吗？"

梁惠王说："当然明白了。"

惠子说："我要把我知道的事物，告诉不知道这事物的人们，您说要是不打比喻，行吗？"

梁惠王说："你说得太好了，不打比喻是不行的。"

梁惠王本来的意思是不许惠子再打比喻的，可是惠子就这件事恰恰又打了一个比喻，说得梁惠王口服心服。由此可以看出，惠子是一个"善喻"的人。

有时候，当你觉得某个问题三言两语难以讲清，即使费尽口舌，对方也不一定明白时，不妨运用联想或想象，引入另一件事情，从而把要表达的事情说得更生动、更具体，以增强说话的感染力，起到事半功倍的效果。这就是我们常说的比喻。比喻，不仅能够增强语言的美感，还能让语言更有说服力，一个善辩的人应该要懂得合理利用比喻的手法让自己的话语更为饱满。

螳螂捕蝉，黄雀在后，这一成语十分著名，人们一般只觉得它形象贴切，并不一定知道它还曾阻止了一场战争。

春秋战国时期，吴王想去攻伐荆国，许多人都认为不应该这样做。但吴王

刚愎自用，告诉他左右的人说："谁敢来劝谏我，处以死刑。"

舍人（掌管宫中之政的人）中有一个年轻的孩子，想进谏，又不敢，害怕被处死。于是，就拿着弹丸到后园去守候，身上的衣服都被露水沾湿了。一连三个早上都是这样。吴王见了十分不理解地问："你为何要把衣服都弄成这样呢？"

孩子说："后园里有树，树上有蝉，蝉在高树上悲凄地叫着。它饮着露水，而不晓得捕它的螳螂正在自己的后面呢！螳螂正低下身子想去抓蝉，但它也不知道黄雀正在它的身后等它呢！黄雀等着螳螂，想去捉它，却不晓得我拿着弹丸正在它的下方呢！这三个都是想得到它自己的利益，而没有顾虑到它后面的灾患。这是我这几天所明白的道理。"

吴王听了他的话，说："很有道理。"于是，吴王不再出兵攻打荆国了。

总之，要说服一个人，总免不了要跟他讲道理，大道理人人都懂，但很多人并不喜欢听人跟他说那些大道理，你直来直去地讲，人们不一定会听，但是你学会用比喻的方法进行说明，由于生动形象，而且又能让别人感觉到你的善意，往往更容易达到你说服对方的目的。

生动形象的比喻，不仅能使深奥的道理变得浅显、易于被对方接受，还能给对方带来深刻的启发、极大的鼓舞和有力的鞭策。运用比喻说服，通过以事寓理、形象比喻的方法，能使说服语言显得更加委婉，使说服对象在交谈中不知不觉地领悟到说服者要表达的思想。

巧用比喻，语言会更有说服力，那大家知道其中的语言技巧吗？

1.语言生动具体、浅显易懂

运用比喻必须以生动具体、浅显易懂、为人们所熟悉的事物作比喻，才能使人容易理解和接受。如果运用了人们不熟悉或不好理解的事物作比喻，听众就不知道你到底在表达什么意思，就不能很好地理解你讲的道理。运用比喻既要形似，更要神似。

2.比喻要形象

形象性的比喻听了使人很容易接受。1927年秋收起义失败后，毛泽东在浏阳文家市对被打散又重新集结的队伍说道：“我们的武装力量很小，就好比一块小石头，蒋介石的反动派力量现在还很大，就好比一个大水缸。只要我们咬紧牙，挺过这一关，我们这块小石头就总会打烂那个大水缸的。”

3.语言要贴切、自然

比喻是增加语言色彩的好方法，但比喻不是越多越好，不能为了比喻而比喻，不能出于猎奇而矫揉造作、故弄玄虚。比喻应有创造性、不能老用那些已经为人熟知的比喻。不自然的比喻，不但不能为讲话添彩，反而会让听众反感。

说话小启示

其实，在古时候，那些说客在说理的时候经常利用比喻说理术。在运用这个技巧时，为了引导对方认识某个道理，你需借助某一个类似的事物加以说明和描述，这样才能把抽象的道理说得具体，把深奥的哲理讲得浅显，把生疏的事物说得熟悉。

步步逼近，让对方不断作肯定回答

如果一个人在谈话这方面比较有才，那他往往会在很短的时间内就能让自己的目的达成并成效显著。为何呢？因为他比较擅长把握对方的心理，让对方一步步进入自己的“圈套”，这就好比是打台球，你从一个方向击球，既需要力量使它偏离这个方向，又需要更大的力量让它碰向相反的一方。

西屋电气公司的销售经理约瑟夫·艾利逊曾经说过他这样一段经历。

他说：

在我主管的业务区域内，住着一位大型企业的老板。在过去的十年里，我们公司都在努力地向他推销我们的产品，但却始终未能如愿，后来，我接管了这片区域，在他身上花费了三年的时间，也不见任何起色。

也许是我们十三年的不懈努力打动了他，最近，他象征性地买了我们公司的几台发动机。我认为，只要这几台发动机的品质令他满意，那么他以后一定会买我们更多的发动机，局面就会打开了。

尽管我了解我们公司的发动机的品质，不会出现任何故障，但在三周以后，我还是以检测发动机性能为名，再次去拜访他。本来我是满怀信心地去的，但事实表明，我高兴得太早了，因为受他安排而接待我的工程师的第一句话就令我吃惊。

见到我之后，那位工程师说道："我想我们不会再买贵公司的发动机了。"

我心头一震，立即追问："为什么呢？"

工程师回答道："这些发动机散热太差了。你看看，我都不敢将手放在上面。"

我明白，如果与他发生正面争辩，我就完蛋了，不会得到任何好处，在过去我干了太多这样的蠢事，今天我需要换个方法。

于是，我说道："我完全同意你的观点，我也认为散热性能不好的发动机的确不能再买了。我想，你需要的发动机，应该是散热性能符合国家电气协会规定的标准的，对吧？"

他完全同意我的意见，回答说"是"，我得到了第一个"是"的回答。

我继续说道："根据国家电气协会的规定，只要发动机的温度高出室温的华氏72度之内，就是符合标准的，对吧？"

他点头表示同意："是的，是这样。问题是，贵公司的发动机已经超过了这个标准。"我依然没有争辩，只是继续问他："厂房现在的温度是多少？"

他想了一下，回答说："大概在华氏75度上下。"

我松了一口气，说道："厂房的温度是华氏75度，国家电气协会规定的温度是华氏72度，这就是说，如果发动机的温度在华氏147度之下，就是合理的。如果将手放进烧到华氏147度的热水中，怎么能不被烫伤呢？"

他继续回答"是"。

我说："既然如此，我认为你不要触摸发动机，就不会被烫伤了。"

他笑了起来，承认我说的是对的。就在这一天，他们又订购了我们公司价值三万多美元的产品。

2000年前的希腊大哲学家苏格拉底发明了一种叫"苏格拉底的辩证法"，就是以"得到对方的'是'的反应"的说明方法。他问的问题，都是得到反对者的同意，使对方不断地说着"是"，无形中把对方的"非"的观念改变了过来。让对方多说"是"，你就更容易消除对方的不信任；多说"是"，你就更容易拉近彼此的距离；多说"是"，你就更容易说服对方。

那么，如何才能在谈话中让对方不断说"是"，作肯定的回答呢？

1.不要一开始就说些模棱两可的事

所以，在和别人交谈时，不要一开始就谈论一些模棱两可的事情，一定要强调你们都坚持的事情。记住，一定要不断地强调它，强调你们双方都坚持的目标。引导对方意识到，即使你们在一件事情上有不同的意见，只是在方法上不同，而不是目标。

2.选择性提问，让对方进入你的"圈套"

在一个问题中提示两个可供选择的答案，两个答案都是肯定的，让对方没得选。例如，想要与对方约定见面，可以问："您看我是明天上午十点还是十一点过来接你？"很多问题都可以设计成这样的方式，尽量让对方给出一个肯定的回答。

3.说服中要掌握好对方的情绪

在说服过程中，掌握好对方的情绪也非常重要。在说服的过程中有很多理由让对方说不，但对方也有自己的看法，如果发生冲突，又没有控制好情绪，往往会造成两败俱伤的后果，更不要说可以成功地说服对方了。

说话小启示

在谈话时，如果对方一直作否定回答，那么，这场谈话就很难继续下去了。他的立场和“自尊心”都源于此。因此，有时，如果我们与他人打交道时得不到对方一个“是”的回应，我们最好想方设法地不让对方说出“不是”这个词。

避免伤人拒绝有道：预先说点儿好话再表达拒绝之意

“不”这个字非常简单，笔画只有四笔，写起来容易，但是说出口却不那么轻松。其实，朋友的请求一旦超越了自己的能力，我们应该拒绝，否则更会伤害彼此的友谊。对一些有违意愿的事情不拒绝，以后就会有更多的这类事件发生，那你的苦恼将会永远持续下去。拒绝是每个人的权利，如何才能把拒绝的话说得委婉动听而又不伤和气，相信大家读完本章就会找出适合自己的技巧。

拒绝求爱的几种方法，你知道吗？

小乔是某家公司的一名职员，她长得非常漂亮，人也有气质，因此身边有很多追求者。有一次，小乔接到一封情书，打开一看，是公司里的同事小陈写的。小陈这个人条件很一般，长得也不出众，身材也不是特别好，对小乔来说确实不太般配。看到这封信，小乔心里想："真是癞蛤蟆想吃天鹅肉"，一气之下竟把这封情书贴在了公司洗手台镜子旁的墙上，她想警告一下，自己并不是谁都可以追的。结果小陈一下出了名，成为了全公司的大笑话，小陈羞得无地自容，没几天就辞职离开了。三年之后，小陈找到了自己合适的对象，夫妻之间非常恩爱，而小乔还是孤零零一个人，因为那些追求她的人都被她吓跑了。

看完上面的案例我们应该明白，拒绝求爱的语言要恰当，要委婉，要懂得顾及对方的面子，不然对人对己都不利。

朋友们，爱是相互的，如果爱你的人正是你所爱的人，被爱是一种幸福。但是，假如爱你的人并不是你的意中人，或者你一点儿也不喜欢他（她），你就不会感觉被爱是一种幸福了，你可能会产生反感甚至是痛苦，这份你并不需要的爱就成了你的精神负担。那你该怎么办呢？这时候，你需要做的就是拒绝。不管在什么时候，拒绝都是一种伤人心的行为，把拒绝的话说好听的确是一门学问。如果你会说话，把拒绝的话说得委婉动听而又让人不失面子，那你的拒绝就是成功的。

金浩对同事戴玲玲暗恋已久，这天，他终于鼓起勇气约戴玲玲出来看电

影。戴玲玲也感觉到了金浩的爱，无奈自己对他实在没有“触电”的感觉，于是对他说：“实在抱歉，我真抽不开身，最近一段时间我一直利用业余时间在培训班学习，每天晚上都有课。还有，我这次参加的英语等级考试也临近了，实在没有看电影的空闲时间。要不这样，你找小强吧，你们俩不是常在一起讨论好莱坞的影片吗？”金浩听了，只好悻悻而归，从此再也没向戴玲玲提出过约会的请求。

看一场电影只需要一两个小时的时间，如果戴玲玲愿意接受金浩的话，怎么也能抽出时间来赴约，而她的推辞却根本没有流露出任何的遗憾和改日赴约的愿望。想清楚了这一点，金浩自然明白戴玲玲的委婉拒绝之意，只好收回自己的感情了。

拒绝求爱的方法其实有很多种，但不管用什么样的方法，一定要恰当、委婉。因为爱是人在鼓足勇气之下才说出的感情，一旦遭到断然拒绝，很容易受伤害，甚至痛不欲生。因此在拒绝求爱时，态度一定要诚恳，言语上也要十分小心。如果你的表达得体，对方不但会接受你的拒绝，还可能会把你当作朋友，这样对双方都有好处。

拒绝求爱是讲究方法的，从形式上，可以用书信，可以口头交谈，也可以委托别人。但不管用什么样的方法，一定要恰到好处，以下几点建议，可供你参考：

1.把真话藏在玩笑里说出来

你男朋友邀请你“上门”，你觉得时机尚未成熟，这时你可问：“有什么好吃的吗？”你的男友会列出几样东西来，于是你接着说：“没好吃的，我不去。”这是巧妙地开玩笑，男朋友当然不会以为你是真的嫌没有好东西吃，他会知趣地知难而退，但又不觉得尴尬。

2.用客气说“不”

如果你要说“不”，请客气地说出口，千万不要伤害到对方。比如，某位姑娘送礼物给你，你如果不喜欢她，不愿随便收下，就可以客气地回绝。既可

表示受宠若惊，不敢领情，又可借机强调它还有其他正常的用场。

3.说话态度要真诚亲切

如果你不喜欢对方，你不妨这样说："我觉得我们的性格差异太大，恐怕不合适。""你是个可爱的女孩，许多人喜欢你，你一定会找到合适的人。""你是个很好的男人，我很尊重你，我们能永远当朋友吗？""我父母不希望我这么早谈恋爱，我不想伤他们的心。"相信，这样坦诚而又为他人考虑的你定会得到对方的尊重。

4.坦白一点儿，直言相告

如果你已经结婚或者已有意中人，又遇求爱者，那么就直接明确地告诉对方，你已有爱人，请他（她）另选别人，而且一定要表明你很爱自己的恋人。同时，切忌向求爱者炫耀自己恋人的优点、长处，以免伤害对方的自尊心。

说话小启示

每个未婚成年人都有求爱的权利，求爱，是他们步入幸福生活的起点，是开启人生新篇章的基础，美好的爱情生活从求爱开始。当然，求爱还有个对方接受或拒绝的问题。当自己不爱的人前来求爱时，当然可以拒绝。

"逐客令"是不是很难说出口？

唐旭是一个喜欢安静的年轻人，平时喜欢自己一个人看看书、喝喝茶，但是他的一个朋友李嘉磊却是一个天生喜欢聊天的人。两人的家离得又非常近，因此，李嘉磊经常在没事的时候"不期而至"。

无奈之下，唐旭只能强打精神应付他。可是，李嘉磊好像打了鸡血一样无比兴奋，说来说去一直说不完，天南地北的海侃，先说自己一天的事情，然后谈足球篮球比赛的事情，然后扯到国家大事，总而言之，就没有他说不到的话题。唐旭实在是困得不行了，上下眼皮直打架，可是对方还是没有停下来的迹象。结果，唐旭在迷迷糊糊中就睡了过去，这时，李嘉磊才注意到，于是告辞离开。

次日早上，唐旭来到公司，他感觉浑身无力，一点儿上班的劲头也没有，迷迷糊糊的，总是想睡一觉。恼火的是，工作的时候一不小心就出了错，因此，他被领导大骂了一顿。还被批评说最近一直不好好上班，需要好好反省。唐旭心里委屈，可也不知道该怎么办。

朋友们，你是否经常遇到这样的情况：下班后吃过饭，你希望静下心来读点儿书或做点儿事，但那些不请自来的“好聊”分子又要扰得你心烦意乱了。你勉强敷衍，焦急万分，极想对其下逐客令但又怕伤了感情，故而难以启齿。相信很多人都有此苦恼吧？是啊，生活中总有很多不得已的时候，对于那些“常客”我们该如何对付呢？其实，最好的对付办法是：运用高超的语言技巧，把“逐客令”说得美妙动听，做到两全其美，既不挫伤好话者的自尊心，又使其变得知趣。所以说，说话这门学问，你不得不深入研究一下。

陈晓露是个自由撰稿人，也是一个热情好客之人。她的邻居是一名家庭主妇，平时陈晓露都称呼她芬姐。芬姐平时也没什么事，她习惯每天晚上到陈晓露家里来串门，平日不忙的时候，陈晓露倒也觉得闲聊坐坐挺有意思，可一到忙了的时候，就有点儿顾不过来了。

有段时间，陈晓露碰巧跟出版社约了稿，时间上很紧张，只想安静地赶稿。芬姐对此也不了解，晚上依旧来找陈晓露闲聊。陈晓露为了保证自己的工作进度，就对芬姐说：“芬姐，今天晚上我们好好聊聊，不过从明天开始我就要全力以赴地写稿子了，出版社的主编已经在催了，我也实在不好意思再拖延了。等我的稿子完成了，我就去找你好好说说话放松放松。”虽未明说，可陈晓露的意思很明显，就是希望芬姐近期不要来打扰了，她需要专心地工作。

其实，这一委婉的拒绝，对人对己都不失为一妙计。

拒绝别人是件不太容易的事，但有些时候还是需要拒绝的。不过，人是需要有点风度的，即使你是在拒绝别人，也应努力以一种平静而庄重的神情讲话。因为在一般情况下，对于一个客气的拒绝，人们是不可能非议的。

下好“逐客令”，你需要注意以下几点：

1.不断看时间，表示你有急事

当他们滞留在房间中不想离开时，我们可以使用频繁地看时间的方式来暗示对方离开。假如你频繁地看时间，就会传达给对方“你的时间非常珍贵，你有急事要处理”的信息。通常情况下，对方都会选择自动告辞。

2.必要时写出你的难言之隐

根据具体实际情况，我们可以贴一些诸如“孩子即将参加高考，请勿大声喧哗”、“主人正在自学英语，请客人多加关照”等字样，制造出一种惜时如金的氛围，使爱闲聊者理解和注意。一般，字样是写给所有来客看的，并非针对某一位，所以不会令某位来客有多少难堪。

3.委婉提醒，客气表达

正如上文陈晓露的方法，你可以用婉转的语言来提醒、暗示滔滔不绝的客人，你并没有多余的时间与他闲聊。比如：“还好，我今天晚上有点儿时间，咱们还可以聊一会儿，不过明天我就必须要写一写年度职位总结了，年终单位要评定年度优秀员工，我得好好准备准备，争取能评上。”

说话小启示

有时候你觉得说出拒绝的话很难为情，可为了保证自己正常的生活习惯，该下逐客令的时候一定不要羞于启齿。只不过，说话做事之前多思考一下，尽量不给人带来心理上的不悦，保持自己的优雅和风度。这样，既不会让自己的时间被荒废，又能让对方知趣而退。

对上司，你也可以轻松说“不”

许多职场新人都怀有一种同样的心理，认为唯命是从才能讨老板的欢心，以至于在工作中只会说“是”，从而给自己带来了很多烦恼和麻烦。量力而为是我们懂得的道理，纵使是平时对自己十分照顾的老板委托的事，但自觉做不到，你也应该明确地表示态度，认真地说一声：“抱歉，这个我做不到”。

经理常常在会议上夸奖严越越：“越越办事靠谱，我放心。”

严越越进公司两年了，是经理的得力助手。可是最近严越越很不开心，经理现在把自己当成超人了，交给她的任务越来越多。严越越手里的事情多到了加班加点也做不完，可周围有些同事却闲得两眼发呆，最可恶的是，自己的薪水却没有因此而提高，经理的那些话看来只是对自己精神上的麻痹，想让自己心甘情愿地为他做牛做马。

后来，严越越更是听人事部的一位领导说，关手她升职的事，中层主管会讨论过很多次了，每次都被她上级经理否了，那位领导的一番话惊醒了严越越这个梦中人：“越越啊，你要是升职离开他，他估计是找不到像你这样唯命是从的下属了吧？”

于是，严越越开始了自卫反击战。一次经理说：“越越啊，李总那有个单子，你一定要拿下啊。”

严越越一脸诚恳地说：“经理，上周你已经给了我两个大的项目，我还没弄完，这几天一直在赶呢，如果再加一个，我怕时间不够。”

经理的脸立刻变了色：“可是，李总那边你之前接触过，熟悉啊！”

“经理，那我这几天继续加一下班，再赶赶吧，但是如果让我保质保量地完成也的确有困难，您看，要不找几个人一起帮帮忙？”严越越向经理建议。

经理惊讶地看着她，继而笑着说：“咽，我想想看。”

没想到，从那以后，虽然没有给严越越增配助手，不过经理对严越越的

态度却好起来了，还经常跑来关心严越越的工作进展，并叮嘱她有困难就提出来，另外，把一些工作也分担给了其他的同事。

作为下属，经常会遇到这样的尴尬：领导给你安排额外工作，而这些工作又大多不属于你分内的事。接受吧，会扰乱你的计划，而且不能保证很好地完成；拒绝吧，又怕驳了领导的面子。这时，你就要善加考虑，理智地对领导说不。如果你不懂得说不，你不仅做不好分外的工作，连你自己的本职工作也会处理得一团糟。

一个成熟、自信的人都懂得，人有说“不”的权利，在上级面前也是，这并不是一种反叛，而是在理解尊重的前提下说“不”，反映的是自己对工作认真负责的态度。但对上级说“不”要注意方法，避免和老板正面冲突，要表明自己是为公司和大家的利益才这样做的。

那么，你该如何巧妙地对你的领导说“不”呢？

1.让领导明白你已尽力

对领导来说，被员工当众拒绝是自尊心与自信心的双重打击。当领导提出一件让你难以做到的事时，如果你直言答复做不到，可能会让领导颜面尽失，也会让他觉得你压根儿不想做。这时，你不妨先缓一缓，事后再跟领导说：“我已经尽力了，这个工作我实在做不了，很抱歉。”相信你的真诚一定能得到领导的谅解。但是，你也要分情况看待，万一此事很着急，你就不要客气，因为很多工作是耽误不得的。

2.用事实为自己证明

在拒绝领导的要求时，我们可以用事实来说话。比如，当领导分派额外任务时，如果我们确实无法抽身，一定要说明自己当前的工作状况，让领导理解你并不是因为不想做，而是因为实在抽不开身，相信你的实情一定不会让领导产生猜忌。

3.让领导明白你是个有原则的人

聪明人则懂得办公室生存要学会变通，更要坚守一定的原则。工作中应该

学会服从上司的安排，但其他方面更要学会以诚相待，不卑不亢，该拒绝就拒绝。拒绝上司并非一定是坏事，许多时候能让上司发现你的成熟踏实和个人的尊严，让他对你产生敬重。

4.提出你的质疑和建议

当领导定下“疯狂”的工作期限时，你只需解说这项工作内容的繁重，并举例说明同样的工作量将需要领导规定的限期的几倍，给领导一定的考虑和决断的时间后，再要求延期。假若限期真的铁定不改，那就要求聘请临时员工。

说话小启示

说“是”还是说“不”，这都是你自己可以决定的事情，因为你有这个权利。但绝大多数人总是觉得自己是在给老板打工，所以总是想老板之所想。其实，你做事情不是为你的老板，而是为你的公司。你拥有这个项目，你就拥有权力。你应该相信，在你自己的领域里，你比老板懂得多。

不可不知的拒绝别人的小技巧

宋卿32岁，是北京一家房地产公司的副总经理，主管基建工程。在公司里，这可是个肥缺——为了争得一个工程，很多建筑公司往往一掷千金，贿赂当权者。说良心话，宋卿也爱财，也缺财，但是她做人有原则。因此，对于财物她一概不收。

一天，一个新认识的建筑公司的林老板约宋卿吃顿便饭，宋卿不好拒绝，便应约而去。三杯过后，林老板开始言归正传，只见他从提包里拿出一瓶精包

装的红酒塞到宋卿手里，口里说道："宋总，听说您也喜欢品酒，您别嫌弃，请收下，以后还得您多多照顾啊。"

宋卿明白，这美酒里肯定有鬼，因此，她把酒塞回去说："林老板，别这么客气，咱们都是合作伙伴，谈不上照顾！"

林老板见宋卿拒绝，又拿起酒盒塞过去说："喝我一瓶酒而已，这没什么吧？您别多想。"

"林老板，我这个人的个性您多少也了解，再说今天咱们也聊了这么久了。您应该明白，公司有公司的规定。我们打开看看，如果真是美酒的话，我就收下。如果是别的呢，还请拿回吧，您赚点儿钱也不容易呀。"见林老板执迷不悟，宋卿只好把话说破了。

"既然您无意，那我就不勉强了，您真是有原则的人，我林某佩服。"林老板有点儿失落地说。

"说实话，公司的规定我是一定会遵守的，我这人说话比较坦诚，希望您见谅。林老板，您不必着急，只要您公司实力够强，我相信我们的工程肯定跑不了您的。"宋卿安慰了林老板几句之后，就借故离开了。

让林老板没有想到的是，宋卿居然会信守承诺，将公司的一个工程发给了林老板，工程完毕后，林老板又要表示，但还是被宋卿拒绝了。林老板非常佩服宋卿的为人，逢人便说宋卿如何清廉，消息传到董事长耳朵里，宋卿再次高升，顺理成章地成了公司二把手。

面对着这无数的请求，一味的答应或者回绝毫无疑问都是不可取的。关键在于要学会区分究竟哪些问题可以应承，而哪些问题则必须要给予明确的否定回答。而更重要的则是，以怎样的方式、如何作出否定的回答。如果你学会了拒绝，那你生活的烦恼就会少很多。

学会拒绝是一种自卫、自尊；学会拒绝是一种沉稳的表现；学会拒绝是一种意志和信心的体现。学会拒绝，可以让我们在学习和生活中更专心，更加全心地过自己想要的生活，成为自己想要成为的人，活出一个真正完美的自己。

拒绝，需要技巧，更需要智慧，你知道如何把拒绝的话说得漂亮吗?

1.礼貌待人，为拒绝表示歉意

当你要拒绝朋友的求助时，首先态度要温和，尽管说“不”是自己的权利，仍需先说“非常抱歉”或者“实在对不起”，然后再详细陈述自己不能“帮忙”的各种理由。这样，朋友在感情上就能接受，从而避免一些负面影响。

2.巧设“圈套”，把对方置于自己的处境

在拒绝答应对方的请求时，还可以设一个“圈套”，把对方置于自己的处境，让对方明白自己的难处。对方如果是一个知趣的人，也就不会继续请求了。当然，这种圈套并不会给对方造成任何伤害，只是拒绝对方的一种策略。

3.留个面子，留点余地，不把话说满

拒绝对方，要给对方留一个退路，要能给对方一个台阶下。你必须耐心地把对方的话听完，当你完全听完后，心里应该有了主意，这时再来说服对方，就不会使对方难堪了。有的拒绝，不能把话完全说死，特别是商界，要让对方明白，此次遭拒绝，尚有下次机会。

4.先扬后抑，间接出击

先扬后抑也可称作“先承后转法”，这是一种避免正面表述，采用间接出击的技巧。对于别人的一些想法和要求，先用肯定的口气表示赞赏，再来表达你的拒绝，这样不会直接伤害对方的感情和积极性，而且使对方容易接受，并为自己留下一条退路。比如面对他人请求，你的确做不到，你可以说“能被你信任是我的荣幸，我很感激，但是我这几天出差，实在无奈。”

5.转移当前话题，委婉拒绝

对方提出某项事情的请求，你却有意识地回避，把话题引到其他事情。这样，既不使对方感到难堪，又可逐步减弱对方的企求心理，达到委婉谢绝的目的。比如面对推销员，你可以说：“真巧，你跟我孩子是同行……”到这个地步，就是再顽强的推销员也会知难而退。

说话小启示

在我们的生命中，无关紧要的事情太多了，多到我们已经很难记起那个曾经让我们热泪盈眶被称为梦想的东西。所以，我们要时刻警惕烦琐杂事霸占了本该属于我们梦想的位置，干扰了我们的视线。学会拒绝外界纷扰，要抓住自己生命中的“鹅卵石”，并专注于此。

不伤和气，这才是拒绝的高水平

三国时期的华歆在孙权手下时，名声很大，曹操知道后，便请皇帝下诏招华歆进京。华歆起程的时候，亲朋好友千余人前来相送，赠送了他几百两黄金和礼物。华歆不想接受这些礼物，但他想如果当面谢绝肯定会使朋友们扫兴，伤害朋友之间的感情。于是他便暂时来者不拒，将礼物统统收下来，并在所收的礼物上偷偷记下送礼人的名字，以备原物奉还。

华歆设宴款待众多朋友，酒宴即将结束的时候，华歆站起来对朋友们说：“我本来不想拒绝各位的好意，却没想到收到这么多的礼物。但是，匹夫无罪，怀璧其罪。想我单车远行，有这么多贵重之物在身，诸位想想我是否有点儿太危险了呢？”

朋友们听出了华歆的意思，知道他不想收受礼物，又不好明说，使大家都没面子，他们内心里对华歆油然而生一种敬意，便各自取回了自己的东西。

假使华歆当面谢绝朋友们的馈赠，试想千余人，不知道要推却到什么时候，也不知要费多少口舌，搞得大家都很扫兴，使大家都非常尴尬。而华歆却只说了几句话便退还了众人的礼物，又没有伤害大家的感情，还赢得了众人的叹服，真可谓一箭三雕。

华歆很注意保全朋友们的面子，他在拒绝朋友时，没有坦言相告，而是找了一个对自己人身不安全的理由，虽然朋友们也知道他是在故意推辞，但不会以此为意，因为华歆委婉地拒绝他们并没有让他们丢面子。

其实，生活就是这样，面对别人的请求，如果你一开口就说“不行”，势必会伤害对方的自尊心，引起对方强烈的反感。可是如果在拒绝别人时，能讲究点儿说话的技巧，不让对方感觉丢面子，那别人在心理上就较能接受你的拒绝。所谓“和气生财”，不论怎样，拒绝他人的时候还是应该客客气气的，否则伤了和气，以后的关系也不太好相处。

那么，不伤和气的拒绝需要什么样的说话态度呢?

1.说话语气不可生硬

不要生硬地拒绝朋友的求助，应该让朋友意识到你是为了他的“利益”而拒绝的。你可以这样说：“我非常同情您，也非常想帮助您，但对这件事我并不在行，一旦干坏了，既耽误了工作，又浪费了财物，影响也不好。您不如找一个更稳妥的人办。”

2.说话语气充满肯定

一位长期从事军事工作的部门领导说，他最喜欢的语句是：“这个提议非常好，但目前我们还不宜采用”，“好主意，不过我恐怕一时还不能实行”。用肯定的态度表示拒绝，可以避免伤害对方的感情，而用“目前”、“一时间”等字眼，则表示还未完全拒绝。

3.说话语气不可傲慢

不要傲慢地拒绝。当你在拒绝别人的时候，如果总是盛气凌人、态度傲慢，这会使别人更不容易接受。不妨把态度稍微放得缓和点儿，尽量顾及对方的情绪。相信，这种语气说出的话即便是拒绝也能得到对方的谅解。

4.说话的语气充满同情

比如，一外地朋友对你说：“老李要出差到你们那边，要不是住旅馆费

那么贵，我也会跟他一起去。”这时你应该采取的策略是以同情的口吻说：“啊，对你的问题，我爱莫能助。”另一对策是打开天窗说亮话：“如果你是在问能不能来我家里住，恐怕这个周末不行了。”

说话小启示

拒绝别人的请求时，也是有一些技巧的。如果你拒绝得体的话，对方有可能心悦诚服地接受；如果你拒绝得比较生硬，就可能引起别人的不满，更有甚者会因此跟你断绝关系。所以，大家一定要找出适合自己的办法，巧妙地把话说到最圆。

不想喝酒，该如何推托呢？

李刚在某家公司做部门经理，此人酒量非常小，但是平日的应酬却非常多。每到这个时候，他的太太就会非常担心，甚至有过逼他换工作的念头。然而，李刚却从来没有惧怕过，而是“兵来将挡，水来土掩”，完成了一次次重要的任务。有一次，李刚去见一个重要的客户李先生，李先生的分量不同于以往那些客户，他能给自己和公司带来一比巨大的生意，因此，李刚非常看重。李先生是一个性格直爽且喜爱喝酒的人，李刚在主动敬了对方三杯酒后，便有些昏沉了。但是，李刚却一遍遍地告诉自己，不能失去这个大客户，更不能让公司的声誉受到影响，因此，李刚使劲睁开即将闭上的眼睛，继续陪李先生喝酒。

酒场持续了三个小时，这次宴会终于结束了。送走了李先生，李刚“扑通”一声便醉倒在地上，同事急忙把他送到医院，才避免了严重的后果。

这就是不懂得拒绝，不懂得用巧妙的言辞回绝敬酒方的后果，相信在生活中，李刚的例子不在少数。

酒，无人不知，无人不晓，自古至今，或怡情，或娱乐，或送别，或迎宾……酒成了人们生活中不可或缺的一部分。不得不承认，在现如今的应酬场合，酒也顺理成章地成了人们表达情意的最大载体。中国人酒桌文化的发达程度堪称“世界第一”。面对这种文化，善饮酒、喜饮酒的人或许乐在其中，但对确实不会喝酒、不能饮酒的人来说，也许一场盛宴意味着“一场灾难”。因此，拒酒艺术便成为了很多人不得不研究的话题。

张经理某次出席一个宴席，遇到了以前的老客户吴总。张经理前段时间因为出国，有一段时间没和吴总会面了。这次适逢相聚相逢，张经理便提出与吴总痛饮，并提出不醉不归。吴总说：“你的厚意我领了，遗憾的是我最近一段时间身体不适，正在吃药，医生嘱咐滴酒不沾，只好请你多关照。好在来日方长，后会有期，日后我一定主动请你喝一场，与你一醉方休，好吗？”此言一出，宾客们都纷纷赞许，张经理也没有表现出不悦。

酒场上想要保全自己的身体，你必须懂得拒酒的技巧，把话说得美一点儿。看似喝酒，其实里面的学问真的是太多太多了，所以说我们一定要懂得随机应变。酒文化中既有劝酒，也有拒酒。如果你没有酒量，就凭借你的机智和口才来练就一身“推”酒功夫吧。

1.从劝酒词中找漏洞

要做到巧妙拒酒，要把握一个“见缝插针”的原则。对方劝酒一般都会采用一些看似无懈可击的劝酒词，“见缝插针”就是要从对方的劝酒词中找到一个可以攻破的口，然后用类似的方式回对方，巧妙地达到拒酒的目的。

2.在气势上面让别人输掉

要是你还能喝很多，但是酒桌上又偏有好多你的酒中“对头”，那么，你要在气势上面让别人输掉。话要大、要狂，要有压倒一切的气势，要吓得人家不敢和你拼才行。很多时候自己先一下子喝完会有用，但是你必须酒量大才行！

3.分散劝酒者的注意力

如果劝酒者采用“车轮战术”，自己又无法拒绝时，可以转移目标，分散劝酒者的注意力，如你可以说：“今天在座的都是我的好朋友，理应一视同仁，要干，大家一起干！”来宾酒量不等，往往与劝酒者讨价还价，迫使他作出一些让步。

4.不能喝，就别开第一口

如果你真不能喝，就别开第一口。如果你开了第一口，那么有一便会有二，有二便会有三，这样一直喝下去，你非醉不可。只有在一开始的时候就拿出强硬的态度来，不管别人怎么劝，坚决不喝第一口，这样别人就会相信你真的不会喝酒，也就不再为难你了。

5.学会为自己找借口

开车是拒酒最好、最实用的借口，如果实在不能喝酒，最好每次赴宴都亲自开车，不要让别人找到缝隙。拒酒词则可以委婉一点儿，在上酒前声明：“我开车来的，醉驾是要拘留的，所以大家的心意我只能心领了。”不过最好不要提及车祸，以免败坏兴致，破坏酒宴的气氛。

说话小启示

喝酒，喝美酒，是美事。可是劝酒和拒酒好似战场，也要讲求计谋。避实就虚拒酒法的精髓就是找出敌人的弱点进行进攻。在喝酒的时候用力去拒绝，关键就是要找出给你敬酒的人的弱点，之后不放手不松开，有的放矢。

管住舌头说点儿好话：乱说话后果严重，小心祸从口出

说话是每个人的权利，但是这不代表你可以肆意使用这种权利。毫无顾忌、肆无忌惮的说话方式是不负责任的行为，极易制造祸端。特别是年轻人，社会阅历少，爱说敢说，如果不注意控制，就更容易因话惹祸。朋友们，舌头是极难驯服的“野兽”，如果未经驯服就放出牢笼，这只“野兽”便会狂奔乱窜，令你后悔莫及。在与人谈话时，请长点儿记性，不要再因说话而得罪他人了，小心控制自己的言辞吧！

聪明的人绝不会贬低别人抬高自己

艾丽是某家分公司的一名会计，她在公司里最大的乐趣就是每天抓住任何机会让别人知道她的存在。一次，同事林哥埋怨孩子高考没考好，本来能考上本科的，却发挥失常。旁边的艾丽可找到了机会，接着说道："确实啊，我闺女也是不争气，我都气死了，本以为可以去985院校，却只考了一个普通一本院校。"周围的同事都知道，她实际上是夸自己呢。后来艾丽因公司需要被调动到总部工作，手续办完以后，还以为同事们会热情欢送她，结果只有一名例行公事的干部来送行。

案例中，艾丽就是借贬低别人来抬高自己的最好例子。生活中像她这样的人还有很多。

在社交中贬低别人来抬高自己的人，势必会给别人带来不快。这其实是对别人的一种主观否定，一旦给别人带来不愉快等负面因素，务必会影响彼此的人际关系。对话中，要想获得人和人之间的和谐，努力经营固然重要，还要注意不能随意去贬低对方。如果你牺牲他人的情感来为自己谋快乐，那你终究无法得人心。

王强与李洋同在一家公司上班，有一次，他们两人应主任要求去外地出差采货，由于物资紧缺，他二人一路焦急，虽然提前出发，但是仍旧没有完成任务，当他们到目的地时，物资却已经脱销，必须再等两周时间才有货。于是，两个人只能空手原路返回。大家都知道主任对这批物资的重视，都害怕遭到主任的批评，但是在汇报工作的时候，李洋却撒了谎。李洋竟对领导说："王强

的性子，就是太慢了，他好像感受不到主任您及公司对这件事情的重视程度！既然交给我们办，那就是对我们的信任。可是，您不知道，他总是磨磨唧唧，我多次催促他，他也不着急，总说没问题。这不，由于他贪睡，我们耽误了时间，要不是因为这样，估计我们就能把事情办好了，那也不会让主任您为难。”后来，主任找到了王强，对他进行了一番教导。王强说：“主任，我们到的时候就没货了，这不关我的事啊，我也想把事情做好啊！”主任听后批评王强说：“年轻人要敢作敢当，你平时做事本就是慢吞吞的，说你几句怎么还顶嘴。要不是我压下来找别的办法，你吃不了兜着走，下不为例！”

王强听了主任的批评只有无可奈何地叹气，还有什么可辩解的呢？吃一堑长一智，此后，王强对李洋敬而远之了。主任再派他与李洋出差，他都找理由推掉。

可是，纸是包不住火的，任何事情总会有真相大白的那一天。一次偶然的机会，主任无意中知道了那次的确是没有货，而不是因为王强起晚了的原因。主任知道李洋在这件事情上撒了谎，还错怪了王强，一怒之下，主任让人事处辞掉了李洋。李洋自作自受，只能走人。

在人际交往的过程中，人人都喜欢听好话，乐意获得他人的赞美。在与人相处时，一个善于抬高他人、赞美他人的人往往更能得到好感。相反，那些总是恶意贬低他人以彰显自己的人，往往会让人们反感甚至憎恶。时间久了，周围的人也定会看穿他的真面目，那他的人际道路只会越走越窄，他说的话也定会无人相信。

贬低他人来抬高自己的行为是不道德的，不仅有碍于人际交往，也让人觉得自己人品不好，所以，我们一定要避免自己沾染这种不良习气，做一个受人敬重的人，一个真诚的人。

1.能放下身架

能放下身架的人能比别人早一步抓到好机会，也能比别人抓到更多的机会，因为他没有身架的顾虑。能放下身架的人，其思考富有高度的弹性，不但

不会有刻板的观念，更能吸收各种资讯，形成一个庞大而多样的资讯网，这将是他的本钱。

2.人各有所长，要宽容看待一切

三人行，必有我师焉。每个人都有自己的长处，也有不足。对于长处，我们向人家学习；不足之处，有则改之，无则加勉。这也是促进我们前进的一个方法。只有意识到这一点才能够有所进步。大家不可随意贬低他人来抬高自己，这样做只会让人觉得愚蠢。

3.要自信，理智看待彼此

很多人想通过贬低他人抬高自己，其实这是一种不自信的体现，如果你内心足够安全，足够相信自己的实力，你何须做这些不理智的行为呢？所以，想要克服这种行为，你就要懂得增强自信心，强大自己的能力，让自己的才能足够支撑起面临的一切，理智地对待他人与自己的关系。

4.懂得尊重，做个有道德感的人

会尊重，就是要把自己看得很重要，也要把别人看得很重要，当然你不拿别人当回事，别人也不会拿你当回事。特别是在双方条件有差距时，更应注意尊重对方，不要触及敏感问题，炫耀自己，自鸣得意，因为这无形中会给对方造成一定的心理压力。

说话小启示

不管是何种原因，贬低别人而抬高自己都不是明智的做法。靠贬低别人来凸显自己，就算一时显示了自己的优势，但是在这个过程中，你对别人造成了伤害，已经使自己的人格大打折扣，终究使自己成为了没有气质、粗俗的人。

话可说，但你仍需切记少说话

美国艺术家安迪·沃霍尔曾说：“我自从学会闭上嘴巴后，获得了更多的威望和影响力。”因此，想要会说话，前提你就得学会“少说话”。你也许会反驳：“既然都少说话，那还有什么口才可言，还怎么研究这门艺术？”其实，我们提倡少说精说，而不是完全不说。如果你在交谈中总是不懂沉默的艺术，说个没完没了，那么，迟早，你说的话对他人来说就是一种负担。

美佳是某家公司的一名职员，虽然岗位不高，但是她做事踏实、认真，是一个细心且上进的女生。美佳爱干净，对于公司的环境她也很上心，遇到什么需要做的事情她都能认真对待。

有一次，美佳去某科室拿资料，在回自己办公室的路上，她看到地上有一片糖纸，于是美佳就跟往常一样，弯腰捡起，丢进了垃圾桶，而这一切，却被恰巧路过的经理看到了。

次日，经理因为这件事提升美佳为助理，美佳一下从一个默默无闻的小职工变成了留在经理身边工作的红人。

走出经理的办公室，美佳很开心地对她的上司兼好友李姐说了刚才发生的事情，想要和她分享一下喜悦。随后，她又跟办公室的人高兴地说了起来，大家也纷纷对美佳表示祝贺，可是美佳总觉得他们的表情不是很自然，尤其是李姐，先是显得很吃惊，但马上又堆满了笑容，一看就知道是言不由衷的。

美佳做了经理助理以后，每天仍旧很努力地工作，仍旧很热情地与大家相处。可是，大家和她之间的距离却越来越远了，工作也常常会遇到以前没有过的麻烦，而且她发现有时同事们会在她背后窃窃私语。

有一次，美佳去复印资料，路过茶水间的时候听到有人在说自己，那个人说：“早上看到经理的助理美佳了吧？看看她那得意的样子，高兴得都上天了吧！真是越来越反感她！”“不就是一个捡垃圾的人嘛！有什么好得意的，捡个垃圾都能当助理，真是服了！虽然给经理当助理，但是也就是做些打杂的工作，没什么好神气的。”“就是。”听到她们的谈话，美佳愣住了，怎么会这样呢？后来她才明白，因为自己在人多的时候，说了不该说的话。

与人说话，不要太过于掏心掏肺，因为一不小心你可能就会成为他人对付的焦点，哪些话该说，哪些话不该说，这都需要你仔细掂量，如果你不懂如何把握，那还是少说为妙，这样以免被人抓住话柄，最终对自己也没什么好处。

聪明人在人多的场合会尽量少说话，即使说话，也会讲究“忌口”。不然，假如因为言行不慎而把事情搞砸，或者导致别人下不了台，那就得不偿失了。纵观历史场合，那些成功的人说话的时候都能够很好地把握分寸，往往是惜字如金，总能把话说到关键处，点石成金。所以，我们要记住这样一个原则，在任何地方和场合，我们要尽量少说话，缄默是值得提倡的。如果非说不可，那么，你要注意所说的内容、意义、措辞、声调和姿势，以及在什么场合应该说什么话，怎么说才得体。

那么，对于那些总是遮不住嘴巴、乱说话的人来说，如何才能克服这种陋习呢？

1.说话时内心保持恬淡，从容自若

语言功能总是受控于大脑神经，当大脑神经过度兴奋时，思维就杂乱无章，表现在语言上就是语无伦次、信口开河。生活中因紧张而失言的事并不少见。为了防止这种情况，我们要进行必要的心理训练，与人说话时保持良好的心态。只有这样，方能处乱不惊，侃侃而谈。

2.讲话前要动脑，三思后言

讲话前要动脑，三思后言：一思自己的话对方是否感兴趣，是否爱听；二思自己的话能否帮到对方，解决对方的问题；三思自己的话是否伤害对方，是否给人制造麻烦，给自己带来负面后果。记住，没想好就不要轻易讲话，讲话前要多动脑筋。

3.少说话，不等于不说话

当然，少说话，不等于不说话。该说的话还是要说，简洁一点儿就可以了。只是发表高见过嘴瘾是没有意义的，关键是要落实到行动上。所谓言出必行，行必有果，要么不说，要么说了，就要守诺，就得让自己所说的话变成现实。

说话小启示

语言学家拉克夫说过的三个说话的原则：一是说话不要咄咄逼人，二是让别人也有说话的机会，三是让人觉得友善。否则，不但自己说得累，也会让别人听得累。

不该问的事请，请不要多问

快毕业时，谭勇选择到一家知名外企从事管理工作。这是一家他心仪已久的公司，为了实现自己的愿望，他在很久之前就全方位地关注该公司、了解该公司。在面试中，虽然面对的是有几百名对手的激烈竞争，但凭借自己的实力，谭勇顺利地通过了笔试，接着又过五关斩六将，拿下了前两轮面试，成为最后一轮面试中被公司选中的候选人之一。

最后一轮面试由公司的总经理做考官，对应聘者进行考核，显示出了公司对这次招聘的重视程度。

谭勇是第二个进入考场的。面试过程比较顺利，总经理看起来是个很随和的人，整个面试过程中也并没有问到什么实质性的问题，不过就是一起随便聊了几句，气氛显得非常轻松，话题也很随意。因为心理上的放松，谭勇感觉这一轮自己的发挥并不比前两轮差，他感觉自己从公司总经理的眼中看到的分明

都是赞美和满意。随着谈话进入尾声，谭勇更是产生了一种胜利在望的欣喜感觉，在他看来通过这最后一关已经不成什么问题了。

可是，令谭勇意想不到的是，就在面试的尾声，就在胜利的号角即将吹响的时候，突如其来的一番话令自己前面所做的一切都付诸东流。当时公司总经理已经做出马上就要结束面试的样子，然后突然身体向后一靠，微笑着问谭勇："那您还有其他需要了解的问题吗？"看着总经理那放松的表情以及脸上的笑容，谭勇想都没想，就脱口而出道："希望总经理能给我把薪水往上再提一提好吗？我来之前曾经面试了几家公司，而且都已通过，他们给的待遇都不错，比咱们这里高很多。如果你们能把我的薪水提高些，我是希望到你们公司工作的，希望贵公司能早点儿给我明确的答复。"

谭勇说完，公司总经理皱了皱眉头，随即微笑着对谭勇说："好吧，我现在就给你答复，既然你已有更好的前程，我们就不留你了。"随后总经理挥笔在那份个人资料上签署了几个字。

总经理的回答让谭勇大吃一惊，整个人都愣在了那里！"不是，总经理，不是这个意思，其实，我想说……"谭勇连忙起身想要对总经理解释什么，但不等他说完，秘书马上礼貌地上前对他说："不好意思，先生，您的面试已经结束。"谭勇只好收拾起材料，无奈地走向门口。

一切就这样结束了，谭勇怎么也没想到，自己竟然以这样的结局草率收场。他的心情非常复杂，懊恼、遗憾、伤心……总之一句话，失落到了极点。走出公司，站在楼下，谭勇回头看了看这座大楼，这个自己心仪已久的地方，内心说不出的苦涩。难道渴望已久的眼看就要到手的这份理想的工作，就这么不明不白地丢掉了吗？这到底是为什么？问题究竟出在哪里？谭勇百思不得其解。

朋友们，说话的过程中，有些问题是不该问的，尤其是在面试中，一不小心你可能就会失足，到时后悔都来不及。故事中的谭勇就是一个例子。问了不该问的，说了不该说的，最后只能遗憾收场。讲究说话的艺术对于迅速有效地

传递信息，塑造良好的自我形象有着不可忽视的重要作用。如果只贪图自己一时的痛快而无所顾忌地说了不该说的话，则只会给自己制造出一些不必要的麻烦。

那么，在日常生活中，与人说话时，哪些话是不可以问的呢？

1.他人的隐私问题不要问

在你打算问对方某个问题的时候，最好先在脑中过一遍，看这个问题是否会涉及对方的个人隐私，如果涉及了，要尽可能地避免，这样对方不仅会乐意接受你，还会因你在应酬中得体的问话与轻松的交谈而对你产生好印象，为继续交往打下良好的基础。

2.听来的闲话不要问

生活中免不了闲言碎语，如果你不管听到什么就肆意到当事者那里去宣扬，去质问，那你就会极易惹怒对方。很多闲言碎语是很伤人的，不管是真实内容还是被人中伤，您还是少去跟当事人重复的好，万一戳到对方的痛点，让人下不来台，感到在你面前丢了脸，那你还如何与之相处？

3.对方不熟悉的问题不要问

有些人是很爱面子的，如果你问他一些问题他答不上来，那他就会觉得很尴尬，有失体面，而你自己最后也会无趣收场。比如，你问一位医生："去年发生在本省的心脏病病例有多少？"这个问题对方很可能就答不上来，因为一般的医生谁也不会去费神地记这些数字。

4.别人不想说的不要问

如果你在与人谈话中别人对某个问题很忌讳，刻意避开这个话题，此时你就要明白对方的心思，不要追问下去。假如你总是打破沙锅问到底，问个没完没了，那就极易惹怒对方。既然对方不想说，那就是有隐情在，有自己的顾虑，我们应该体谅，不要咄咄逼人。

说话小启示

在社会交际中，我们要学会向别人提问的技巧。不懂技巧，你就无法与人顺利交流，你也无法获取你想要的信息，更不能深入了解对方的喜好。掌握了提问的技巧，就能帮你打开对方的“话匣子”。提问也是一门艺术，不同的提问方式，会得到不同的回答效果。

管住自己的嘴巴，不做长舌妇

月月与老公强哥一直很恩爱，她们有一个可爱的儿子，不过由于工作的原因便由公婆抚养，小两口生活得也很幸福。月月的对门霞姐是个很爱说长道短的长舌妇，非常喜欢造谣生事，但作为邻居，总得好好相处，于是霞姐爱说什么任由她说，因为霞姐的闲言，月月也没少跟强哥怄气。

一天，强哥带自己的同事小橙来家里修电脑，小橙虽是个女孩，但却是个电脑高手。电脑被修好后，强哥为表示感谢，便又请她吃了一顿饭。而这一切，正好被爱说闲话的霞姐看见，当月月下班后，霞姐便跑来说：“哎哟，不好了，月月啊，出事了，你回来之前我看到你老公带个女的去了你家，在家里待了一个多小时才出来，出去之后不知道他们又去哪了，有说有笑的可高兴了。”

对于这种事情，女人都比较敏感，尤其是自己老公跟别的女人在一起，但月月转念一想，会不会是霞姐又在瞎说，于是便说：“霞姐，你又开始胡说了，肯定看错了。”“不可能的，就是你老公，而且那还是一个很年轻貌美的小丫头，看样子两个人关系不一般，我还看到那女人挽着你老公的手臂呢，你如果不信我，你可以试探地问问你老公！”霞姐添油加醋地说。此时

此刻，月月的心乱成一团，但仍故作平静地说：“别瞎说了，我是不会相信的，肯定不是！”

月月一直劝自己说霞姐的话不可信，但看着桌子上放着一杯水，很显然强哥回来过了，那又去哪儿了呢？怎么现在还不回来？晚上，强哥回来了，月月问他去哪了，为避免媳妇误会，强哥只说他请一个同事吃饭。这样一来，月月更怀疑了，便把霞姐告诉她的都说了出来，问他是不是有了第三者，强哥拼命地喊冤，但月月却什么都听不进去了，她认为老公有意隐瞒。于是两个人越吵越凶。而强哥更是气愤难当，早已对霞姐忍无可忍的他径自跑到霞姐家里，指着她一顿痛骂。霞姐的老公虽然也看不惯妻子，但看着妻子被欺负，也不能不管，于是，两个人便打了起来，月月这才明白过来，一切皆因霞姐在挑拨，于是她跑过来帮自己的老公，月月和强哥也不是省油的灯，两个人把霞姐的家砸了个稀巴烂，临走时强哥说了一句：“如果你再乱嚼舌根，胡乱冤枉人，到处造谣生事，到时候就不是砸东西这么简单了！”

所谓“长舌妇”，是挺让人头疼的。且不说邻里不和、纠纷四起，单是那不值一提的“短长”，就足以使家庭内部分化瓦解。职场中也是如此，大家更要格外注意这点，该说的说，不该说的不说，所谓祸从口出，千万别因为说几句闲话，而让自己惹上无谓的麻烦。

朋友们，如果在讲话过程中你稍微注意下你的行为举止和精神面貌，你会发现，你其实说了很多不该说的话，这些话可能会给你造成很多负面影响。常听老一辈的人说，做人要有“口德”。总要处处与人为善，人前人后要多说些赞美、鼓励、支持的话，而不要口不择言，去批评、讽刺、破坏别人。朋友们，即便是为了自己在人际场合混得好，你也要懂得积口德，管住自己的嘴巴，其实，这于人于己都是一件美事。

那么，面对生活中的是是非非，我们该如何做才能独善其身呢？

1.静静地聆听、一笑而过

有时，我们可以管好自己的嘴，不做长舌妇，但是却无法去管别人的嘴巴，有时会碰到说别人是非的人，此时，我们不能参与“是非之中”，最好的方式是选择静静地聆听、一笑而过。也可以选择“沉默是金”，不发表自己的见解，更不能随声附和。

2.学会尊重他人的隐私

不做“长舌妇”的要求之一是尊重他人隐私，不去主动探求别人的私事。当然，在尊重他人隐私的同时，也要注重对自身隐私的保护，不要把什么事情都对别人说，只有既尊重自己也尊重他人的人，才会真正得到他人的尊重。

3.怀抱一颗平常心

想要做一个谈吐有度的人，就要学会理性地对待周围的人与事。对与自己要好的朋友或同事，也要注意不能随便评论一些与自己没有关系的事情。因而，想要做一个拥有良好人缘的人，说话做事之前就要先考虑对方的感受，对于周围的人与事要怀抱一颗平常心对待。

说话小启示

无论在什么地方，都要管住自己的嘴，不要嚼舌根，不要到处搬弄是非。无论是毫无根据的谣言，还是他人的隐私，都不要随便去打听，也不要随便去传播。闲聊话题很多，闲聊也是惬意的，但容不得是非的搅和。如果在闲聊中招惹了是非，则是没事找事，害人害己。

开口说话，请不要伤人自尊

不管一个人成就有多大，也不管一个人职位是高还是低，自尊心是每个人都有的，也是极为重视的。很多时候，大家对于他人的评价还是很在意的。由

于来自外界评价的性质、强度和方式不同，人们会作出不同的反应，并对交际过程及其结果产生积极或消极的影响。通常的规律是：尊之则悦，不尊则怒。总之，维护好自己的尊严是每个人正常的需求，事实如此，谁希望自己被他人损呢？口不择言地伤人自尊，是一种破坏，更会给自己带来不必要的麻烦。

李佳佳是某所学校的一名班主任，她年纪很小，刚毕业一年，所以在处理师生关系的问题上不太成熟，免不了年轻气盛。一次，她班里的数学老师对她说："这就毕业了，你班有几个男生还在操场踢球，怎么这么不懂事。"

上课时间一到，李佳佳就直奔教室。看到那几个男生正从操场回来，身穿背心和运动裤衩，满脸是汗，顺着脸一滴一滴往下流，那副狼狈滑稽的模样引得学生哄堂大笑。原本就肚中有火的李佳佳再也无法克制自己，批评、讥讽的语言脱口而出："快看看咱们班里的足球健将，可了不得了，如果咱国家足球队有他们参加的话，那早就走向全世界了！这精神值得表扬啊！"

李佳佳越说越激动，便点名道姓地对着体育委员王磊说："王磊啊，你是班干部，这个头你带得非常好啊，要不你拿个镜子欣赏一下自己，看看你现在是一副什么德行！"

话刚说完，便听王磊同学在底下嘀嘀咕咕。李佳佳嗓门又高了几度："你嘀咕什么？你有什么不高兴的吗？"

王磊嘀咕的声音扩大成话语："老师，您怎么吐脏字骂人？"

"脏字，比你身上还脏吗？"

王磊也不甘示弱："是，我身上脏，可是我嘴不脏。"一个学生竟敢当着全班同学的面跟老师顶嘴，还说老师嘴脏，自己还有什么面子可言？李佳佳再也无法忍受，她必须找回面子，维护她的威信和尊严！她加重了语气，一字一句地说："你违背了学校的规章制度，还和老师顶嘴，你带的什么头？你必须停课反省，写出书面检查，我等着看你的表现。"说完，再不容王磊分辩，把他叫到办公室，又把其他几个踢球的学生训斥了一番，然后才宣布上课。

这节课上得非常紧张，也非常压抑。一节课下来，其实最难受的还是李佳

佳。她心中颇不是滋味。王磊平时尊重老师，为人实在，更没有发生过和老师顶撞的事，今天这是怎么了，这么放肆？难道自己真的做错了什么吗？

李佳佳找到和王磊要好的同学了解了其中的原委。原来王磊对老师的批评是接受的。但当着全班同学的面“骂”他，刺伤了他的自尊心，王磊觉得自己颜面无存，于是反驳了老师。

后来李佳佳找到王磊并向他说了一声“对不起”。王磊见状，便急忙和老师道歉。

李佳佳终于明白：不管对待谁，都要耐心交谈，不能意气用事说出让人没脸的话，如果刺伤了他人的自尊心，那自己也会没什么颜面。

自尊心是一个人立足于社会的根本，被人伤了自尊对于大多数人来说都是难以释怀的。我们在说话时顾及他人的自尊，也就是顾及了自己的自尊。因为这种尊重与对待是相互的，你这次说话伤害了他人的自尊，对方可能牢记在心，下次也不会顾及你的自尊。

人人都是平等的，即便每个人的身份不同，但是在人格上大家都是处于同一阶级的。我们没有理由以审视的态度去看待别人，也不应该用傲慢的态度去伤害别人的面子，打击别人的自尊心。每个人都应该受到尊重，这是一个人心理的基本需求。

一个在说话时处处维护他人自尊的人是一个令人尊敬的人，也是一个有着良好修养的人，他们一般具有以下几点品质：

1.不轻易否定他人的努力

断然否定他人的努力是很多人极易犯的错，这是很伤人的。朋友们，无论说什么话都不要一味地指责、不赞同、不欣赏，不要一味地否定，如果换个角度，别人这样对你，你是什么感受？

2.得理也要饶人

不管是生活中还是职场上，即使我们得理，也要饶人。即使口不择言的指责或轻蔑是因为工作，但由于这件事会产生的潜在后果就是他人忌恨你让他难

堪，损害了他的自尊，而终究不能释怀。得理饶人是一种修养，不依不饶只会让更多的人对你心生厌恶。

3.说话之前懂得思考

聪明的人，即使在生气的时候，也会克制住情绪，不让恶语破口而出，以免伤害别人。因为他们懂得，有什么说什么，不论是对人还是对事，都会让人受不了。这样就会使你的人际关系出现阻碍，别人就会离你远远的，免得一不小心就要承受你的打击。

说话小启示

每个人都会犯错，但是犯了错不代表这个人就是一无是处的，我们不应该用一些让人无法接受的话来训斥他。比如："你是什么东西？"或者说："你这种笨蛋，什么都做不好，永远都无法成事！"这种话一出口，不是叫人心灰意冷，就是引起大吵大闹。请记住，一个不尊重他人的人是无法受人尊重的。

投其所好巧妙寒暄：会套近乎才能把关系逐步拉近

在忙碌生活的空隙，我们一旦驻足反观自己的生活，这时会悲哀地发现：周围的人我们都认识，但他们只是最熟悉的陌生人。即便生活在一个圈子，可我们的心却离得很远，所以每个人都感叹交际圈狭窄，感叹距离的可怕。那么，怎样摆脱这种困境呢？本章将会告诉你。

主动一点儿，结交更多的人脉

机会是留给主动争取的人，如果你总是却步不前，总是等他人来与你示好，那你积累的人脉数量就会极为有限；反之，如果你总能主动出击，总是笑脸相迎，那你身边的朋友将会越来越多。朋友们，交往主动一点儿，结交就会多一点儿，你前方的道路就会更顺一点儿。

李桂刚是公司最近招聘来的部门经理，他不仅善于管理，而且对于本部门的技术方面也是非常娴熟，可以说是一位很有头脑的领导人物。李桂刚本以为来到此公司可以大展拳脚好好干一番，可是刚开始就遇到了不小的阻力。因为之前的部门经理非常深入人心，多年来他与员工及手下的主管们关系也特别融洽，他所制订的一系列管理方法大家都已熟悉，初来乍到的李桂刚在此吃闭门羹也是正常的事情。对于李桂刚下达的管理改革方案，他们不但没有热心配合，反而远远地躲开他，不愿亲近。看到这个情形，李桂刚并不气馁，他懂得人心，且信心十足，他觉得只要自己努力一点儿、主动一点儿，一定能够和他们打成一片。

第一步，李桂刚觉得自己应该先拿下被大家信服的主管陈哥。陈哥是一名老员工，一直以来在原先经理的手下工作，他对待事情很认真，也比较体恤员工，深得大家喜爱。于是，下班之后，李桂刚就拿着礼物来到陈哥家，李桂刚非常善谈，因此很快就和陈哥的家人聊在了一起，他和大家谈天说地，拉家常，并因此了解到他们的一些不为人知的小缺点。一个月后，他和陈哥的关系慢慢熟络起来，并开始“礼尚往来”，陈哥到李桂刚家里喝茶，其间会报告一

些公司员工的情况或是想法，并且将自己在工作中遇到的一些事也做一番报告，时间久了，李桂刚对公司里的员工们就有了一些大致的了解。

上班时，李桂刚会四下走动，和一些员工“亲近”。看到小组组长晓晓，就上前说：“晓晓，我看到过你的男朋友在咱们公司门口等你，这个年轻人真的挺不错的啊！今天他来吗？”

看到工程师林师傅，上前又说：“林哥啊，听说你闺女功课超棒，小丫头的脑袋瓜子一定跟你一样聪明。”

在食堂和大伙儿一起用餐时，李桂刚一边吃一边将那位领导的一些无所谓的小缺点都讲了出来，逗得一阵笑声，而和李桂刚早有默契的那位领导，在一旁只是傻笑。

没有多久，李桂刚便和公司里上上下下打成一片，他的管理改革政策也获得了普遍的支持。在李桂刚的带领下，大家都非常用心地工作。

生活中，我们要懂得主动与人打招呼。有些人不是清高，而是没有主动与人打招呼的习惯，结果很多必要的、重要的关系就自动放弃了。主动与人打招呼，会使别人改变对你的看法和印象，觉得你是一个随和、开朗、心胸宽广的人。这有利于你良好人际关系的形成。当你因为某种担心而不敢主动同别人交往时，最好去实践一下，用事实去证明你的担心是多余的。不断地尝试，会积累你成功的经验，增强你的自信心，使你在工作场合的人际关系越来越好。

亿万人的情绪感觉各有不同：有人苦闷，有人迷茫，有人抑郁，有人心存希望，有人激情澎湃……在人生的长途中，这种心情和感觉均需要伙伴，需要友情。本来是陌生人，有一个人伸出手来，就成了朋友。在生活中，肯主动伸出手来和别人交往的人，就能够获得更多的友谊和乐趣。

对于主动结交朋友这一点，我们可以从以下几点入手学习：

1.对他人，请先多一些了解

如果你想多结交些朋友，你就需要主动地了解对方的兴趣爱好。你可以通过多种方式去得到他们的信息。你要注意与其相处时积累一些有关的情况，你可以通过他们的朋友了解其为人处世，你也可以通过他们的一些个人材料了解他们。

2.摆正观念，做一个主动的人

“他应该主动拜访我”、“他应该先开口和我说话”、“他应该……”在很多人心里，这似乎已被视为理所当然的反应。但我们应该明白，这不是待人接物、求人办事应有的正确态度。如果你一直固执于由对方主动给予的原则，你将交不到朋友，你的影响力也会受到局限。

3.学会和不同性格的人打交道

每个人都有各自的性格特点，在人与人交往中，如果我们要结交更多的朋友，就要与不同性格的人交往。“横看成岭侧成峰，远近高低各不同”，对于一个性格不同的人，我们要从不同的角度去看，这样我们看待问题就比较客观，才不会以主观的意志去盲目地衡量人。

说话小启示

卡耐基曾经说过：“一个人事业的成功，15%基于他的专业技能，85%则取决于他的人际关系。”任何时候你都要明白这样一个道理：成功的事业和好人脉是分不开的，能够积极拓展人际关系的人，才能幸运地获得成功。人脉不是金钱，但它却是一种无形的资产。

说好开头语，言辞生动更吸引人

与人交往，无论什么场合，说好第一句话都是非常重要的。开头第一句话给对方印象的好坏，往往决定了你是否能够继续和对方愉快地交谈下去。尤其

是在初次见面时的第一句话，如果说得好，不但能够消除彼此之间的陌生感，还能拉近你们之间的距离。

有一次，在李莲英的推荐下，醇王在宣武门内的太平湖府邸接见了盛宣怀，并且向他垂询有关电报的相关事宜。盛宣怀以前和醇王并无交往，但是与他的门客“张师爷”来往密切。从张师爷那里，他了解到两个重要信息：一是醇王与亲王不同。他不认为中国人比西洋人差；二是醇王虽然好武，但是自认为书读得不少，并不认为自己的文采差。在掌握了这些资料之后，盛宣怀就从别人那里抄了一些醇王的诗稿，背熟了好几首才觐见醇王。

当他们谈到电报的时候，醇王问道：“电报到底是怎么一回事？”盛宣怀回答道：“回王爷的话，其实电报本身并没有什么了不起的，全靠活用，所谓‘运用之妙，存乎一心’。如此而已。”醇王听他能够引用岳武穆的话，不免对他另眼相看，于是便问他说：“怎么，你也读过兵书吗？”盛宣怀说道：“在王爷面前，小人怎么敢说读过兵书？当英法内犯，文宗皇帝驾崩时，如果不是王爷神勇，力擒三凶，那么结局真是不堪设想啊。”盛宣怀略停了一下，接着又说：“凡是有血性的人，谁不想洗雪国耻，宣怀也就在那时候自不量力，看过一两部兵书而已。”盛宣怀三句话不离“本行”，接着，他又把电报描绘得神乎其神，醇王听得飘飘然，自然要把督办电报的事业交给他办。

好的开始是成功的一半，与人说话更是如此。在与人交谈的过程中，我们往往抓不住说话的关键点，不能说好第一句话。因此，在与人交流的过程中缺乏主动，不能有效地表达自己的观点，实现自身的沟通目的。因此，我们一定要认识到第一句话的重要意义，把话说好、说巧，这样我们才能更好地与他人交流下去。

那么，对于说好第一句话，到底有什么技巧呢？我们不妨看一下以下几点：

1.话语一定要顾及对方的感受

很多人认为，在亲人或朋友面前可以随意一点儿，想说什么说什么，没必要顾忌太多。其实，这是一种误解。不是所有的实话都让人喜欢，有些实话很容易伤人自尊，因此，在你开口之前，一定要顾及对方的感受。否则，一开口便让人心生不快，甚至火冒三丈。

2.对对方的当下情况有一个了解

要使对方对你产生好感，留下不可磨灭的深刻印象，还必须通过察言观色，了解对方近期内最关心的问题，掌握其心理。例如，知道对方的子女今年高考落榜，因而举家不欢，你就应劝慰、开导对方，讲讲“榜上无名，脚下有路”的道理，举些自学成才的实例。

3.第一句话送去你的关怀与包容

生活中，朋友、亲戚、家人之间，总会出现一些矛盾，此时，第一句话起着决定性作用。一句不得体的话，不但会使矛盾加深，还可能伤害到彼此间的感情，所以，在张口前不妨往语言里加些关爱与理解，这样，再深的矛盾也会因为爱而化解。

4.话语中表达出你的仰慕之情

对初次见面者表示敬重、仰慕，这是热情有礼的表现。用这种方式必须注意：要掌握分寸，恰到好处，不能乱吹捧，不说“久闻大名，如雷贯耳”一类的过头话。表示敬慕的内容应因时因地而异。例如：您的大作我读过多遍，受益匪浅。想不到今天竟能在此一睹风采！

说话小启示

说好开头语，你就能迅速打开对方的心扉，走入他的内心，产生一见如故的神秘情感。陌生并不是一件多可怕的事情，如果你能巧妙打破这其间的沉寂，那陌生将会慢慢地活跃起来，逐步变成熟悉。

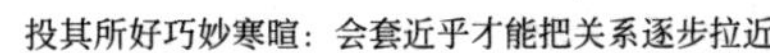

微笑是拉近彼此关系的最美语言

你喜欢面对一个冷冰冰的人还是一个脸上时刻挂满真诚微笑的人？相信大家心里都非常明白，微笑给人们带来的力量的确非常大。培根有句名言：“含蓄的微笑往往比口若悬河更为可贵。”在人与人相处中，大家都有着一种共同的期待：希望看到笑脸。对那些个性孤僻、表情冷漠的人，则总是避而远之。朋友们，一抹微笑，胜似滔滔不绝，微笑就是一张名片，让人看到你最真诚与美好的一面，大多数人都不好意思拒绝一个笑脸相迎的人。

“您好，欢迎光临××化妆品专柜，请问您有什么需要吗？”顾客小李刚走进商场的化妆品区就听到了一声温暖而甜美的问候，出现在小李面前的是一张洋溢着微笑的脸，那张脸上的笑容没有任何生硬和做作，清新自然、甜美温柔，令小李的心情立即舒畅起来。这位姑娘是谁呢？她就是很多顾客的“老朋友”，金牌导购琪琪。只要去过琪琪店里买化妆品的人都知道，琪琪是一位非常开朗阳光的女孩，她待人亲切，为人和气，尤其是她那一脸真诚的微笑为她增加了不少分。为了练出这样的笑容，琪琪可是付出了很多努力，因为她想为顾客留下好的印象，让顾客感受到她的真诚，从而更好地宣传自己的品牌，不断招揽顾客。琪琪不仅全面学习了导购的微笑技巧，而且每天都抓住适当的时机练习。琪琪觉得，导购接近顾客的最有效的秘诀就是脸上带着真诚、自然的微笑。

曾经有许多做化妆品生意的同行就发出了这样的疑问：“琪琪啊，你真的好喜欢笑啊，一整天这样微笑着接待一批批客户，忙一天，我想笑都累得笑不出来了，难道你整天没有一点儿烦恼吗？”听到这些，琪琪说：“世界上谁没有烦恼？关键是不要也不应该被烦恼支配。到公司上班，我把烦恼留在家里；回到家里，我就把烦恼留在公司。这样，我就总能让自己保持轻松、愉快的心情。”

琪琪认为，作为一名导购，你做的不仅仅是卖东西，你更需要卖的是一份

信任与支持，顾客就是上帝，如果你不能尽力与之亲近，那你就很容易关门大吉，没有好的人际就不会有好的生意。而获取好的人际最简单的方法就是微笑面对每一个人。微笑是一种令人愉快的表情，它在人际交往中有很重要的作用。微笑可以在瞬间缩短人与人之间的心理距离。生活中，没有什么东西比一个灿烂的微笑更能提升你的个人魅力，更能打动人心的了。但是微笑待人不是说除了微笑你什么都不做，试想，如果一个导购只会一味地微笑，而对顾客心中有什么想法、有什么需求一概不知、一概不问，那么这种微笑又有什么意义呢？因此，微笑服务，最重要的是在感情上把顾客当亲人、当朋友，成为顾客的知心人。正是这种真诚的微笑服务，让琪琪赢得了顾客的好感和信赖，成了一名金牌导购。

俗话说得好："眼前一笑皆知己，举座全无碍目人。"微笑是我们这个星球的通用语言，不论走到哪里，都要带着微笑。微笑是一种真实的表白，是一种发自内心的热情。行为胜于言语，对人微笑就表明你愿意接受这个人，此时的微笑确是无声胜有声。

微笑给人的感觉是温暖、亲切，它能无形中让人们之间的距离慢慢拉近，让对方从你脸上看到美好与真诚，感觉和你的谈话是融洽的、和谐的。用你的微笑去化解人与人之间的坚冰，去面对一切，那么任何阻碍都会在你的微笑前低头。多用一点儿微笑来面对生活吧，相信生活回报给你的将会是更多美好！

1.微笑是显示自己修养的重要途径

保持真诚自然的微笑是显示自己修养的重要途径。在经济学家眼里，微笑是一笔巨大的财富；在心理学家眼里，微笑是最能说服人的心理武器；在职场中，微笑是社会交际最正宗的脸谱。作为一名职场人士，一定要学会微笑，不但要笑得自然，还要甜美、亲切。

2.微笑，一定要发自内心深处

微笑是一种愉快心情的反映，也是一种礼貌和涵养的表现。这种微笑不用靠行政命令强迫，而是一个有修养、有礼貌的人自觉自愿发出的。唯有这种笑，才是对方需要的笑，也是最美的笑。如果你的笑掺和着做作与虚伪，那你

定得不到他人的喜爱。

3.微笑，帮你以柔克刚摆脱窘境

在生活中，我们所遇到的人有爱发脾气者，有刻薄挑剔者，也有出言不逊者，对付这些人，含蓄的微笑往往比口若悬河更可贵。面对别人的胡搅蛮缠，只要你微笑冷静，就能稳控局面，用微笑缓解对方的刺激与攻势，从而以静制动，以柔克刚，摆脱窘境。

说话小启示

经常微笑会让人感觉到你的亲和力和阳光美好，同样这种快乐的情绪也会传染给每个接触你的人。微笑不仅可以拉近你与陌生人的距离，同时也是欢迎新朋友的最好方式。一个喜欢微笑的人会让人感受到温暖，也会给人留下一个好的印象，多一点儿微笑，多一份美好。

说声“你很重要”，对方更信任你

每个人都想获得来自他人的尊重，得到别人的重视。那么，你就不妨满足他这个需要。对于领导者来说，如果你懂得对你的下属多说一些“你很重要”之类的鼓励语，相信他们会更信任你、支持你，更愿意为你效劳，相信你在职场上会获取更为和谐的人关系。

燕昭王一心想招揽人才，但由于他给世人的印象大多是“叶公好龙”，而不是真正地想要求贤，于是，鲜有人才愿意帮助他。燕昭王为此而感到闷闷不乐。

这时，一个叫郭隗的智者向燕昭王讲了一个故事：

曾经有一位国君愿出千两黄金买一匹千里马，但却始终没有买到。后来，终于有人发现了一匹千里马，但是当国君派手下带着千两黄金去购买的时候，千里马却死了。被派去买马的人还是花了五百两黄金把马买了回来。国君生气地说："我要的是活马，现在马都死了我要来有什么用！"那位买马的人乘机说："一匹死了的马，您都愿意花五百两来买，足见您的诚心。世人知道这件事的话，一定会吸引天下人为您提供活的千里马。"果然没过几天，就有人为国君送来了千里马。

讲完这个关于买马的故事后，郭隗对燕昭王说："其实招揽人才和买千里马是一样的。您想要人才来到您的身边，那么先要表达出您的诚意和重视。您可以先把我纳入门下。世人要是知道您连我这种才疏学浅的人都愿采用，那么比我本事更大的人定会纷纷投入您的门下。"燕昭王采纳了郭隗的建议，于是为郭隗建造了宫殿，并尊称其为老师。果然，没过多久，天下就出现了一番"士争凑燕"的景象。

军事家、阴阳家、游说家等，都纷纷投入燕昭王门下，落后的燕国一下子就变得人才济济了。燕国也在这些人才的帮助下，逐渐成为一个富裕兴旺的强国。燕昭王之所以能成功地招揽人才，就是因为他表现出了对人才的高度重视。说这种重视是收买人心也好，笼络人心也罢，总之它很有功效。

想要收买人心，你就要会说话、会做事，你就要从言行中表达出你对对方的重视，相信看完上面的故事大家应该明白了这个道理，其实，这道理同样适用于职场管理。

朋友们，想要表达你对对方的重视，不妨多说一些"你很重要"之类的话，"你很重要"对所有人来说都非常受鼓励。让对方知道自己的重要性，让对方知道你对他的印象很好。重视对方，是向对方表示自己尊重、友好的态度，这是人际关系必不可少的重要条件。朋友们，请不要吝惜你的赞美之词，相信你的一句鼓励定会给对方及你自己带来更多的喜悦。

那么，如何才能让你的下属感受到你对他的重视呢？

1.懂得赞美与鼓励对方

职场上，不仅需要下属赞美上司拍马屁；有时候，上司也要学会赞美下属。赞美是职场上激励下属不可或缺的手段。身为一位管理者，最重要的工作之一，就是成为一个为下属喝彩的领导。这个意思是说，一个管理者必须是第一个注意下属优秀表现的人，并且称赞他们。

2.尊重人与人之间的差异

在企业中，总是充满形形色色的人，即有各种背景的人、有各种性格的人、有不同生活经验的人，管理者应尊重个别的差异并找出共同点。当员工选择一种生活方式时，管理者可以内心不认同，但没有权力去贬低别人，要学会接受别人与我们的不一样。

3.懂得倾听对方的心声

在人与人的交流中，最好的方式就是倾听，每个人都希望自己讲的话能受到别人的重视，而对方耐心地听他讲话就是在向他表达这样一个意思："你说的话很重要，我非常愿意倾听。"这样就能够维护讲话者的自尊心，同时也使其更愿意将自己的真实想法说出来与自己分享。

4.随时随地表达你的感谢

领导者可以学会习惯于用一些"谢谢你"、"请问"、"麻烦你"等来表达对手下员工的重视和尊重。多尔蒂认为："最重要的是对人的尊重。即使像问好或说声'谢谢'这样的小事，也是表示对人的尊重。我认为创造出人们愿意努力工作的环境，本来就是管理者的职责。"

5.鼓励对方说出自己的意见

下属能力比你弱或许是事实，但并非他的每个意见都不高明，有些意见可能对方案有补充作用，有些意见可能会反映出下属在执行中有什么心态及要求。一个人考虑问题不可能十全十美，一个问题也很少有标准答案。对于某些问题，如果你懂得采取大家的意见，如果大家能齐心协力共同完成，说不定结果比你想象得更出色。

说话小启示

作为领导者，如果你不懂尊重，那你的下属也不会尊重你，他们也不会回馈给你真诚的付出。下属只是职务比你低，不是人格低你一等，想要得到他们的支持与信赖，你需要给他们关爱与鼓励。所以成功人士都是把尊重员工、尊重下属作为立业之本。这样的道理，适用于人与人交往的每一件事。

请记得，用热情加固你们的缘分

岑阳在某家公司做动画设计的工作，是一个踏实能干的设计师。一天，总经理把一个年纪轻轻的女生带到公司里，向大家介绍说这是新来的秘书乔乔，请大家多帮助多关照。乔乔看起来年龄很小，站在办公室门口，一副胆怯的样子。岑阳主动地给她端茶倒水，还热心地带她熟悉了一下办公室的环境。

乔乔是来给总经理做秘书的，应该负责公司的接待和日常工作。但是，乔乔的确看上去什么都不会，她压根儿就不懂自己要做什么。对于现代化办公设备的使用，乔乔不懂；对于跟客户交涉的问题，乔乔不懂；对于对外联系的问题，乔乔不懂；对于处理同事间的业务需求，乔乔不懂……乔乔总是在焦虑地找寻感觉，可是还是不知道如何是好，毕竟她以前从未接触过这类工作，一时茫然也是正常的。就这样，乔乔一会儿跑出去接电话，一会儿又呆呆地坐在办公室，不知道自己应该做什么。

岑阳明白，乔乔是还没有进入工作状态，于是便主动帮助她熟悉业务。岑阳给乔乔介绍了公司的其他几位同事，然后告诉她公司的主要客户有哪些人、

客户一般会咨询哪些问题、要怎样回答他们。此外，岑阳还向乔乔挨个介绍公司设备的使用方法，比如打印材料、复印文件、使用传真机等。对于订餐、订票等问题，岑阳也给乔乔进行了详细的讲解。

有了岑阳的引导和细心解说，乔乔渐渐进入了工作状态，对业务也熟悉起来了。当岑阳忙不过来的时候，乔乔还能帮她打印图纸、核对图纸上的数据，很有几分“学成出师”的意思，两个人相处得很融洽，配合得也很默契。总经理看到乔乔进步这么快，心里非常高兴。

时间过得真快，转眼乔乔已经来到公司半年了，她已经完全适应公司的一切了。年底将至，大家都要马上回家过年了。为了表示对岑阳的感谢，乔乔极力邀请岑阳去她家做客。鉴于乔乔的一片热心，岑阳就答应了。但是想不到的是，乔乔带岑阳来到了总经理的家。

直到此刻，岑阳才知道，原来乔乔是总经理的亲外甥女，刚刚高中毕业就到公司上班。总经理本来很担心乔乔的文化底子，不能胜任公司的工作，没想到在岑阳的帮助下，她进步很快，工作完成得也很好。在饭桌上，总经理再三向岑阳表示谢意。

从此以后，岑阳得到了总经理更多的赏识与照顾，成为了总经理眼中的红人，她的努力与热情得到了总经理的高度评价。随着公司规模的扩大，岑阳的职位越来越高，薪水当然也越来越多。一年之后，公司搬到了更大的办公大楼里，岑阳顺理成章地成了设计部门的经理。

如果没有岑阳的热情帮助，就不会有这段友情，也就不会那么快得到领导的赏识，热情的力量不可忽视，这是一份爱，也是一股源源不断的能量。

有热情的人，永远充满着能量，且会感染整个环境，愿意分享：人们有了热情，就能把额外的工作视作机遇；就能把陌生人变成朋友；就能真诚地宽容别人；就能爱上自己的工作，不论他是什么头衔，或有多少报酬。有了热情，你就能充分利用余暇来完成自己的兴趣爱好。

细想我们周围有热情的人，就能明白热情的吸引力及感染力有多大。热情

具有强大的吸引力，人们一旦受热情的感染，便觉得真诚、乐观向上是具有热情的人的好品质。热情就会让人心情美好快乐。因此，热情将使你变得更吸引人也更能感染人，给他人留下美好印象。

做一个热情的人，做一个善良而又活力满满的人，你需要谨记以下几点：

1.用微笑点燃你内心的热情

在生活中，我们可以看到那些说话高手们都有一个特点，那就是在他们脸上每时每刻都有一张迷人的笑脸，对任何人都热情以待，用行动“拉拢”周围所有人，他们在自己的关系网中自由地穿梭，不断结识新朋友，扩大自己的关系网，而这也正是我们应该学习的。

2.主动出击，留下好印象

在单位里要主动与同事打招呼，不要只是点点头；有事没事与他人攀谈几句闲话；参与大家的闲聊，打破自己沉默的形象；主动帮助别人，不要只等到别人求助才伸出救援之手……这些行为都可以给别人留下热情的印象，加上其他优点，一定会给你带来更和谐的人际关系。

3.不要忘了要保持一颗童心

不管你年龄有多大，都要用充满好奇的童心看待整个世界，要随时保持热切期待的心态。孩子们总是抱着渴望、好奇的态度，觉得这个世界充满了惊奇和未知。每一天对他们来说都是探险，所以，他们总是全身心地、热忱地投入每一天。这种态度值得成年人学习。

说话小启示

在与人交往时，最忌讳的就是摆出一副冷冰冰的表情，这只会让对方觉得你无理和傲慢，而对方对你的第一印象自然也会大打折扣。第一印象的好坏关系着彼此以后的来往，也关系着自己的形象。交际大师的经验告诉我们，在与人交往时，恰当的热情总能获得很好的效果。

多联络，让彼此的感情延续下去

一天，张宁感觉无聊，于是翻起了大学时的毕业照，当看到毕业证里的一张张欢乐面孔时，张宁想起了当时关系特好的朋友肖潇。于是，张宁拨通了肖潇的电话。没想到，一阵寒暄过后，肖潇竟笑着说："宁宁啊，你是不是遇到什么需要帮忙的事情了？没关系，有啥事你就直说，咱俩这关系不用客气，能帮上的我绝不推辞！"

肖潇的"热情"让张宁一时不知道说什么才好。放下电话，她开始自我反省：一定是自己平时不知道联络对方，每次都因为忙而推掉见面的机会，因此肖潇才会误会自己。于是从那以后，张宁不忘时不时地给朋友们一个小小的惊喜，不论是节假日还是平时，经常主动跟朋友走动。这样，张宁再也没有遇到过上次的尴尬了，人缘也变得越来越好。

很多人都有过这样的经历：当自己遇到了困难，认为某人可以帮自己解决时，本想马上去找他，但后来一想，过去有很多时候本来应该去看人家的，结果都没有去，现在有求于人了就去找人家，是不是太唐突了？甚至因为太唐突了而担心遭到人家的拒绝？可是想一下，这一切的一切又是谁造成的呢？如果自己平日里多与人联系，懂得维系彼此的情谊，自己又怎么会有这样的忧愁呢？不管你们的关系有多深或是有多浅，请一定记得时常联系一下，常联系，即便是浅浅的感情也会逐步深厚；不联系，再深的情谊也会有不知如何开口交谈的那一天。

李龙大学毕业后，一直在一家公司做业务员。他为人谦和、开朗，生活中也因此博得很多人的青睐，他唯一的不好就是很少与这些朋友联系，更别说在适当的时候给别人送些礼物了。

最近一段时间，李龙的工作遇到了一些麻烦，因为个人失误与客户闹了一点儿不愉快，不论怎么理论，客户都置之不理，李龙想私了，不想闹得公司人

尽皆知，但是私了又要赔偿一大笔钱，李龙可以说是焦头烂额。

忽然，李龙想到了一个大学时期的同学阿禹，阿禹现在开了一家律师事务所，如果找阿禹帮忙跟客户谈谈，想必成功的胜算会大一点儿，问题解决得也快一点儿。读书时李龙和阿禹处得非常不错，只是现在很久没联系了。“阿禹应该会帮忙吧。算了，只能这样办了。”李龙想到这里，开心地笑了，总算有办法解决这件事儿了。

李龙赶紧拨通了对方的号码，铃声响了很久都没人接。“估计阿禹现在很忙。”正在李龙暗自纳闷的时候，忽然，电话通了，里面传出了一个迟疑的声音：“你好，请问哪位？”

李龙赶紧说：“哎呀，阿禹，是我啊，我是李龙，最近还好吗？”

对方停顿了一下，吞吞吐吐地说：“哦，抱歉，请问你是？”

“天哪，你该不会不记得我了吧，是我，李龙，大学同学。”李龙有些生气地说道。

对方似乎终于想起来了，打着哈哈说：“哦，李龙啊，好久不联系了，没听出来，对了，你找我做什么呢？”

李龙将自己的事告诉了阿禹，阿禹却说：“真遗憾，我现在在外地出差，正在处理一个大案子，一时半会儿也回不去，实在是抽不开身！”这让李龙一阵失望，只好无奈地挂了电话。

很多人忽视“感情投资”，一旦交上某个朋友，就觉得对方好像不会离开自己了，就不再去深化发展双方之间的感情，发展到最后就会变成不相干的陌路人。“感情投资”应该是持续性的长期投资，中间不可间歇，要做到勤联系、多沟通，这样到用的时候自然会是心有灵犀，不用说太多就可以得到援助。

朋友们，不管有事没事，请别忘了你的朋友，多联络一下，感情才会更深厚一层：

1.朋友需要时，能帮尽力去帮

有句话说得好，锦上添花不如雪中送炭，雪中送炭的情谊更让人难以忘

怀。如果对方有难处，你及时伸出援手，这时候你的这份情谊更能让人难以忘怀。这何尝不是一种维系感情的方式呢？当你有需要的时候，即便你不主动招呼，相信对方也会及时给你援助的。

2.用电话和网络联系彼此

如今科技发达，人们之间不必飞鸽传书，也不必盼星星盼月亮般与人相见，如果你想对方了，随时一个电话、一个视频就能做到。你可以说说你的近况，你也可以聊聊八卦，方便又真实。只要你们记得彼此常联系，相信你们之间一定不会变得陌生。

3.寄点儿小礼物，略表情谊

如果你遇到喜欢的东西，不妨给你的好友也带一份，不用多贵的东西，只要有你这份惦记对方的情谊就足够了。或者你可以在对方生日或特殊节日的时候给对方一个惊喜，这样你不仅温暖了对方的心，也温暖了彼此长久不见的情谊。

4.有空就去朋友那里坐坐

朋友间加强联系的方法有很多，最具有人情味也最招人喜欢的就是有空去坐坐。日常交往中人们道别，总要说一句“有空再来玩儿”，不管这是不是一句发自肺腑的语言，听后都让人感到温情脉脉，因为这是在向我们传递朋友是欢迎我们来的，我们是被朋友接受的人。

说话小启示

大家应该明白，关键时候给你温暖和帮助的都是那些关系比较好的朋友，朋友多了路好走，一段真挚的情感真的是非常珍贵，我们一定要懂得巩固彼此的情谊，不管隔着多远，也要时常联系一下对方，因为很多东西丢了就真的很难再寻回。记住，千万不要平时不联系，一联系就有事相求。抱着“无事不登三宝殿”的心态对待老朋友是非常危险的，对方会认为我们是在用彼此的感情来做交易，根本不看重彼此的情谊，如此，再深厚的感情也会土崩瓦解。

表达清晰，目的明确：能够把话说清楚别人才愿意听

说话，要讲究清晰明了，如果说半天，你仍旧没有把话说清楚，没有个明确的目的，没有说到对方的心里，那你说的一切将会白费。比如，我们应该问问自己，我是否懂得如何开口提问？是否关心过对方在乎的是什么？是否总是打断对方的话？是否在意对方的面子？是否没把话说明白就提前冷了场？……其实，把话说明白，涉及说话的方方面面，其中有很多技巧，希望大家在阅读本章的过程中能够有所感悟。

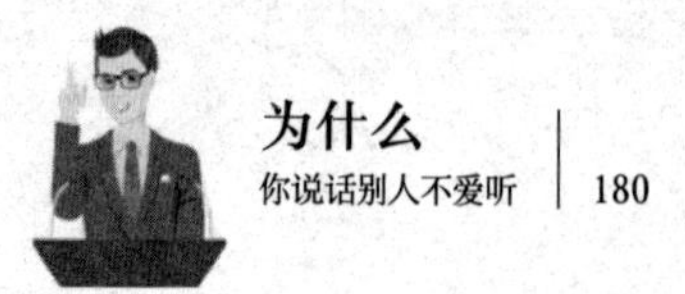

与人交谈，你会巧妙提问吗？

秦宣太后在宫中守寡，与大臣魏丑夫暗中勾搭，情投意合。后来太后病重不起，临死前感到离不开魏丑夫，就命令魏丑夫陪葬。

魏丑夫听说此事吓得面无血色，于是到处找人说情。大臣庸芮自告奋勇找太后，一见面就问："死人还有知觉吗？"

太后支支吾吾地回答："没有知觉。"

庸芮说："既然没有知觉，为什么还要把生前所爱的人活活弄到坟墓里同死人埋葬在一起呢？再说，如果死人有知觉，那么在阴间的先王积怨也应该很久了。太后到了阴间连请罪还来不及，哪有什么空去与魏丑夫相好呢？"

太后沉吟了半晌，咬咬牙说："罢了。"

庸芮以死人是否有知觉这一问句为前提，一开始就将太后逼到了没有退路的地步，然后采用顺势问话迫使太后放弃了陪葬的主意，这种通过提问巧妙说服对方的方式显然是值得我们好好学习的。

提问，是一种学问；提问，是一种善于表达的过程；提问，是一种技巧。"善问者能过高山，不善问者迷于平原。"提问在我们的交谈中不可避免，具有举足轻重的地位，在社交场合中如果提问技巧运用得当就很容易打开对方的"话匣子"，从而使彼此的交流畅通无阻。

周六，朋友聚会，大家惊讶地发现，离婚多年的阿静竟然快结婚了。自从上一次不幸的婚姻之后，阿静就打消了结婚的念头，突然出现了这样的消息，朋友们十分惊讶，纷纷询问："这到底是何方人士掳走了你的心呢？"阿静笑

着回答说：“一个会提问的人，每一次约会，我都是不知不觉中答应的。”

然后，阿静讲述了第一次约会的情景：刚开始见面，隆哥就问我：“羽毛球和电影，你更喜欢哪一种？”我回答说：“电影。”隆哥接着又问：“国产片和外国片，你是喜欢外国片？”我笑着回答：“对啊，最近正在上演周星驰的一部新片，其实我也蛮期待的。”隆哥也笑着说：“那这样吧，这个周五我们下班之后一起去看吧。”我就不假思索地回答：“那行，到时候去看。”

说完，阿静满脸幸福：“每一次和他说话，他总是问这问那，而我根本不知道他为什么会这样问，糊里糊涂就回答了，结果，我就这样被他‘骗’走了。”

阿静的未婚夫很聪明，他从不把真实想法直说出来，每次都是通过提问的方式打探阿静的想法，问东问西，模模糊糊，让人摸不着头脑。因此，阿静很轻松地就走进了“圈套”，不知不觉就答应了对方的邀请，通过阿静的例子，我们不得不说“有效的提问真的是一种智慧”。

在人际交往中，很多时候我们都无法直接得到我们想要的情报，这个时候，就必须通过巧妙的提问来套取对方的信息了。在与人交往的过程中，只有恰当地提问，才能得到我们想要的信息，才能顺利达到沟通的目的，使沟通的局势和结果对自己有利。

其实，提问是有技巧的，想要弄明白里面的窍门，我们需要从以下几点入手：

1.提问方式因人而异

人有男女老幼之分，有千差万别的个性，有不同的工作岗位和生活环境，有不同的知识水平和社会阅历等，所以，提问必须以对象的具体情况为准。对象不同，提问的内容和方式自然会有所区别。

2.提问要看时机

亚里士多德说：“思想使人说出当时当地可能说的和应当说的话。”说话时机，就是说话的环境。它包括谈话者所处的自然环境、社会环境、语言环境和心理环境。一般说来，当对方很忙时，不宜提与此无关的问题；当对方伤心或失意时，不要提会引起对方伤感的问题……

3.想好问题需不需要问

一碰到问题，自己连想都不想就去问朋友、老师或同事，一方面会让人觉得你很无知；另一方面，无助于提高你解决问题的能力。所以在问问题时，一定要让自己的问题有针对性，有发问的必要。

4.提问题要客观

准确地了解别人的心理，你只需要提出你看到的和感觉到的就可以了。如果你仅仅根据自己的经验就对别人的状况作出判断，通常出于礼貌，他将不得不向你作出一个合乎情理的回答。而这种回答很可能不是你想了解的实情。

5.协商提问，以示尊重

“你觉得这样做是否合理？”类似这样协商型的提问在我们的生活中被广泛应用，这样的提问方式给予了对方足够的尊重，在与人合作中尤为重要。我们在交谈中，也常常会用到一些反问，巧妙的反问可以平中出奇，有时甚至可以反败为胜。

说话小启示

话语表达不明，这就极易引起误会，产生不必要的麻烦，所以说提问时一定要谨慎地选词择句，让话语表达得更恰当。诸如“你就直说你的理由”这类问题，很容易引起对方的不快，但如果换一种措辞：“对于这件事，你作何感想？”就可以使谈话继续下去。

对方心里关心什么，你知道吗？

有一次，严格为了一笔生意去拜访李先生。李先生好不容易有时间同意见面了，但双方都很客套，话题很难深入开展。

这时，严格发现李先生桌子上有一张照片。在来之前，他看过李先生的资料，知道对方有一个女儿。照片是他女儿的大学毕业照。

于是，严格顺口提了一句："照片中的小姑娘阳光可爱，很讨人喜欢！"

没想到李先生突然有了兴趣，他很认真地对严格说，他的闺女打小就很懂事，也很聪明，上学期间特别努力，自己非常省心。她考上重点大学完全是自己一步一个脚印努力的结果，从来没动用过他的任何资源和关系。

李先生说着，严格也附和，并真心表示了赞美："现在的孩子，好多娇生惯养，能够保持一种拼搏精神而不依赖父母，的确很令人赞赏，想必李总给孩子带来的家庭教育非常好。"

谈话的氛围被打开了，李先生不自觉地开始谈起他是怎么教育孩子的，孩子又是怎样争气，在成长的过程中有什么故事。

当时，严格心里很着急，非常想把话题绕回到此行的目的上，让李先生帮他达成愿望。但是，严格知道李先生非常宝贝自己的女儿，而且也很重视她的发展，如今孩子学有所成，他更为骄傲，于是严格也就体谅了这份心情，没有插话。

转眼已经聊了一个多小时，李先生的眼神中充满了光彩。最后话题一转，对严格说："严格，你来的意思我都明白，不是大问题，我打个电话安排一下，跟你这个年轻人很投缘。"

很多人在向别人求助的时候，开口闭口就是"我怎么样"。在沟通中，像这样只谈论自己，从来不考虑别人的想法或心情的人，很难得到别人的认同。你滔滔不绝，说得再好，对方也会在心里用喋喋不休来形容你。这样，何谈求

成人，办成事？其实，如果你在谈话中把焦点转移到对方关心的问题上，你交谈成功的可能性就会大大增加。。

电视机推销员米小茹苦闷极了。她推销电视时口若悬河地谈论产品的性能如何如何好，但客户们反而一个个都不吭声。这可怎么好呢？

午餐时，米小茹看见一位妈妈正带着两个孩子吃饭。那胖乎乎的男孩什么都吃，长得结结实实的。那瘦瘦的女孩皱着眉头，举着双筷子将盘子里的菜翻来拨去。那位妈妈轻声开导小女孩："女儿，别挑食，要多吃些菠菜，不注意营养怎么行呢？"连说了三遍，小女孩还是将嘴巴噘得老高。正说话间，一位服务员走近那女孩，凑着她的耳朵悄悄说了几句话。一会儿那女孩马上大口大口地吃起菠菜来，边吃边斜视着哥哥。那妈妈很纳闷，把服务员拉到一边问："姑娘，你是怎么劝服我这个倔丫头乖乖吃饭的啊？"

服务员满面春风地说："其实，我发现您儿子经常欺负您闺女，刚刚在洗手间不经意听到她说一定要打败哥哥。因此，我就对她说：'想要不被哥哥欺负，你就得多吃饭，吃饱了才能长个子，才有力气，哥哥才不会欺负你。'"

旁观的米小茹暗暗称绝："对啊，想要说服对方就应该从对方最关心最在意的事情入手！"

从此，米小茹改变了自己的销售策略，不再滔滔不绝谈论自己的产品，而是主动询问对方的想法，从对方关心的事情入手，多与对方交流，慢慢地，米小茹的业绩越来越好。

在跟别人沟通的过程中，要适当压抑自己的话题，模糊自己的对话目的，而去聊一些对方所关心的事情，以便让对方很舒服、不排斥，进而在感觉良好的状况下认同自己，并接受自己的要求。从说话的角度来说，会交朋友才能有人脉，有生意可做。

那么，在与人交谈的过程中如何才能找到对方的关心点呢？

1.关注对方的注意力

当你在与人交谈的时候，如果发现对方的眼神在游移，或者手上做出了一

些很不相关的动作，你就要注意这个时候对方的注意力是不是已经不在你身上了。如果对方注意力不集中，你就需要想一想你是不是忽略了一些东西，比如一些谈话的技巧。

2.和人谈话要抓重点

和人谈话要抓重点，才能以最快的速度切入主题。察觉了他人的心思，什么事都好办。你可以说服对方，而不被对方说服；可以与对方谈条件，而不被对方要挟；可以给对方讲道理，让对方惊讶于你的细致……能够抓住谈话重点，就等于抓住了主动权。

3.多注意听对方的嘴边话

当你留意一样东西，会不自觉地把它挂在嘴边。即使和别人谈话，也会不知不觉把话题绕到这样东西上，可见整天挂在嘴边的话，就是人们最关心的事。只要你听得够多够仔细，就会发现每个人都有特别喜欢谈的话题，猜出他的兴趣所在，就能以此与他展开谈话。

说话小启示

你把对方放在心上，对方才会把你放在心上，如果你总是想着自己的那点儿事，不注意观察对方所想，那你将很难让对方接受你。如果每个人都对别人多一份关注，多一份重视，这个世界将变得更加温馨和谐。

对方说话时，请不要随意插嘴

张哥有一个美满的三口之家，有一次，张哥正在和妻子讲话，他六岁的女儿突然跑过来，抱着张哥说："老爸，我有一件好玩儿的事情要跟你说，你猜猜看。”张哥就对她女儿说：“娇娇，要记住啊，爸爸正在和妈妈谈事情，你不可以打断的。因为这是一个很不礼貌的行为，所以你以后如果看到爸爸和妈妈正在讲话，你先不要打断，如果你真的有事情那就站在旁边，爸爸妈妈讲完了，会再问你的，好吗？”

从那以后开始，如果有事，娇娇只要看到爸爸与妈妈正在讲话，她就站到旁边，等爸爸妈妈说完之后再插嘴。街坊邻居都夸赞娇娇懂事乖巧有礼貌。

从小父母就教育我们，在别人说话的时候随便打断，是一种非常无礼的表现。尽管如此，在日常生活中，我们可能还是会遇到这样的人：他们很热衷交谈，当别人阐述自己的观点时，他们喜欢打断别人，谈论自己的看法。这样的人往往会遭人厌烦，很多人都不愿与其交流。所以说，要想在谈话中保持一种和谐愉快的状态，请不要随意打断他人，多一分礼貌，多一分尊重，你才能得到一分赞赏。

阿飞是个性格开朗的人，他非常喜欢音乐和电影，可是阿飞身边的朋友却很少，刚到了一个新的工作岗位，谦虚热情的阿飞很快得到了大家的喜欢，可是渐渐地大家都发现了阿飞的问题，开始对他疏远。原来，阿飞在和别人聊天谈心时总喜欢打断别人。阿飞公司的部门经理也是一个喜欢电影和音乐的人，甚至是追星一族，午间休息时，经理有时无意中说起明星八卦的一些事儿，经理才说了两句，阿飞立刻就打断了经理的话，说：“经理，不是的，我看网上不是这样讲的，明明就是……”经理见状转移了话题，谁知又被阿飞打断，结果变成了阿飞的独角戏，经理很生气，也觉得有些丢面子，后来没少给阿飞小鞋穿。

培根曾经说过“打断别人，乱插话的人，甚至比发言冗长者更令人生厌”，在别人说到眉飞色舞处，被人打断，不亚于正兴奋得头上冒汗，却被兜头浇了一盆冷水，即使你是对方的好朋友，也会对你如此无礼的行为产生反感。

不随意打断别人说话是一种令人敬重的好品质，想要赢得大家的尊重，你

需要注意下面几点：

1.耐心一点儿，让对方把话说完

人家说话的时候，自己若有不同意之处，应待别人说完，切不可插进去或阻止人家，阻止人家其实是最大的错误。因为当人家还有许多话没有说完时是绝不会来接受你的意见的，也根本不注意听你的。所以我们应鼓励别人把意见表达出来，耐心地倾听别人讲话。

2.一言一行，保持对对方的尊重

法国哲学家笛卡尔说："尊重别人，才能换来别人的尊重。"美国最伟大的科学家富兰克林在谈到他做外交官时与别人交往的秘诀时也说："尊重任何交流的对象。"这些话都意在说明：人都是有自尊的，不论是贫穷还是富贵，在社会交往当中，人们都有被尊重的需求。你不懂得倾听对方说话，随意打断他，这其实就是一种莫大的不尊重。

3.谈话时要用心听，认真听

在与人谈话时要用心听，认真听，才会达到沟通的效果，才会受人欢迎。有个成语叫"洗耳恭听"，指的就是一心一意，恭恭敬敬地听，这是对发言者最大的尊敬。如果一个人愿意全心倾听别人说话，那么他就已经迈出了成功沟通与交往的第一步。

4.适当地回应对方

聪明人在听对方说话的时候，不会随便打断他们，而是会谨慎选择好说话的时机，不该说话时就不说。但是，他们会不时地作出反应，如附和几句"是的"等话语。因为，在别人说话时一言不发也不好。对方说到关键的时刻，说完后，你若只看着对方不说话，这会很尴尬。

5.必要时插话要有技巧

在交谈中，不应当随便打断别人的谈话，要尽量让对方把话说完再发表自己的看法。如有急事要打断说话，也要把握机会，也应征得对方同意，用商量的口气说："对不起，我提个问题可以吗？"这样可避免对方产生误解。所插

之言也不可冗长，一两句点到即可。

说话小启示

插话是一种不礼貌的行为，在谈话中，谁都想完整地把自己的想法表达出来，如果你在对方说话的时候总是插一句，那他就无法顺心地把话表达完，他的思绪也会被打断，进而他的内心就会烦躁不安。

不要冷场，学会没话找话说

假如你正在与人谈话，但是没一会儿，你就无话可说，找不到合适的话题，这样的确很尴尬，甚至，对方还会觉得你这个人不会谈话，不懂交际。话题是谈话中必不可少的内容，好的话题不仅可以让大家其乐融融，活跃气氛，还可以使彼此建立起深厚的感情。所以，我们有必要掌握“没话找话”的本领。

王亮是一个老实木讷的年轻人，平时就不声不响，很难受到经理的注意。一天，经理要他跟自己坐着火车到外地出差，两个人面对面地坐着，说了几句闲话之后，就开始大眼瞪小眼，谁也不知道该说什么了。王亮觉得这样的气氛实在是太压抑了，于是决定找个话题，恰好，他看到经理打的领结十分美观，而且一看就非常有档次，于是就“饶有兴趣”地向经理请教衣着搭配方面的问题。

经理一听，正中下怀，因为他平时就对自己的衣着十分在意，王亮的问题正好搔到了自己的痒处，于是开始滔滔不绝地向王亮讲了起来，其间，经理还委婉地告诉王亮应该注意一些什么问题，由于两个人一路聊天，漫长的旅途似乎也过得飞快。回到公司以后，经理对王亮说：“嗨，王亮，有时间去我家玩

吧，或许咱俩还能聊聊房屋装修方面的问题。”

王亮与经理的关系越来越好，自己的优点也逐渐被经理发现，不久就升了职。

俗话说：“酒逢知己千杯少，话不投机半句多。”在交际过程中，想要尽快和对方打成一片，就必须学会寻找话题，有了好话题，才能让谈话融洽自如，进而拉近彼此的关系。即使有时候没有好的话题，我们也要学会没话找话，找到一个突破口。

实在找不到话题，可以“闲扯”，“闲扯”是与人交谈的重要组成部分。很多时候，一个人不善言谈，可能一时间想不到重要的事情，找不到合适的话题，与人交谈时，若能做到思想放松无顾虑，那么谈话就能进行得相当热烈，闲扯并不需要才智，只要“扯”得愉快就行。

朋友们，交谈离不开话题的选择，为了避免冷场，你还是要懂得“没话找话”，“没话找话”需要一定的技巧，这是一种语言能力的体现，把握以下几点，相信你定能有所感悟：

1.懂得借题发挥

有时，与人见面交流，很快就会陷入尴尬的局面，或者出现冷场的情况。这时，你可以拿出一些随身携带的小物件，然后引发话题。比如，你可以根据对方身上的装饰，再掏出自己身上的某个小饰物，然后借题发挥。这样也可以引发很多话题，可唤起大家交流的兴趣。

2.注重生活积累

人们都不爱听那些不爱关注生活的人说的话，那是因为这些人缺乏生活的积累，说的都是一些不着边际的话。要想有好口才，就要懂得加强自己在生活中的积累。一个人的阅历、知识、情感等是汲取“养分”的源泉，能通过血脉、经络使你的品位和内涵都得到提升。

3.寻找共同话题

面对众人，要学会观察周围环境，寻找共同话题，把话题引向人人关心、愿意交谈的话题上面。这样大家你一言我一语，各抒己见，就不会造成冷场。对待新认识的人也是如此，大家找到共同的话题，各自发表自己的意见和看法，就自然而然地成了朋友。

4.自嘲，以自己为话题

坦率地把自己的不足讲出来，不仅不会因此失去别人的敬重，反而会引起别人的同情和爱怜。如能用开玩笑的形式讲出自己的不足，那就更能表现出你非同寻常的气度了。同时，也能使谈话现场的气氛活跃起来，增强别人对你的好感。

说话小启示

交谈是双向行为，不仅要了解对方，还要让对方了解自己，这样交谈才会逐渐深入。因此，在交谈中，除了让对方多说话，我们还应该看准情势，适时地插入交谈。我们不应该放过应当说话的时间，因为适当地表现自己，可以让对方充分地了解我们，双方也会因此变得更亲近。

聪明的人会把说话权交给对方

在谈话中，有一些人喜欢侃侃而谈，不管对方如何，他总是一味地说说说，说个不停，最终对方不仅不赞叹他的口才，还会为他的这种无知感到厌烦。我们真正要做的，是尽可能多地让对方说话，给对方创造说话的机会，把自己变成以听为主的听众，给发话者以呼应。记住，一个聪明的人更愿意把说话权交给对方。

一次，谭静去拜访陈总。据说这个陈总非常难缠，很多销售员都在他面

前灰溜溜地被赶出来了。所以，谭静这次去也没有抱太大的希望。当她敲开了这位陈总的办公室大门之后，陈总对她非常热情，又是端茶倒水，又是嘘寒问暖，这反倒让谭静有些不习惯。但毕竟陈总是真心地关心她，因此谭静内心还是非常感动的。

坐定之后，还没等谭静介绍产品呢，陈总就开始说了，说自己的家庭生活，妻子多么贤惠，孩子多么懂事。说到高兴处，陈总眉飞色舞，手舞足蹈。而谭静只是静静地听着，偶尔点点头微笑一下，表示认可和肯定。

一个小时过去了，两个小时过去了，陈总说完了家庭，说事业，说这些年自己如何一步步地走来，经历了多少的艰难和困苦，如何将公司一步步地做起来。说到难过处，陈总黯然泪下，谭静适当地说了几句安慰话。

整整三个多小时，陈总一直都在不停地说，谭静只是静静地听着，偶尔问几个简单的问题。最后，陈总说不动了，该倾诉的都倾诉了，转过头来问谭静："姑娘，你这次来的目的是什么啊？"

谭静将产品的介绍放到了桌子上，陈总看了，二话没说，就下了订单。

大多数人想使别人同意他们的观点，可是他们自己的话却说得太多了。让别人畅所欲言吧！对于他们自己的事及他们自己的问题，他们一定知道得比你多。所以你应向他们提些问题，让他们告诉你几件事。推销员是一个经常和陌生人打交道的行业，他们的工作重点之一就是努力与陌生人进行沟通。他们清楚，沟通是达成交易的重要前提。如果你无法打开对方的话匣子，订单是不会送上门的。

相反，如果你总是不让对方自由地发表观点，总是咄咄逼人，总是不断地中断甚至禁止对方发言，久而久之，他很可能变得沉默，因为他意识到你根本不重视他的观点。这样一来，你们之间也就没有所谓的沟通了，他很可能会疏离你，甚至和你成为敌人。

大家记住，只有聪明的人才懂得把话语权交给对方，自己甘愿做一个倾听者。

1.集中注意力听对方说

听人说话是一门大学问，有的人经常被别人说成“左耳朵进右耳朵出”，形容他听话总是记不住。其实，一般人在听别人说话的时候，基本上能记住一半的内容就已经不错了。为避免倾听效果不良，除了集中注意力用心听之外，最好的方法是：备妥纸与笔，记笔记。

2.甘当配角，说话简洁明了

既当配角，就要选准说话时机，还要避免说起来就没完没了，喧宾夺主，抢了主角的风头。插话的时候一定要简洁明了。简洁是指说话要干脆利索，点到为止，不拖泥带水，频率要适度把握，数量要远远少于主角。明了是指话要说得清楚明白，观点鲜明，内容精粹。

3.配合对方，不要过度沉默

让对方多说，并不是指我们一句话也不说，因为过分的沉默也会使对方不好意思继续说下去。我们的目的在于让对方痛痛快快地把话说出来，从而了解对方的心意，因此，必要时应想办法诱导对方多说，不要使对方因为你过分沉默而不能接着说下去。

4.善解人意，鼓动对方说话

每个人都喜欢叙述有关自己的事，让自己光辉的一面展示在对方的面前。有时候对方可能会受到某种因素的限制，不敢大胆地说出来。遇到这种情况，我们应该想办法打破限制，这样，对方就会自动地说出心里话了，这就是所谓的“善解人意”。

说话小启示

只要你掌握了一定的技巧，在交谈中你也会达到你的目的的。你不需要试图寻找一些显得你多么博学、多么有内涵的话题来吸引对方的眼球，有的时候你只需要把真实的你自己用言语展现在对方面前就可以了。

他人面子问题，你不可忽视

汉代有个大侠，叫郭解，人品较佳，颇有名望，得到了人们的尊敬。

洛阳有两家人结怨很深，当地有名的贤达人士纷纷去调停，但都毫无作用。后来人们找到了郭解来说和。

郭解亲自拜访了两家人，弄清了事情原委，并进行了劝导。两家人有感于郭解的人品和声望，都放下宿怨，听从了他的劝解，恩怨冰释。

照常理，郭解不负所托，化解了仇怨，应宣扬一番。但郭解却厚道地作了一个决定。他对两家人说："过去洛阳当地很多有名望的人都曾调解过你们的纷争，但未能使你们达成协定，我能劝解成功只是幸运，大家给我面子。但是，我是个外乡人，若是本地人出面都不能解决的问题被我解决了，这岂不是不好？未免让本地有名望的人感到丢了面子，希望大家帮我一个忙，表面上要做出让人以为我也解决不了问题的样子。我相信待我走后，洛阳本地的乡绅侠士还会上门，你们把面子给他们吧，算是他们完成了这桩美举。"

说完，郭解连夜返回家，事后也一直说是洛阳当地的人士摆平的。再后来，人们无意中得知了事情的真相，都特别佩服郭解的为人。

人人都爱面子，人与人说话办事时，能够给别人留足面子，就等同于给他一份厚礼，其实也是为自己以后的发展铺路。有朝一日你求他办事，他自然要"给回面子"，即使他感到为难或感到不是很愿意。这便是操作人情账户的全部精义所在。

任原的顶头上司文总是个好面子的人。任原虽然知道这一点，但在文总犯错的时候还总是忍不住当着所有同事的面就给文总提意见，好几次因此和文总在会场上产生争执，最后不欢而散。

任原的朋友强哥看见任原这么"执拗"，在私底下总是对任原说："文总毕竟是领导，不管他有没有错，你都应该顾及他的面子啊！你一直这样当着

大家的面驳斥他，他肯定脸上挂不住，这样你就不怕自己以后的前程受影响吗？”任原对强哥的话很不以为然，他说：“强哥，面子难道比工作重要吗？本来就是他的错，如果大家都不说，我也不说，那还怎么工作？”强哥一看说服不了任原，就不再说什么了。

没过几天，任原又和文总吵了起来。原因就是文总提出了一个计划，任原完全不顾文总的脸面，当众就指出这个计划的漏洞。文总当然觉得很没面子，终于爆发了，对任原说：“任原，你是领导还是我是领导？实在抱歉，像你这样的人才，在我们公司上班实属屈才，你另谋高就吧。”任原没想到后果会这么严重，当场就傻眼了。最后还是在一位同事的周旋下，文总才收回成命，但从此任原也别想得到任何重用了。后来，任原灰溜溜地离开了公司。

社交场合，你给我面子，我给你面子；你不给我面子，我也不会让你好过。这叫以牙还牙，以眼还眼。这便是人们社会交往中的游戏规则。无论恩仇，你都会得到对方的回报，这正是古语所说的“来而不往非礼也”。

人们对伤害面子的事情非常敏感，或许你曾经不小心伤了某人的自尊心，你早就忘记了，但是被你伤害过的那个人永远不会忘记。因此，在一些无关得失的小事中，要懂得维护他人的面子，不要让他人下不了台。

1.不要做一些扫他人兴致的事

对方正在兴头上，你却不看时机、不讲技巧地站出来冷嘲热讽或是给其当头一棒，这无疑是当众给他泼冷水，会让对方觉得很没面子。即使对方涵养很好，不当场发作，也会破坏彼此之间的感情。

2.不笑话他人的小失误

在社交活动中，每个人都可能不小心弄出点儿小失误，比如，念了错别字，讲了外行话，记错了对方的姓名职务，等等。当一个人发现对方出现这类情况时，只要是无关大局，就不必对此大加张扬，故意搞得人人皆知，使本来已被忽视了的小过失，一下变得显眼起来。

3.不忽略他人的感受

即使我们是对的，别人是错的，也不能不考虑别人的感受，让别人丢脸。我们没有权利去做或说任何事以贬抑一个人的自尊，重要的不是我们觉得怎么样，而是他觉得他自己如何。伤害他人的自尊是一种罪行。

说话小启示

为他人保全颜面，这是一件非常重要的事情，虽说道理都懂，但是很多人说话做事的时候总是不注意，忽略这点。许多人总是自以为是，做事过于苛刻，不管是对下属还是对家里的小孩，总是不留情地指责，却不去多考虑几分钟，说几句关心的话，考虑别人的自尊是否受到伤害，如果我们这样做了，就可以缓和许多不愉快的场合。

说些领导爱听的话：用领导最愿意接受的方式表达

领导是你工作中最常接触的人，也是决定你的职业升迁和职业前途的人，因此要学会和领导和谐地相处，才会给你的事业发展带来更多的好处。因此，我们在与领导谈话的过程中，要懂得多上点儿心，不要太随意。就算日常聊天，也不能大意。把即将要说的每一句话都过一遍大脑，如果口无遮拦，想到什么说什么，必然会惹领导不悦。话要思量着说，学会说领导爱听之话，比彰显自己的独特个性要有意义得多。

申请加薪，你能否把话说得更动听？

林凌在某家网络公司做经理助理，她在这个公司已经工作两年半了，工资却并没有涨多少，每次下边的技术人员和业务人员涨工资的时候，老板总是以林凌不在他们之列把她排除在外，对此解释，林凌也不好说什么。终于，林凌忍不住了。这天，她趁着老板一人在办公室看报纸的机会，直接敲门走了进去，一进门，林凌就笑着对老板说："老板，您现在有空吗？我想跟您商量点儿事。""好的，你说吧。"老板很热情。

"老板，那我就直说了，如今物价那么贵，我的压力实在是太大，我可不可以申请提一下工资？"

"小林啊，这就是你要求加薪的理由吗？"老板面有难色。"老板，我在公司时间也不短了，已经在这里工作两年半了，我对待工作的态度与努力，相信您是看在眼里的。我非常喜欢我们公司，在这里上班也感觉很有动力，今后我会更努力地为公司付出，一定不会让您失望。您说呢？"

听林凌这么一说，老板面色缓和了许多，问道："那你心中可想好要我给你调薪多少呢？"

"现在我每月薪水是3000元，您看涨1000元合不合适？在以后的工作中，我会更加努力，我相信我会对得起这份工资的。"林凌很自信地回答道。

老板想了想，说："行，那就这样吧，相信你一定会更加努力的，工作去吧！"

林凌微笑着以商量的口吻，向老板提出了她的请求，以"我相信您心里是

最清楚的”把老板架在了一个很高的位置上，以“我会更加努力”来表示自己对公司、对老板的忠心。在这样的情况下，老板似乎找不出不给林凌加薪的理由了。

想要加薪，你就要懂得巧妙地与老板进行一番谈话，在上面的案例中，林凌就是运用语言技巧成功说服老板的。其实，很多人在申请加薪的时候，往往很茫然，提出的理由大都是工作努力、业绩优秀、别人已加薪等。殊不知，和老板谈加薪是一个微妙的心理博弈的过程，谈好了自然皆大欢喜，谈不好则总会有一方耿耿于怀，工作必定受阻。所以，想要说加薪，你要准备的还有很多。

王杨，就读于我国某名牌大学，是计算机专业的高材生。毕业后，任职于国内一家电子企业。试用期期间，王杨勤奋努力，总是高效完成工作，受到公司领导、同事的一致好评。信心满满的王杨认为以自己的表现在试用期满后肯定能得到一份令自己满意的薪水，结果令他大失所望，但他并没有表现出过多的不满来。过了半年，他发现自己的薪水依然停留在一个较低水平，于是，王杨找经理要求增加薪水。经理告诉他公司有规定，并许诺到合适的时机会给他加薪。但一意孤行的王杨要求经理立刻加薪，并出言不逊，结果双方不欢而散。

第二天，王杨就被公司辞退了。

其实，王杨所在的公司是国内知名企业，有很好的发展前途。因为他的急于求成，丧失了一个发展自我的平台，很多朋友也都为他感到惋惜。

申请加薪是讲究天时地利人和的，如果时机不对，你不仅无法达成心愿，还有可能闹下矛盾。如果你已经作好向老板要求加薪的准备，此时一定不要盲目行动，挑一个好时机，可能会事半功倍。

1.了解自己职位的工资基准

谈判前，你首先要打听一下市场行情，搞清楚自己还有多少“上升空间”，但不要言及公司其他工作岗位的相关信息。因为这些信息极有可能只

是内部消息，而并不是真正的市场价格，只是反映了其他公司是怎样支付薪水的。

2.时机要选好，不要往枪口撞

不要在老板心情不好、非常忙碌、身边人很多的时候谈加薪。如老板正疲于应付财政问题、公司某项业务进展非常不顺利、公司的某件大事搅得老板心情不好或因为公司意外的其他事情老板正愁眉不展、压力很大时，这种情况如果你提出加薪，其结果可想而知。

3.点名你加薪的理由和业绩

你要重点彰显出自上次加薪以来，你所取得的重大成就，即便你心里知道上司对此已然心知肚明。你还是要着重体现那些获取重大收益、节省大额开支、为公司赢得客户的事件，如果你拥有相关数据，最好能够注明具体金额。这些将成为你值得获得更高奖赏的有力证据。

4.一人行动，不要集体威胁

有一点很重要，在请求加薪的时候，一定要记住，这是你一个人的私人行动，不要试图与其他人联合一同提出，不要指望利用集体的力量。这样的做法颇有威胁的意思，领头的人恐怕要倒霉，而剩下的人也绝对无法实现自己的愿望。

说话小启示

薪水是一个工作者个人价值的体现。从某种程度上来说，高薪水是个人成功的表现。因此，争取更高的薪水也应是每个穷忙族应该考虑的问题。但加薪也要看时机，时机不成熟，提出加薪极不可取。

提建议不要太直接，切记要委婉

战国时候，齐威王即位三年，每日只知饮酒作乐，对国家大事不闻不问。因此，政治昏聩，官吏们贪污失职，再加上外强趁机侵犯，使得齐国濒临灭亡的边缘。有些正直的大臣对齐威王的做派很不满意，但齐威王根本听不进任何人的劝谏，依然我行我素。有个叫淳于髡的大臣对齐威王说："齐国有只大鸟，住在大王的宫廷中，已经整整三年了，可是他既不振翅飞翔，也不发声鸣叫，只是毫无目的地蜷伏着，大王您猜，这是一只什么鸟呢？"齐威王明白淳于髡是在说自己荒于朝政。但由于淳于髡的话很委婉，所以他并没有生气，回答说："此鸟不飞则已，一飞冲天；不鸣则已，一鸣惊人。"果然，齐威王从此不再沉迷于饮酒作乐，开始大力整顿起国政来。

给领导提建议，这需要作好谨慎的准备，面对帝王，更应如此，否则一不小心，将会面临掉脑袋的危险。上司有上司的自尊与权威，不容下属侵犯。即使犯了错误，他也绝不容在下属面前失去颜面。因此，在向上司提建议时，一定得把握分寸与火候，顾及上司尊严，学会巧妙婉转地传达你的建议，这样才能不得罪人。

我们继续看下面这个例子：

左小星是一个比较活泼的"90后"小姑娘，虽然到公司没有多久，但是和大家相处得十分和睦，而且她人又勤快，很多人都喜欢她。左小星也很有心，什么事情都很认真地去观察。来到公司两个多月，左小星就发现公司里有很多不合理的现象，比如说加班没有加班费，除了年终会议之外其他的节假日也没有什么补贴和活动，虽说这种事情不是硬性规定，但是很多同事都希望能够有这样的活动……这些，左小星都记在了心里，准备在公司开总结会的时候提出来。

很快就到了年底，左小星才来公司几个月，并没有发言的机会，于是她就

将自己平时积攒的那些问题用另一种方式表达了出来。她将这些问题编排成了一个小品，在公司的联欢会上表演，和几个同事就用这样一种方式将建议说了出来。由于表演幽默风趣，而且语言运用合理，并没有出现针对性的场面，大家十分高兴，领导虽然明白了这个小品的用意，但是觉得这种方式并没有使自己的面子受到损害，反而觉得这个小品对自己是个提醒，觉得编写这个小品的人很聪明，很为公司着想，不但在会后采纳了小品中的建议，还给了左小星额外的奖励。

提建议，目的是为了改进工作。上司在工作中难免有失误或不妥之处，但是给领导提建议，不同于给家人或好朋友提建议，可以直截了当地提出自己的看法，指出其错误之处。给领导提建议应该用委婉的方式来表达，或许这样效果会比其他方式好上几百倍。

提建议是非常讲究说话技巧的，如果你稍有不慎说错话，很有可能会得罪领导，那你的工作也会阻碍重重，如何才能把建议提得好，你需要把握以下几点：

1.摸清领导的脾气如何

对工作作风严谨、一丝不苟的领导，适合用书面方式提出；对自尊心甚强的领导，最好到办公室内或其他场所私下里用口头或书面提出；如果领导者悦于赞扬，则不妨寓建议于褒扬之中，让他在高兴之时，听到新的建议；领导者如果大大咧咧，可以在开玩笑时提出建议。

2.在领导心情好的时候说出建议

可以在领导心情比较愉快的时候，适当地给领导提建议，但是千万要注意一个“度”的问题，最好是点到为止。在你提意见或者建议的时候，千万不要去破坏对方的心情。同时，也要明白：提建议的目的是要让领导考虑你的建议，而不是逼迫领导同意你的建议。

3.说话技巧要把握好

建议务必慎重，把握建议的度，切忌强人所难，让人觉得不知天高地厚。

建议时，态度要诚恳、谦虚。切莫盛气凌人，公开场合一定要注意领导的面子，以请教的方式提出建议，这样更容易让领导接受。迂回地表示反对性意见，同时还要尽可能地以领导自己的话为根据。

4.要有自己的想法和看法

在表达想法，给领导进谏言的时候，一定要有自己的想法和看法。如果别人说什么，你也说什么，那么给领导留下的印象就是你没脑子，不思考问题。因此，如果你没有自己的独特想法和主见，那么即使你说出来了，也不引起领导的重视，更别说被他欣赏和接受了。

说话小启示

下属面对领导的时候，无论碰到什么样的事情，首先要自己规划一番，做出两种以上的方案，最后领导听到的不应该是问答题，而应该是选择题。这样的话，就自然会给领导一个思考的空间，而减少他“反对”的概率。

必要时要巧言妙语帮领导解围

生活中经常会出现比较尴尬的局面让你左右为难，这时候你是不是特别期待能有人帮你走出尴尬、缓解气氛？其实，在与领导相处的时候你就可以巧妙利用这一点。你帮领导化解难题，领导定会在你需要的时候给你帮助。此外，你的善意之举定会让领导对你刮目相看，你也会因此而俘获领导的心，成为他信任的人。

张涛是个聪明的小伙子，他在办公室人缘不错，领导也喜欢。这主要是因

为他有一张特别会说的嘴。

一天中午下班，大家吃完饭便在办公室聊天，说着说着就谈起了“生存价值”的话题，聊得不亦乐乎。看到大家热火朝天地讨论着，办公室的王主任也想参与进去，可是王主任觉得会有人说闲话，于是他也没好意思掺和进来。于是，他只好借故去饮水机接水，听听下属们聊什么。这时，王主任听得入神，一不小心打破了一个水杯，“啪”的一声，办公室一下子便安静了下来。王主任顿时很尴尬，不知道说什么好。这时候，张涛只是耸了耸肩，说：“看来咱们主任的这个水杯的生存价值要破灭了。”说完之后大家都笑了起来，并你一言我一语地应和着，这时主任的尴尬也消除了。紧接着，张涛就跟主任打起招呼说：“主任，这边坐，过来聊聊吧，我们也想听听，对于‘生存价值’这个问题您有什么高见呢？”

这下子，正中了王主任的下怀，看到张涛的邀请，他向张涛投去了感谢的眼神。于是，整个办公室就“存在方式”这一问题，上下级之间热火朝天地聊了起来。

自从那次与大家聊天之后，王主任和张涛之间的关系越来越近，而且他们已经成为了好哥们儿，经常在下班时间一起约着去打球，还一起谈论工作上的问题。

作为下级，应修炼关键时刻给上级“挣面子”的能力。上级领导虽然地位优越，权力在握，但在工作和生活上同样需要别人的帮助。在人际交往中会处事的下级，要准确理解和领会上司的愿望，更要在一些关键时刻洞察上司的心思，为其争面子，这样自然会得到赏识。

“患难之交”会让人觉得弥足珍贵，在领导处于孤立无援的时候，一点一滴的帮助都会让他铭记，这是对他忠诚的最大表现，没有领导会拒绝和忘记这份支持。诚如纪伯伦所说：“和你一同笑过的人，你可能把他忘掉，但是和你一同哭过的人，你却永远不忘。”

作为下属，能够随时给领导拾起面子，维护领导的尊严和权威，是最能赢

得领导信任和青睐的方法。当然“救驾”的方式要自然，不要表现得太明显，如果只有你和领导本人明白就更好了。因此，在给上司留面子时，还要注意以下几点：

1.不要表现得太过明显

说话做事时有一点你一定要注意，那就是在给领导解围时，一定不要表现得太过明显。比如，别人灌你领导酒，你出手相助，故意去频频向对方敬酒，就会给人一种故意巴结领导、拍马屁的感觉，那样只会让领导觉得你这个人不够实诚，太过狡猾。

2.“打圆场”，但不要奉承

要注意的是，在领导面前，“打圆场”不是不着边际的奉承，也不是油腔滑调的诡辩，它是一种说话的艺术。认真学习并掌握这种艺术，注意在特定的场合中“察言观色”，适时得体地“打圆场”，才能有效地摆脱尴尬和烦恼，让双方都满意。

3.给领导的失误作个合理的解释

有时领导一时疏忽，犯下了大错误。比如，在公众场合说错话，在众目睽睽之下又不好意思承认错了。这时候作为下属就要随机应变，为领导圆场子。你这时候要给领导的失误作个合理的解释，让别人感觉不到是领导的失误，这样，领导的尴尬便会自然而然地解除了。

说话小启示

人生在世，谁也避免不了犯点儿错、遇上点儿尴尬事，领导也如此。每当这个时候，如果你能够挺身而出，通过几句妙语，适时地为领导找个台阶下，让他们从尴尬中全身而退，领导一定会对你心存感激，信任度陡升。经此一事，你日后的升职、加薪自然就不在话下。

汇报工作，说话要干脆利落抓关键

阿宏和林海是大学同学，毕业之后两人来到同一家公司上班。他们工作踏实、认真，在公司进步非常快。可是，一年以后阿宏成了公司主管，林海却仍旧在原岗位坚守着。为此，私下里有许多的议论，甚至有人说“阿宏背后有人撑腰”。有人就问他们的上级，但他只说了一句话：“工作中还是让人放心的人更讨人喜欢！”

事情是这样的。在工作中林海只知道做自己的事，几乎很少与上司沟通，更不用提汇报工作了。但阿宏却不这样，他懂得汇报工作的意义，定期向上级汇报工作。每次出去谈项目都要在结束后的第一时间将情况报告给自己的上级，遇有一些特殊情况，也总是先请示上级有什么样的意见和想法，再作决定。每次出差在外都要报告出差在外的工作情况，回公司的第一件事是先向上级作汇报。因此，上司能感受到阿宏的用心和尊重，对他做的事情也比较放心，有重要的项目他都愿意交给阿宏去做。长此以往，在上司的支持下，阿宏的业务往来越来越顺畅，结交的人脉也越来越多，业绩也越来越好，在公司的地位和影响就更不在话下了，提升他做主管也就水到渠成了。

汇报工作是每一个员工的工作内容，是一项义务，也是一种责任，懂得汇报工作的员工更能赢得领导的欢心。任何一个领导都希望全程掌握下属的工作状况，此时，哪个下属能主动做到向领导汇报工作，谁就会与领导混个面熟。另外，经常性地向老板汇报工作，还可以表现出自己对工作的责任心以及工作的努力程度，并可以获得领导的指正，不断修正方向，减少失误。

邹铭是一家公司的业务员，在平时的工作中，他很努力。为公司创造了不少的业绩。

上个月，公司有一个大项目。要邹铭到某城市开发市场。因为若是与大客户签单，企业互相之间竞争又太激烈，他决定先从争取小客户开始，占领小客

户以后，再慢慢向大客户发展。于是，在来到某城市的三个月里。他一直对一些小客户进行公关，并取得了一些成绩。

三个月后，李总来该城市检查邹铭的市场开发工作，让他汇报一下这三个月的工作情况。邹铭一上来就喋喋不休地和李总说市场开发工作多么难做、自己如何卖力公关，让李总听起来像是他在诉苦。

李总不耐烦地打断了他的话，问道："你还记得公司的销售目标吗？"

邹铭回答说："一年后在该城市的市场占有率要达到10%。"

李总说："那就请你把主要精力放在大客户身上。"

李总发现邹铭在这三个月的时间里，工作没什么进展，回到总公司后就把邹铭调离了该城市。

可以看出，邹铭的工作计划和进度是不错的，如果他当时向李总直接汇报工作进度和工作目标，并且语言干脆利落、重点突出，就会避免被"调离"的事情发生。因此，在工作中，只是默默无闻地把工作做好是不够的，还要学会如何向领导汇报工作。

作为一名员工，汇报工作是你的职责之一，在工作中你一定要将职责内工作的进展、变化或是异常情况与领导沟通，并且随时都应该准备进行汇报。那么，在汇报工作的时候，我们该如何开口呢？

1.汇报要及时

工作汇报具有时效性，汇报得及时才能发挥出最大的作用。如果完成了一件棘手的任务，或者解决了一个疑难问题，立刻向领导汇报效果最好。假如过几天再向领导汇报，领导可能失去了对这件事的兴趣，而且过后的汇报也有画蛇添足之嫌。

2.不要说越位的话

古往今来，下级服从上级，这是天经地义的事，虽然也有很多下级冲撞上级，但他们都为此付出了代价，当今职场，这一规则更是不可动摇。汇报工作时希望大家注意这点。也就是说，汇报工作，我们要尽量把焦点放在"汇报"

上，而不能越权，更不能说越位话。

3.抓住重点来汇报

泛泛而谈、杂乱无章的报告显得很肤浅。一般情况下，汇报者可把自身较为熟悉的中心工作情况作为汇报中心，抓住工作过程与典型事例，并进行分析、归纳，如此汇报才能充分反映你工作的质量。

4.从言语中彰显责任心

汇报工作时，必须清楚自己的职责是什么，并且主动将其承担起来。切忌把自己分内的事情扔给上级，更不能逃避责任。没有任何一个上级会赏识、重用这样的人，他要么会认为你在能力方面有所欠缺，要么就会把你定义为一个不负责任的人。

5.梳理好说话的思路

在向领导汇报前，应该对汇报过程和语言的组织做好梳理。对于问题应该如何说，必须做到心中有数。同样是一句话，很可能因为请示的方式不同出现不同的结果。因此，想要达到想要的效果，其实质就在于说话人是否掌握了对方思维的方向和关注的重点。

说话小启示

汇报工作和平日说话是不一样的，你要做到中心明确而又不失条理，既要把控好内容，又要把时间安排到最佳，清清楚楚把要汇报的内容有条有理地说出来，这样才便于上司领会下属的意图并给予下属明确的答复。

与领导说话的技巧，你知道几个？

赵鑫大学毕业之后顺利考入了当地的一家事业单位。因为机会难得，赵鑫

在工作中任劳任怨、兢兢业业，就这样他在这里工作了3年。但是赵鑫生性耿直，说话大大咧咧，因此还得罪了很多人其中也包括他的领导刘主任。

这一年，政府给了赵鑫所在的单位一些补贴房，在这个房价飙升的年代，这些廉价的补贴房是十分珍贵的。因为所有人都想要得到补贴房，所以单位决定按照工作年限和工作表现分配这批补贴房。赵鑫正好在符合标准的人当中，他感到十分高兴，便连忙将这个好消息告诉了家里人，同时也做好了入住的准备。

但是当分配名单出来之后，赵鑫发现上面甚至有比他晚工作的同事的名字，却没有他的名字，他感到十分生气，认为是领导将他忘记了，于是怒气冲冲地来到了领导的办公室。他推门冲进去就说："刘主任，你是怎么办事的，我的工作年限和工作表现都符合标准，但是补贴房的分配名单里却没有我，你是不是把我漏了？你是领导，怎么能这么不负责任，赶快把我添上。"

说完这话赵鑫就等着刘主任的答复。这时刘主任心想：赵鑫真不懂事，因为这时他的办公室里还坐着其他部门的领导，他们在商谈一些工作上问题。赵鑫的无理让他感觉在这些人面前颜面扫地，让人家觉得自己是一个在下属面前完全没有威信的领导。

刘主任虽然心里很生气，表面上还是要维持领导的风度，于是他说："小赵啊，不是我把你忘了，咱们单位有几个外地的大学生要结婚，急需用房。我想你是老员工了，不会和他们计较的，所以就先分给他们了，你不要介意啊，明年我不但优先把房子分给你，还一并给你提干，怎么样？"

听了领导的话，赵鑫十分高兴，他说："你这样说还差不多，那我先出去了。"赵鑫扬扬得意地以为领导被自己的气势压住了，这个单位没有他是不行的，他欣慰于自己认真工作得到了领导的认可。从这以后赵鑫一直等着领导提拔自己，但是不知道为什么，在以后的几年里，领导既没有将房子分配给赵鑫，也没有给他提干。

后来赵鑫辗转得知，领导对于他那天的无礼言行十分愤怒，他已经被领导

列入不再重用的黑名单里了。

在职场当中，说话是我们跟别人交流最常用的方式。而在工作中，与领导说话更是每个职场人的必修课。无论是向领导汇报工作、提出建议或是交流工作之余的社会生活话题，如果你能谈吐得体，仪态大方，良好地展现自己的职场礼仪，相信会在领导的心目中大大加分；如果你跟领导说话不礼貌，不注意分寸，那你将会面临案例中赵鑫一样的下场。

作为一名下属，如何与领导交谈是一件非常重要的事情，如果你把话说得好，说到领导的心坎上，那领导定会对你刮目相看，具体技巧，大家可以参考以下几点：

1.主动和领导谈心、打招呼

作为下属，积极主动地与领导交谈，渐渐地消除彼此间可能存在的隔阂，与上级关系相处得正常、融洽。当然，这与“巴结”领导不能相提并论，因为工作上的讨论及打招呼是不可缺少的，这不但能消除对领导的恐惧感，而且也能使自己的人际关系圆满，工作顺利。

2.聆听领导谈话要表示出认同与受教

聆听领导谈话时，在听讲中要随时露出感动、认同的表情，偶尔重复领导的话语，请求其给予更详细的说明解释。开始时会有点儿别扭，几次后，自然就会适应了。总之，不管时间、不论场所，即使自己身体不舒服或疲累，对领导绝对不可忘记说“尊敬”的话。

3.插话要讲究合适的时机

在领导说话时，下属最好先注意听，等到他说的一个主题基本完了，这个时候再插话，这样一来，领导会觉得你是一个善于倾听、善于接话的好下属。在领导说话时要不时做出反应，会附和，这样既让领导知道你在听他说，又让他感觉你在尊重他，使他对你产生好感。

4.字里行间要注重言语修为

说到口才修养，不得不提口德，“德”可以说是口才的灵魂。生活中，有

些词语应尽可能避而不用，尤其是有关生理特点的，要注意避开这些词语，以免给领导留下不好的印象。请记住，一个注重言语修为的人，一个有益于他人的人，自然易为领导所接受。

5.语气温和，措辞要委婉恰当

在与领导说话时，大家一定要注意保持温和的语气，这样才能显示自己内心的诚恳和尊敬之情。特别是要使领导内心明确地认识到，我们的所作所为都是出于做好工作的动机，是内心真正为领导设身处地地着想，而不是针对领导者本人有何不恭的看法。即便是你对领导有什么不好的看法，你也切记委婉表达，千万不要过于耿直伤了和气。

6.保持独立人格，不低声下气

与领导交谈，绝不要“低三下四”。绝大多数有见识的领导，对那种一味奉承随声附和的人，是不会予以重视的。在保持独立人格的前提下，你应采取不卑不亢的态度。该表示不同意见时要大胆说出，只要你是从工作出发，摆事实、讲道理，领导一般是会予以考虑的。

说话小启示

在职场中，每个人都会有自己的位置。我们应找准自己的位置，知道哪些话该说，把握好适度的原则。对于下属来说，如果不能坚守本位，言行时不时越位，必然会惹得领导不快，更有甚者，还有可能成为领导眼中的“危险分子”。

言辞少点儿唠叨抱怨：感情需要用点儿甜言蜜语来保鲜

对男人来讲，再没有什么比一个唠叨、抱怨的女人更让人头疼的了。要想夫妻关系和谐，大家一定要看清唠叨和抱怨的危害，巧妙避免。维系感情的方法有很多，其中很重要的一点就是说些甜言蜜语。把你的爱用各种甜言蜜语表达出来，可以让对方感受到你的爱意、鼓励和支持，会让你们之间的感情变得更加深厚。总之，如何避免唠叨，如何不让对方厌倦你，如何让爱情更为甜蜜，具体内容我们可以通过阅读本章来了解。

你的唠叨，会把你的男人吓跑

一天晚上，张凯阳因为公司业务繁忙，晚上不得不在公司加班到很晚。到家后发现老婆安宁早已经积攒了一脸的怒气。还没等张凯阳开口，安宁就已经先发难了。

安宁责备道："凯阳，你心里到底有没有我，整天这么晚回家，你知道我多难受吗？每晚做好饭等你回来，等的饭菜都凉了，你还是不急着回家，你这样做对得起我吗？"

加班这么累，本想回家能得到点安慰，想不到又是一顿唠叨，张凯阳非常反感，于是忍不住喊道："你能不能不要每次都唠叨我，我真的够累了，我加班为了什么，还不是为了我们的生活，你能不能多理解我一下呢？能不能别疑神疑鬼？"

安宁听了老公的指责更加委屈了："你还是不是人，你的心里还有这个家吗？家里的一切都是我在照料，你为这个家付出什么了？"

张凯阳听后转身就走，然后不耐烦地说："每晚都说这些，我好累，对不起，我想休息了。"

安宁勃然大怒："你就知道这样躲着我，不说话就能解决问题吗？你就是自私，你就是不懂我的付出！"

张凯阳觉得烦了，他本想今晚回来跟老婆说说升职的高兴事，可是面对安宁进门来的这一顿唠叨，他一句话也不想说，直接走进房间休息了。

女人为什么这样爱唠叨？为什么？过嘴瘾？不错，女人是有语言天赋，是

能说会道，不让发挥也不人道不是。女人多的地方事也多，三个女人一台戏，无不形象地说明了这一点。女人的那张利嘴一旦打开，“咔嚓咔嚓……”保准让每个男人都心惊胆战。如果你总是在你男友或老公面前唠唠叨叨个没完没了，那很快你就会成为他看见后感到厌烦并想逃避的那个人。

伊柠和阿洛结婚三年了，阿洛事业有成，孩子聪明可爱。在外人看来，伊柠有一个让人羡慕的幸福家庭。但是没过多久，伊柠和阿洛离婚了。

伊柠逢人就说阿洛的不是：“没想到阿洛如此的忘恩负义，为了他的事业，为了这个家，这些年我陪他从苦日子一点点走过来，我容易吗？现如今生活好了，他就把我抛弃了……”

刚开始，大家都挺同情伊柠的。但后来，慢慢了解了一些情况以后，才发现真实的情况不是这样的。

阿洛是个不错的年轻人，他为人和善谦逊，非常明事理。当问及离婚的原因的时候，阿洛表示：“伊柠是个好姑娘，但是这些年她爱唠叨的毛病我真的受不了了。她脾气不太好，这个我能忍，我让着她就可以了，但是我忍不了的是她没完没了的唠叨。随便一点芝麻绿豆大的事都要反反复复说上好几遍。每天回到家，我想可以开心地跟家人一起谈谈心或者是聊聊天，或者是一起散散步，但是一到家门口她就开始唠叨我这不好那不好，好好的心情一下就没了。孩子都被她唠叨得精神衰弱了，你说我怎么受得了？离婚，并不是因为其他的问题，只是因为两人性格不合，整天吵吵闹闹，不如自己一个人。”

朋友们，看看你是否也有唠叨的习惯，如果有，那就该试着改善一下自己的沟通方式。为了确保丈夫能够理解你，知道你内心的真实想法，改变一下你们之间交流的方法吧。不要总重复强调也不要强求家人一定要听从你的意见，即便你的意见是善意的，因为每人都有自己的想法。

家庭生活，少一点儿唠叨，就会多一点儿和谐。对于唠叨的女人来说，你可以从以下几点调节自己的情绪：

1.说话时减少重复

不要多次重复同一句话，训练自己把话只讲一遍，然后就忘掉它。如果你必须很不耐烦地提醒你的丈夫六七次，说他曾经答应过要一起去做某件事。如果他现在已经在做了，你就不用再浪费唇舌多说几遍了。唠叨只不过使他更想拒绝而已。

2.学会调节自己的情绪

心理学家认为，压抑的事情常常会造成女人的唠叨。面对生活中的诸多不如意，女人常常以唠叨、埋怨、诉苦的方式发泄出来，但女人要知道，以唠叨的方式来发泄，只不过是火上浇油而已。女人要懂得分析自己的心理因素，找出问题的源头，并适当地疏导、发泄出来。

3.宽容一点儿对待小是非

内心宽容将会使你保持良好的心情。因为有很多女人甚至会在催促男人倒垃圾这件小事上大动肝火。所以，学会用宽容的态度对待生活中那些不关乎原则的小事情，会为生活增添许多温暖，在轻松的气氛中实现最初的目的。

4.独立自主，扩大自己的生活圈

过分的唠叨，只会增加男人的逆反情绪，使感情生活窒息。因此，女人应该力戒唠叨，试着扩大自己的心理空间，避免将注意力过度集中在男人的缺陷上，因为一个自立的女人不会用唠叨来确立自己在家庭中的地位。

说话小启示

一道菜好吃，但是天天吃也就厌烦了；一部电视剧好看，天天重播，肯定也腻得慌。世界万事万物都要有一个合理的尺度，超出这个尺度，事物就会朝相反的方向发展。任何事物一旦超过其极限都会变成最不适宜的东西。

做一朵善解人意的“解语花”

作家李敖说过：“真正够水准的女人，她聪明、柔美、清秀、妩媚、有深度、善解人意、体贴自己心爱的人，她的可爱毫不嚣张，她像空谷幽兰，只是不容易被发现而已。”这其实重点指的是“善解人意”的女人，这样的女人一定是一个集聪明、温柔、大方于一身的人。

雯雯是个性格单纯的女人，生活中总是能看见她嘻嘻哈哈，好像从来没有烦恼和忧愁。她与大海从恋爱到结婚，一切看起来都似乎水到渠成。大海很爱雯雯，他觉得结发夫妻在生活中，应该共同分享他们彼此之间的欢快与无奈、惊喜与感动。于是，婚后的大海更加积极地与雯雯分享自己心中的感受和思考。可是，每次雯雯的回应方式总是让大海觉得很失望。

大海最近被公司提拔为项目的小组负责人，回家的时间是一天比一天晚。于是，雯雯小女人的特点就开始凸显出来，她不断地询问大海是不是与其他的女孩约会。而每次在工作和应酬中，已经忙得焦头烂额的大海，只能暗自忍住内心的怒火。这次正好赶上了周末，大海在家里做好了一桌大餐，打算给雯雯一个惊喜。他也想化解因为近日工作繁忙，与雯雯之间越闹越僵的矛盾。待雯雯回到家中，大海满脸笑容地对雯雯说道：“今天咱们好好聊聊。看我特意为你准备了一桌子丰盛的菜肴。”于是，大海将自己最近的生活状态向雯雯一一陈述。雯雯听完后，却没有发表任何的看法，而是漫不经心地说了句：“哦，看你今天心情真不错，咱们大吃一顿吧。哦，对了，上次我不是告诉你咱们家的冰箱坏了吗？让你周末的时候找人修理，你是忘了吗？你看今天做了这么多饭菜，晚上剩下来，冰箱又不能保存，到时候不是又浪费了吗！”雯雯的反应再一次让大海倍感失望。在以后接连几次，大海再想找机会和雯雯交流时，雯雯不是忙着做家务，就是忙着看电视里的肥皂剧。大海觉得和雯雯之间的距离越来越大，自己也越来越不能理解雯雯，渐渐地连回家都变成了一件痛苦的事

情。无奈之下，只有提出分手。大海和雯雯苦心经营的婚姻，最终就败在沟通不畅上。

茫茫人海中，每个男人都在寻找着一个可以和自己并肩向前的女人，这样的女人一定是一个善解人意的女人。因为只有善解人意，才能感觉或了解到对方的快乐和忧愁，从而分享对方的快乐，分担对方的忧愁，成为对方的知己。

或许有些女人不明白，为何自己美若天仙，但是老公却抛弃自己？为何其他女人看着平淡无奇，却受尽老公的无尽宠爱？你或许觉得男人只在乎相貌和身材，但是你不曾明白，这些随时间都会变，看久了也就没多大差别了，但是那颗善解人意的心却让人久久离不开，这就是原因。

做一个善解人意的女人，相信你的家庭及爱情生活定会更为美满。

1.懂得要展现女人的温柔

作为女人，最起码的是要展现女人的温柔。在说话、做事情的时候尽量和蔼一些，这样可以在一定程度上温暖爱人的心，即使对方有什么难处，也会没有心理顾虑地和你讲。如果你总是说话凶巴巴的，爱人有难处，也不愿意和你讲，那你们之间的距离就会越来越大。

2.懂得体察对方的心境

善解人意的女人，通常能够恰如其分地体察爱人的心境，给他以“及时雨”一样的帮助，还能够以温馨、祥和、慰藉去温暖人心，沟通心灵。比如，对窘迫时的爱人讲一句解围的话，对颓丧时的爱人讲一句鼓励的话，对迷途时的爱人讲一句提醒的话……

3.善解人意不是迎合和纵容

善解人意并不是一味地迎合和纵容对方，而是指在遇到事情时，能尽量用自己的心去体会对方的心，用自己的感觉去体会对方的感觉。人无法要求别人善解人意，但自己能做到善解人意，最大的受惠者往往不是对方，而是自己。善解人意的女人更惹人怜爱与感激。

说话小启示

做个善解人意的女人，说难不难，但是说简单也不是那么简单，你不仅要有宽阔的内心，还要有聪颖的头脑。你要相信你的另一半，同时你也要对自己充满自信。你要明白，男人不是管出来的。一个深爱你的男人给他再多的自由，他还是你的；一个爱你不够深的男人，即使此时你限制了他的自由，该走时他还是会走。

恋人间的甜言蜜语，你需要说

不论何时何地，甜言蜜语都是那些走进爱情的善男信女们的至爱，它能让爱情迅速升温，还能让爱情永久保持鲜活。甜言蜜语很多时候能帮助说话者掩饰内心一些真正的想法，这就在不同程度上避免了伤害和冲突。

武亮亮刚开始工作时只是一个普通的家电销售员，每天都很忙，经常会因为工作而耽误了和女友倪妮的约会。看到同事们的业绩都超过了自己，亮亮一边对倪妮感到愧疚，一边着急。可是倪妮从来没有抱怨过他，并且时常鼓励他说："亮哥，你是一个很有进取心的人，我们现在应该把精力放在工作上，你不必愧疚，我相信你，你一定会有大出息的。"

武亮亮听到女友倪妮的话感到很欣慰，于是更加努力，后来，他凭着踏实的工作态度和过人的能力，终于从刚开始的销售员晋升成公司的销售经理，武亮亮的事业节节攀升。这时，倪妮更是对他连连称赞："亮哥，我真的很佩服你，这么短的时间你竟然晋升到了经理的岗位。我就知道你是最棒的，我相信你还会有更大的进步空间！"武亮亮受用极了，兴奋之余，他在女友倪妮耳边说："为了你，我会更加努力。宝贝，我们结婚吧！"

不管是男人还是女人，学会在平凡的生活中添加一点儿情趣，可以为彼此创造一种美妙的生活环境。那样你们的感情会一天比一天深厚，对方对你的爱也会一天比一天深，这对于你并不麻烦，同时她的愉快传染给你，成为两个人的愉快；她的美丽心情成了你的财富，丰富着你的情感生活。

小董和阿昭已经结婚整整六年了，可是小两口看起来依旧如胶似漆，跟刚结婚一样。这天，小董从外地出差回来，刚一回家，他就高呼道："宝贝，我回来了。"阿昭从屋里出来，跑过去紧紧地抱着老公，委屈地说："呜呜，你这次出差怎么这么久，你知道我多想念你吗？"小董紧紧地抱着媳妇阿昭说："亲爱的，我也很想你，这次案子比较麻烦，所以耽误的时间久了些。"几分钟的温存之后，小董神秘地说："媳妇，快猜猜看，我给你带了一件礼物，你能猜出来吗？"说着，从口袋里拿出来了一个小盒子，阿昭抢过来看了看说："哈哈我不猜，哇，原来是一条项链啊，好漂亮啊。"小董亲了一下老婆，说："这可是我专门给你定制的呢，为了这个项链，我可没少跑腿。"阿昭感动地说："老公，你真好，谢谢你。"

小董和阿昭的感情之所以这么好，正是因为他们经常说甜言蜜语，让感情保持足够的新鲜。

对于一段感情来说，在恋爱期间需要甜言蜜语，走进婚姻的殿堂后更需要甜言蜜语，甜言蜜语是两个人爱情的润滑剂，它能让平淡的生活变得更为甜蜜。在讲话的时候，不要太苍白、太没有人情味，讲话直来直去，缺乏滋味，这样会招致情感上的冷淡，甚至走到家庭破裂的边缘。

1.懂得赞美，说一声"你真聪明"

如果一个男人夸一个女人聪明，好像就意味着她的长相有待商榷，可是如果一个女人对男人说"你真聪明"，男人则会很受用，因为相比较来说男人的聪明比帅气的外貌更值得自豪。赞誉是一种动力和承认，也是增添自信的凭借物。

2.言语中表达你的情谊

如“我爱你”、“你真是我的好妻子”、“太感谢了”之类表达浓情厚谊的话，不妨常常挂在嘴边。有些话，出于东方人的含蓄，我们不习惯常常挂在嘴边，这时你可以利用技巧来表达。可以把写有“我爱你”、“我非常喜欢你”的小纸条压在花瓶盘子下，给对方一份意外的惊喜。

3.适时地为对方制造浪漫

不要认为婚姻生活应该现实得没有一点儿浪漫。如果每天都埋头于生活琐事中，人是会渐渐产生厌倦情绪的，只要将恋爱中的一点点浪漫用于婚后的日子里，让平淡的生活有一点儿乐趣，爱情就不会走向坟墓。我们可以平日里不时地做一些浪漫的事，或准备一顿烛光晚餐，或悄悄送一束花，或为他织一条围巾，只要用心，对方一定会感受到你的温暖。

4.异地更需甜言蜜语

身处两地，思念之情，溢于言表，这是人之常情，也是情感的真实流露，丝毫不会给人以做作、肉麻之感，相反还很令人感动，这时候的甜言蜜语已经成了双方的肺腑之言。经过了这样的分别，双方的感情会加深许多。在与对方交流时，一定要多表达一下你的相思之情，不要让心与心的距离因地域的相隔而疏远。

说话小启示

热恋中的女孩很浪漫，她们最受用的三个字莫过于“我爱你”了，而且似乎听得再多也不厌烦。常见一些女人不停地追问男人：“你爱我吗？”如果长时间听不到恋人的甜言蜜语，女人就会感觉自己被忽视了，或者开始怀疑对方另有她人，并为此不安、失望、痛苦等。

对于恋人，你也要懂得说话技巧

李刚下班回家后，发现他的媳妇笑笑正在收拾行李。“笑笑，干什么呢？”李刚问。

“没干什么，日子没法过了，”笑笑喊道，“咱俩一起，除了吵就是吵，没什么意思了，咱们还是分手吧！”

李刚困惑地站在那儿，望着笑笑提着皮箱走出门去。忽然，李刚跑进卧室，从架子上抓起一个行李箱。“笑笑啊，等等我啊，”他喊道，“你说得对，我也觉得日子没法过了，既然咱们思想一致，那就这么定了，你带我一起离开吧！”

其实，恋人之间发生矛盾是在所难免的事，在一起时间长了，难免会遇到点儿磕磕碰碰，这时候你要做的就是用话语为彼此解围，巧妙化解小摩擦，比如，你可以说点儿幽默的话逗逗对方，也可以说点儿甜言蜜语取悦对方，夫妻和谐了，彼此的生活才会更为美满。

杨毅与小萍是在一次同学聚会上相识的，可以说是一见钟情，没过多久，他们就结婚了。杨毅为表示自己对小萍的爱和对小萍的真诚，就在新婚的第二个夜晚，把自己的过去包括自己以前追过多少女生，全都搬了出来，这使得一旁的小萍脸色相当难看，扭头走出了房屋，在一旁正讲得津津有味的杨毅还不知道发生了什么事。事后，杨毅意识到自己的错误，从此再也没有提起过自己过去的这些事情。

对喜欢的人说话，你一定要把握好分寸，把话说好，也要把话说巧，这样你才能顺利俘获对方的心。如果你总是不分轻重对对方毫无保留地说些该说的及不该说的，不仅不能让对方感受到你的真诚，还会因内容不当而伤害了对方的心。

谈恋爱，有的人一谈即成，有的人却总是经历失恋的痛苦。不懂得恰当地

表达自己的感情，恐怕是常常失败的原因之一。如何表达比本身的含义更为重要。比如，与对方交谈时，你要懂得没话找话，不要让对方感觉你的无趣；要懂得说些有趣的、讨人欢心的话，让人感受到你的温暖。技巧很多，只要你用心去发现、去制造，相信你们的感情定会越来越好。

有人说，恋爱期间的人都是愚蠢的，也有人说，恋爱期间的人都是才华横溢的。但不管怎样，恋爱期间讲什么话、怎样讲话，都是需要十分注意的，恋人间应讲究说话艺术。

1.有矛盾时不翻旧账

有的女人在争吵时，喜欢把过去的事情扯出来，翻旧账，拿陈芝麻烂谷子做证据，历数对方的“不是”和“罪过”，指责对方，证明自己正确。这种方式也是很愚蠢的，不但无助于解决眼下的矛盾，而且还容易把问题复杂化，新账旧账纠缠在一起，加深怨恨。矛盾出现时最好就事论事，不前挂后连，这样处理问题，才容易化解眼前的矛盾。

2.说话时不要唠唠叨叨

如果你很不耐烦地提醒你的丈夫六七次，说他曾答应过要陪你去买菜却没有去，想必他现在大概也不会再陪你上市场了，那你为什么还要浪费口舌再说一次？唠叨只不过会让他更加想要拒绝，并下定决心绝不屈服于你。所以，任何人家不想听的话，讲一次就足够了。

3.多对爱人说点儿甜言蜜语

在大多数女性的意识中，甜言蜜语最能表达爱人对自己的迷恋，这份感情是任何物质都比不上的。所以，作为男人的你，不要总那么“沉默是金”，而应该主动凑到爱人的耳边，说些让人感到甜蜜的话。让甜言蜜语感动你的爱人，你也能第一时间得到对方的爱。

4.多倾听对方，多包容对方

要知道，家庭里产生的误会和争执，多数就是由于你完全不听他人的意见而引起的。倾听也需要耐心，特别是当对方唠唠叨叨时，更是如此。当你对某

件事感到愤怒而将发火时，你不妨先冷静一阵，听听当事者的诉说。往往这么一冷静，火气也就消了，争吵也就避免了。

5.时机合适时再巧妙表白

表白，关键是要做到掌握火候，不要错过良机。在求爱之前，你应该想一想，当你向心爱的人谈及自己的理想、志趣以及对生活的看法时，对方是否感兴趣，是否能引起共鸣；当你与之靠近时，对方的态度如何，是非常热情积极，还是情绪比较冷淡或敷衍。如果你觉得对方也对你有爱慕之情，那这时请记得巧妙说出你的心里话，向对方表白。表白时，话语请记得真诚、甜蜜一点儿。

说话小启示

对待家庭矛盾，要在正常的心态下，加强理解和沟通，尽量让家庭的各个成员为共同的目标而努力。在矛盾纠纷中找到双方共同的目标和价值取向、行为方式；而对双方的生活习惯、感情习惯等存在不同的地方，也要彼此包容，只要不涉及原则问题，完全可以“存异”。

斗斗嘴，让感情在“打闹”中升温

一般，男女双方刚刚谈恋爱的时候，都会比较谨慎，极力迁就对方，不好意思过于自我。可是，随着时间推移，彼此间就会亲近起来，距离近了，也就会产生任性的一面。所以斗嘴的出现，其实也是双方爱情进程中的一个里程碑。这里说的斗嘴不是吵架，也不是谩骂，而是彼此间增进情感的语言游戏。

《红楼梦》第十九回写宝玉到黛玉房里，见她睡在那里，就去推她，黛

玉说：“你且别处去闹会子再来。”宝玉推她道：“我往哪里去呢？见了别人怪腻的。”黛玉听了，嗤的一声笑道：“你既要在这里，那边去老老实实地坐着，咱们说话儿。”宝玉道：“我也歪着。”黛玉道：“你就歪着。”宝玉道：“没有枕头，咱们在一个枕头上。”黛玉道：“放屁！外头不是枕头？拿一个来枕着。”宝玉看了一眼，笑道：“那个我不要，也不知是哪个脏婆子的。”黛玉听了，睁开眼，起身笑道：“真真你是我命中的‘天魔星’！请枕这一个。”她把自己的枕头让给宝玉，自己又拿一个枕着。

宝玉与黛玉“斗嘴”，并不是说两人真的在“抢”枕头，他们的“争抢”更代表着两个人关系的亲密。所谓“打是亲，骂是爱”，这种惬意的“斗嘴”显然是他们之间示爱的一种活泼而随意的表达方式，其间充满着两人浓浓的情谊。倘若关系没有那么亲近，彼此间又怎敢如此随意地交流呢？

爱情需要激情的碰撞，准确说来，有些像碰碰车游戏，不在于开得多快，乐趣全在于敌我双方东碰西撞、你攻我守的模式。恋爱也是一样，如果两个人的感情总是四平八稳地发展，就犹如喝白开水一样，时间一长自然会“爱无力”。

娇娇与阿凯的感情很好，两人闲来无事总爱互相斗嘴，以此为乐。可是，最近却因为一件小事，感情很好的两人也闹起了别扭。

事情很简单，阿凯在公司干了四年，这四年来，他辛辛苦苦，为的就是能够得到提升的机会。好不容易等到了升职的机会，没承想却被老板的表弟横插一杠，坐上了部门经理的“宝座”。看到这种情形，阿凯内心极度不平，可是却无处发泄，因为他知道自己谁也不能得罪。对于阿凯所经历的事情，娇娇并不知情。下班回家，看到满脸愁容的阿凯，她像往常一样，笑眯眯地说道：“哟，你这是怎么了？好好的一张瓜子脸怎么变成了传说中的苦瓜脸了？瞧你这苦大仇深的样子，好像比窦娥还冤哪！”原本只是几句玩笑话，没承想句句说在阿凯的痛处，让他原本压抑的感情一时找到了出口。于是，阿凯板着脸说道：“你烦不烦啊，一天到晚没个正事，下了班也不让人清静点儿！”听了这话，娇娇一时摸不着头脑，不过也听出来了，他肯定是工作上遇到烦心事了。娇娇随口说道："有本事外边使去，冲我算什么能耐啊？"听着这话，阿凯心里更郁闷了："怎么连你也觉得我没能耐啊，怎么不找个有本事的啊！"

这可好，娇娇和阿凯杠上了，为了面子双方使劲贬低对方。末了，两人谁也不搭理谁，进入了"冷战阶段"。

"斗嘴"是调节生活趣味的催化剂，但是并不代表"斗嘴"是无底线的，如果在对方心情不好或者有苦楚的时候你仍旧挑逗对方或者说些损他的话，那将会造成不必要的争吵，就像上面的娇娇和阿凯一样。

吵架并不是一无是处，如果你会表达，那吵架就是增进感情的催化剂，所谓"打是亲，骂是爱"就是这个道理；如果你不会表达，那任何感情都会在吵闹中慢慢冷淡。英国最新的一项调查表明，如果吵架讲艺术，并且善用吵架"秘诀"，架吵得好，也许可以成为两人感情的催化剂，而这就取决于你是否能够巧言应对。

其实，吵吵架、斗斗嘴就是一种有趣的语言游戏，那么它和别的游戏一样，也有一定的"规则"，需要恋人们特别注意：

1.注意保护好对方的自尊心

每个人在心灵深处，都有一些东西是别人不能碰触的，即使最亲密的爱人也不可以。譬如：父母、以前的恋人、喜欢的偶像或是对自己有过深刻影响的人。对于这些，恋人会生出很强烈的保护心。因此，最好不要提及。

2.注意恋人当时的心情如何

斗嘴因为是唇枪舌剑的交锋，就需要有一个宽松的环境、充分的心灵愉悦，才能享受它的快乐。因此，斗嘴时要特别注意恋人当时的心境。大家都有这样的体验，心情愉快时，可以随便耍嘴皮、开玩笑。如果对方郁郁寡欢，此时你应该说些安慰的话，而不是继续取笑对方。

3."浅交不可深言"，斗嘴要看感情深浅

谈话有一个原则："浅交不可深言。"这话同样适用于恋爱中。如果双方

还处在相互试探、感情朦胧的阶段，要想以斗嘴来加深了解，可以选择一些不涉及双方感情或个人色彩的一般话题，如果感情深厚，彼此对对方的性格特点都比较了解，斗嘴就可以嬉笑打闹百无禁忌。

说话小启示

所谓“一日夫妻百日恩”，夫妻之间没有多大仇恨，一起生活，朝夕相处，再恩爱的夫妻也会有拌嘴的那一刻。生活中遇到不快，吵一架，也算是一种发泄、一种交流。但怎么才能把吵架吵得不伤害感情，不两败俱伤，反而能成为感情的催化剂，使得两人越吵越亲，感情指数上升，则是一门很大的学问。

初次约会，如何交谈更甜蜜？

初次约会，难免让人心生忐忑，既有些兴奋，又有不少担忧。怎么才能给Ta留下好印象？Ta会喜欢我这种类型吗？怎样才能让Ta不拒绝自己的下一次邀请呢？其实，有些时候只要注意一些沟通上的小细节，就能让你在Ta面前获得良好的印象分，令你们的关系更加亲密。

艾莎今年26岁，由于家里一直催，最近她接受了一门相亲。相亲的对象是一名消防员，他叫昆宇。初次见面，介绍相亲的王阿姨例行公事似的说了几句话后就走了。剩下他们俩谁也不说话，陷入了尴尬的境地。艾莎一见这场面有些不妙，急中生智，似漫不经心地说：“你做消防员这个工作挺辛苦的吧？我觉得这一行还挺危险的，其实，家里人应该很担忧吧？”昆宇一听，急了，立即接过艾莎的话头，从事业与抱负、人生与追求、奉献与索取等方面阐述了自

己所从事的职业的伟大和骄傲。时间一点点过去，他们聊得不亦乐乎。最后，艾莎向昆宇送上一抹温情的微笑。

其实，第一次与对方见面很容易出现冷场的局面，如果木木地坐着，那定会尴尬至极，也不利于两人以后的交往。艾莎在与昆宇初次约会的“危难时刻”，紧紧抓住对方爱本职工作这一闪光点寻找话题展开交谈，顺利达到了增进彼此了解、沟通思想的目的。只有经过不断地交谈，你才能了解到他的性格，才有可能感受到对方到底适不适合你。

文强和初恋女友分手后，朋友小敏又给他介绍了一个女孩璐璐。在小敏家里，文强和璐璐见了一面。璐璐的条件很优秀，长得漂亮又有气质，而且说话非常有礼貌，是文强喜欢的那种。看得出来，璐璐对文强的感觉也很好。两天之后，文强打电话给璐璐，约她周日出去看电影，顺便一起吃个饭，璐璐答应了。文强的感到很开心，又有些紧张。

可是，约会后，璐璐就再也没和文强联系。后来小敏埋怨文强：“你怎么说话这么没头脑啊，你和璐璐约会，这是你们俩的幸福时刻，你为啥在那时提起你以前的事？璐璐是一个多优秀的女生啊，你怎么就不知道抓住机会呢？难道你还忘不了你的前女友吗？她的事情和璐璐有什么关系，你在她面前老是提前女友，璐璐怎么想？还有，璐璐说了，她觉得你心里仍旧放不下你的前女友，所以不适合与她谈恋爱。”

文强很沮丧，他说：“我和我前女友已经没有联系了，我不是故意的，正好我们见面的那天路过一个娱乐广场，之前我和前女友经常去那里玩，所以我就无心提了几句。”

小敏说：“很多话是不能随口说的，尤其要看场合，那可是你和人家的第一次约会啊！”

找到一个喜欢的人不容易，如果你因为自己的言辞不当而失去对方，那岂不是很可惜？所以说，初次约会，请谨言慎行，在真诚展现自己的同时，请不要忘了说好每一句话。

那么，初次约会，如何说话才能巧得对方心，让对方对你大加赞赏呢？

1.不要问别人的隐私问题

第一次约会，一定不要打听对方的个人隐私，问什么“你谈过几个对象？”“你初恋时多大？”“你们交往到什么程度了？”这些白痴问题，还是不要问了。那样只会徒增烦恼。即使以后你们成了男女朋友，对方的隐私、历史，最好也别细问。问得多了，不仅惹人反感，还会引发你们不必要的矛盾。

2.约会时请不要谈钱

谈钱是很现实的话题，一开始就谈钱未免太早，让对方觉得你太过现实。所以，你可以聊聊彼此的事业，但切记不要问对方家里有多少钱、收入如何、房产等。这些应该事先了解，而不是在初次约会时提问。在以后的相处中，你可以通过各种方式巧妙而委婉地询问对方的具体情况，通过观察和旁敲侧击得知对方的条件，这样才能彰显出你的素质。

3.不要冷场，学会寻找话题

即便是熟人，在交谈中都会冷场，初次约会的情人就更容易遇到此类情况了。那么，该如何避免呢？其实方法很多，比如谈一谈彼此的兴趣爱好。初次见面，你还不清楚他的兴趣爱好是什么，这怎么办？没关系，不妨先谈谈你自己的兴趣爱好，来个抛砖引玉，然后在各自的兴趣爱好里寻找共鸣点，以此增加了解和加深彼此间的感情。

说话小启示

由于每个人的性格气质、修养、身份、经历的不同而就有不同的交谈特点，或直爽坦诚，或委婉含蓄；或热情似火，或安静如水。如果你想在与对方恋爱的过程中相处得更顺利一些，那就记得多观察对方的性格和喜好，把话说到对方心里，以免因言辞不当而得罪对方。

婚姻中的言语技巧：会说话的人永远不会失去幸福

会说话的人永远不会失去幸福。话说得好，你就能够很快解除夫妻之间的误解，化解矛盾。美好的言辞像一个情感催化剂，能够迅速消融夫妻间的隔阂，令夫妻间的感情更加甜蜜，它会巩固你的爱情堡垒，让它坚不可摧。说话是一门艺术，这一门艺术不仅在对外社交中极为重要，在家庭生活里也是极为关键，谁掌握了说话的技巧，谁就能把家庭营造得更为温馨。那么，婚姻中的言语技巧到底有哪些呢？大家不妨在本章中找寻答案。

温柔，让你接收更多的宠爱

一位诗人说："女性向男人进攻，温柔，常常是最有效的常规武器。"应该很少有男人喜欢蛮横泼辣的女人，就算是个性独特，时间久了，也会冲突不断。女人之温柔像春风细雨，是柔中有刚、柔韧有度才柔媚可人。柔情似水，是一种征服他人的巨大力量，更是维护婚姻的有效武器。

阿海和妻子云歌都是普通的打工一族，结婚已六年了，虽然他们只是一个普通的家庭，但他们的小日子过得非常幸福美满，大家都知道阿海疼妻子疼到骨子里，可以说是百般呵护，云歌简直是邻里间羡慕的对象。每每邻居问他们夫妻相处融洽的秘诀，阿海总是自豪地说："拥有云歌才是我的幸福呢，云歌是一个无比贤惠且温柔的女孩子，是她的温柔征服了我，如此美好的妻子我怎么能不好好珍惜呢？"其实大家都知道，云歌是温柔出了名的，以下只是他们生活中的点滴。

在拥挤的地铁里，云歌接起电话的时候笑得很甜蜜："喂，亲爱的，对，我已经坐上地铁了。什么，你们今晚加班吗？哦，十点多啊，好吧，既然那么晚，你就在公司附近吃点儿饭。对了，你最近胃不好，别吃一些油腻的，也别吃那些乱七八糟的小吃。还有，天太热，别吃辣的，容易上火。嗯，我没事，我自己随便吃点儿就可以，你晚上回来就打车吧，加班那么晚挺累的。到了提前给我打电话，我出去等你。"

没一会儿，云歌的电话又响了，她接起电话："嗯？取消加班了？那太好了，那我回去买菜给你做点儿吃的，你想吃什么呢？哎呀，没事，不麻烦，

放心吧，等你回来我就做好好吃的了。嗯，我给你熬点儿小米粥，好的。等你回来。”

相信所有听到这段对话的人都会心生妒忌，更会羡慕阿海与云歌的幸福婚姻。阿海拥有这么温柔的娇妻真是幸福。这样的婚姻，怎能不甜蜜呢？

温柔善良是女人的天性，不仅体现于女人内心和善，还表现为女人的谈吐给人柔和之感。出于人性的自然要求，人们对说话温柔的女人更有好感，感觉和她们一起交谈是一件很愉快的事情。请记住，言语是女人魅力的源泉，谈吐婉转的女人对他人更有吸引力。

有一篇有趣的小故事：

有一天，英国女王伊丽莎白与丈夫闹别扭。丈夫很生气，关门不出。

很久后，女王怕丈夫在里面闷坏，心疼地叫他开门，说：“快开门，我是女王。”

对方硬是不开门。

于是，女王很礼貌地说：“我是伊丽莎白，请开门。”

丈夫还是没有理睬她。

女王灵机一动，温柔地说：“亲爱的，开门，我是你的妻子！”

整天生活在女王影子下的丈夫，受压抑很久，听到如此温柔的话，如沐春风，叫他如何不开门。“进来吧！夫人！”于是，他眉开眼笑地开门迎妻。

其实，一个女人无论在外面表现得多么强悍，在家庭中，她的角色只有一个——温柔的妻子。如果一个女人的性情是温柔的，那她的幸福指数也会相对更高一点儿。

温柔的女人具有最暖的女人味，不尖刻，内心柔软但又自信充满芳香。温柔的女人是幸福的，没有愁怨，更不会寂寞。是爱让她的心充盈而有力量，里边有温热的泉，双眸含水含笑。她明白自己的力量、魅力和快乐所在。她优雅的情怀与宽容的气度浑然一体，交相辉映。

1.与人交谈要通情达理

通情达理是女性温柔的最好表现。温柔的女人对人一般都很宽容，她们懂得谦让，对别人很体贴，凡事喜欢替别人着想，绝不会让别人难堪或者尴尬。让人心动的不是一个女人做出了多么惊人的业绩，更多的是女人适时的细心关怀和体贴，最能叫人如沐春风。与人说话时，不要咄咄逼人，字里行间一定要表现出你宽容和善解人意的一面，这样对方才会将心交给你。

2.说话时细声细语

一个女人，即使不漂亮，声音好听也会容易被人接受。通过“柔情”显示出来的声音，轻柔曼妙，如酷暑里的清风、严寒里的阳光，就像一块磁石，让人不自觉地有靠近聆听的欲望。如果你在说话时总是展示你的“大嗓门”，那对方将很快就会被你吓跑。所以说，说话温柔一点儿，声音柔情一点儿，音调低一点儿，这样的你更有魅力，对方一定会感受到你的柔情。

3.说话时请带着亲切的微笑

微笑蕴含着丰富的含义，同时也传达着动人的情感。微笑会使人感到亲切、安慰和愉悦。女人的妩媚，尽可蕴含在不言的微笑之中。凡是微笑的女人都是迷人的，女人的微笑也是最动人的，我们应该经常保持微笑。在与爱人交谈时，如果你时常挂着笑容，对方看到你将会感到更有幸福感，也会更愿意与你谈心。

说话小启示

温柔是一种好品质，也是一种独特的魅力，温柔的女人更为动人。如果你想征服一个人，你可以用你貌美如花的容颜，也可以用你温暖如春的温柔，但是你要记住，美貌征服的是他的眼睛，温柔征服的是他的心。

少拿别的男人与你老公作比较

乔欣在一家互联网公司做编辑，由于工作关系，乔欣的很多同事和朋友都是些互联网精英，乔欣常常在老公阴星面前提及自己的同事或朋友如何有才，如何阳光。乔欣有一位朋友酷爱打网球，每次看他打网球，乔欣都感觉对方无比帅气与阳光。因为乔欣在大学的时候非常喜欢打网球，而且还是网球社的成员，她对网球的热爱可以说是非常深。看到公司这位同事网球打得如此迷人，乔欣简直为之痴迷了。每次回到家，乔欣就在阴星面前说个没完没了，言语中满是崇拜和欢喜。恰好阴星对打网球一窍不通，平时也不能陪乔欣打球，听了乔欣的话心里很不是滋味。

后来一段时间，公司来了一位新同事，这位同事是一名设计师，刚来没多久，他的天分和出众的表现得到了大家的一致赞扬，成为了公司的大才子。乔欣性格直率，回到家便开始在老公阴星耳边夸夸其谈，说公司来了一个新同事，十分厉害，是一名非常出众的设计师，刚来没多久就得到了公司领导的优待。而且这人长得也英俊并且非常幽默，公司里的女生都被他迷得团团转，公司里的男生都羡慕他的才华和成绩。阴星一听急了，强烈要求乔欣必须严格保持与同事的距离。只要有男同事打电话找乔欣，阴星就觉得是乔欣夸赞的那位男士，于是他就故意推托说乔欣不在家。每当乔欣休息的时间出去聚会，阴星都要进行一番盘问，夫妻之间的情感越来越微妙。

乔欣总是在阴星面前提及别的男人多好、多帅、多有才、多能干，慢慢地，两人之间的感觉越来越不好，阴星对她也越来越不放心。后来他们夫妻之间的关系越来越紧张，乔欣的心理压力也越来越大，感觉自己被丈夫控制。阴星也对乔欣越来越疑心，总怕乔欣对别的男人有暧昧之心。阴星和乔欣之间再也不像以前一样恩恩爱爱。

许多女人都喜欢拿别的男人和自己的丈夫作比较，特别是在男人不得志

的时候。在我们的生活中，经常会听到类似的声音："你们俩是同事，你看人家都当经理了，你呢？""我哥哥买了毛皮大衣给嫂子，他有本事赚钱，可你呢？""假如一开始我要是选择追我的某某某，那或许我就不会这样过苦日子了。"其实，这是很伤人心的，不仅会破坏夫妻感情，还会引来对方不满，严重时会导致家庭暴力。一个自尊心屡屡受打击的人是很容易被激怒的，当悲剧发生时，一切将会为时已晚。

丫丫结婚以后，和老公小李的生活很幸福。小李是一个很懂得温柔体贴的男人，经常下班回家以后帮丫丫做家务。面对这样一个温柔体贴的老公，丫丫觉得很幸福，可是，丫丫有一个很大的毛病，就是在两个人发生争吵的时候，总喜欢拿别的男人和自己的小李进行比较。

有一次，小李发工资了，回家以后丫丫一看小李的工资本，脸上就显现出了一脸的不乐意，她噘着嘴对小李说："哎，每个月都这么点儿工资，买个像样的衣服都买不了，人家小美的老公现在都升职了，工资比你多好几倍。"小李一听这话，当然不乐意了，不高兴地说："是啊，人家是经理，当然不是一个工资水平了。"丫丫依然不依不饶，纠缠着说："经理怎么了，你怎么就做不到呢？他能行你就不行吗？真是没出息……"小李一听这话，心里的气就不打一处来，于是，两人因为此事而发生了争吵，最后还冷战了好几天。

"人比人，气死人。"夫妻之间也是一样，总拿丈夫跟别人比，那么自己永远都得不到满足，何况每个人都有自己的优缺点。比较，让自己徒增失望，更破坏夫妻和谐，这一举动并不可取。作为一个妻子，既然选择了爱他，那就爱他的一切，相信你的鼓励才会让他更为上进。

对于总爱用言语来比较的女士来说，如何做才能克服这一行为呢？

1.为你老公留面子

面子问题是男人的原则问题，特别是在自己心爱的人面前，即使打肿脸也要充胖子，若是被别的男人比下去，恐怕会沮丧很久。然而这还不是男人最害怕的，最害怕的是妻子当着自己的面称赞别的男人如何有本事，也许你"言者

无心”，可他可能会“听者有意”。如果因为自己的言行不当伤害了彼此间的情谊，那就真不值了。

2.多鼓励他并支持他

有一句话是所有男人都爱听的，那就是“不管别人怎么说，你在我心目中都是最棒的”，这话虽然肉麻，但的确是男人最希望听到妻子对自己说的话。

说话小启示

每一个男人都希望成为妻子心中的偶像，希望可以得到妻子的欣赏，所以他们最讨厌自己的妻子损自己，甚至拿自己和那么优秀的男人相比较。婚姻贵在相互理解和体谅，世界上没有绝对优秀的人，每个人都有缺点，只不过别人的缺点你不易察觉而已。

给对方空间，不要总在他耳边吵闹

小悦上大学后，长成了一个亭亭玉立的大姑娘。从小悦魂不守舍的眼神中，妈妈知道，女儿恋爱了。应该和女儿谈谈男女之间的感情问题了。

一天，妈妈带着小悦到海边去玩。她问小悦：“小悦，妈妈问你一个问题，你是不是有男朋友了？”小悦害羞地点点头。“不应该啊，谈恋爱不是很甜蜜吗？为何从你脸上看到的是忧愁、恍惚的神情呢？”妈妈接着问。

“不知道，只是觉得不在一起的时候心情就不太好了！”小悦说。

妈妈问：“你爱他吗？”小悦羞涩地点点头。

妈妈又问：“可是你知道什么是爱情吗？”小悦看着妈妈，不知道该如何作答。

于是妈妈停了下来，她在沙滩上抓起了一捧细沙。妈妈握着这一捧沙子让小悦看是否结实。

随后，妈妈就用手使劲去握，妈妈握得越紧，手里的沙子流得越多，慢慢地，慢慢地，手中的沙子就剩下了一点点。

这时，妈妈说："小悦，明白了吧，其实这就是爱情。爱情就像是手中的沙子，爱得越深抓得越紧，抓得越紧爱得越累，爱得越累分得越快。"

有些时候，爱情是我们手心的气流，抓得越紧，它逃逸得越快。所以，我们要给爱情留白，只有空间适当，爱情才会健康成长。我们要和爱情保持一定的距离，学会多角度、多层次地欣赏它，这样的爱情生命才会长久。

戴琳与男友陈皓在一起已经两年多了，陈皓在一个大公司做经理，可以说是一个高富帅，但是却对戴琳非常宠爱，公司里都知道她有一个非常爱她的男朋友。戴琳很漂亮而且工作上非常认真，可以说是一个人见人爱的姑娘。她在一家知名企业，平时工作还是挺忙的，休息的时间也不是很宽裕，但是戴琳却很喜欢她的职业，曾经有人劝她何必这么累，有这么有钱的老公回家做一个阔太太多好，但是戴琳却总是一笑置之，戴琳说她不会为了迎合爱人而放弃自己的工作和事业。

戴琳说："我是一个独立的人，我可以养活自己，可以在我的爱人面前做最真实的自己。我不喜欢整天围着他在他耳边唠叨个没完没了，我的爱情是要有尊严的，我不会放弃我的工作。我不想做一个围着男生转的女生，很多时候，你在他耳边说得多了，他也就会腻了，做好自己最重要。"

戴琳是一个保持独立而不失生活情趣的女生，就算是在与男友热恋期间她也不会时时刻刻与男友黏在一起说个没完没了，戴琳仍然有自己的朋友圈，维持着自己的爱好，给彼此自由独立的空间和时间。戴琳喜欢阅读，有时候自己在书房里一待就是半天；戴琳喜欢运动，有时候她也跟陈皓一起去健身房锻炼……戴琳的生活可以说是非常充实，她能感受到自己安静时的惬意，她也能感受到与陈皓在一起时的甜蜜。

戴琳的男友非常喜欢戴琳，不仅是喜欢，而且也有着对一种魅力女性的欣赏。所以在陈皓眼里戴琳就如珍宝一般珍贵。他觉得，戴琳独立，有自己的个性，从不唠叨自己，也不会在耳边吵来吵去，彼此之间能够有空间去做自己该做的事情。虽然他们在一起已经两年多了，但感情不减，一直很甜蜜。

爱情其实是一种情感的寄托。当一个人爱对方过深，就会把自己所有的情感加注在对方身上，想要拥有对方的全部，把对方紧紧地捆绑在自己的心里。利用自己的爱把对方捆绑，不是真爱，是一种自私。其实，把对方看得越紧，就越容易失去对方。爱，但不要迷失了自己，给彼此空间，做好自己，你才能更幸福。

给对方空间，不要总在对方耳边叨叨个没完，爱情本就需要适度的安静。那么，你知道该怎么做吗?

1.做独立的自己

没有一个人糟糕到放弃自己，去模仿别人。一味地讨好别人，会使你找不到自己生命的坐标。著名的心理学家荣格曾经如此分析："我的病人之中有三分之一以上，在医学上找不到任何病因，他们只是找不到自己生命的意义，拼命自怜而已。"

2.不要总是黏着对方

爱情中的两个人，不要一个把另一个完全吃掉，或者说完全覆盖。两个人要有交叉，不能是同心圆，因为同心圆要么是互相重叠，要么是一个把另一个完全包容。一个人若把另外一个人完全覆盖，就没有了神秘感，不值得探究了。要明白，越黏着对方，对方就会对你越失去兴趣。

3.给彼此自由的空间

你要懂得怎样和另一半相处，给对方留一些自由的空间，也给自己留一些空间。没有必要每天在对方背后不断地叮咛，如果你的另一半一旦感到你的叮咛是一种累赘，对方就会想要逃避。一旦这成为一种事实，你们的婚姻生活就会变得不幸福。

4.少一点儿唠叨和抱怨

婚姻关系中，最忌讳的便是你什么都放不下，殊不知，婚后的彼此非常需要的就是空间。请舍掉你的某些私心杂念、胡思乱想以及说不完道不尽的那些唠叨，最大限度地理解、支持并信任你的另一半，这样你们的感情才会越酿越甜。

说话小启示

我们都倡导自由的爱情和婚姻。但是并不是每一个人都懂得在爱情和婚姻之中给对方留出一点儿空间。爱情没有空间，何谈自由？缺乏个人空间的爱情，就好像缺少了阳光和空气的生命，最终只会枯萎，结果只能让人感到窒息，这样的结果只能是分手或者离婚。

避免冷暴力，婚姻需要彼此沟通

丹丹28岁，在某家出版公司做策划。丹丹是一个很漂亮的姑娘，人又和气，大家都喜欢她。但是，丹丹在爱情上却不顺利，之前谈的几段恋爱都因各种原因告吹了。最近，家里催得紧，给她介绍了个小伙子，名叫海辰。无论是家庭、学历、年龄，还是兴趣爱好、人生观，都算是门当户对，相处起来自然没有什么太大的障碍。只不过恋爱的前提是奔着结婚去的，所以感情显得理智而平淡，双方互不侵犯产权、人权、隐私权，颇有一番相安无事、相敬如宾的味道。后来，丹丹和海辰来了个闪婚，直接领证了。

婚后生活并没有丹丹想的那么美好与甜蜜，丹丹觉得自己真的太冲动，悔恨之意油然而生。对于丹丹来说爱情这种东西少了激情多少都会显得无趣，而

且时间长了，丹丹甚至不知道自己在海辰的心目中到底是个什么位置。此时的丹丹显然已经爱上了这个因一时冲动结婚的对象，对海辰十分在意，只不过不敢肯定海辰是否也有同样的感受。丹丹和海辰在一起时间不长，因此两人并没有多熟悉，虽然结婚了，但是还像谈恋爱。如今，感情的天平仿佛一天天在倾斜，当丹丹无意中发现海辰还跟他的前女友有联系时，丹丹再也受不了了，开始大吵大闹。但是海辰也很生气，因为丹丹翻看了自己的短信，这明显是对他的不尊重和不信任。海辰对丹丹的吵闹置之不理，觉得只要不发生正面冲突，问题就可以交给时间去解决。海辰越是这样，丹丹心里就越痛苦，越没有安全感。两个人的关系变得不冷不热，平日里两个人越来越冷漠，有时候海辰主动示好，想跟丹丹解释，但是丹丹已经听不进去，平日里只不过说些无关痛痒的生活琐事，最后，关于“前女友”的问题彼此都心照不宣、绝口不提。丹丹觉得这样下去始终不是办法，自己的婚姻迟早会毁掉。想来想去，丹丹终于想明白了，想要好好跟海辰一起生活，矛盾必须解决，如果不搭理他，事情永远过不去。

有一次海辰下班很早，于是早早地在家给丹丹准备晚餐。一进门，丹丹就走到厨房跟海辰哭了起来，丹丹忍不住说：“你知道我在生气吗？”海辰愣了一下说：“知道。”“那你知道我生气是因为我在吃醋吗？”丹丹说得很认真，而且“吃醋”二字说得特别响亮。海辰听后笑着说：“知道。”丹丹一本正经地说：“既然知道我吃醋，那你还不赶快哄哄我！”于是海辰真的开始哄她，并坦诚短信是前女友找他有事，他们之间早已结束，丹丹才是他现在最爱的人。通过这次愉快的沟通，两个人之间的冰终于化开了，海辰告诉了丹丹自己内心的想法以及对丹丹的喜欢，并且跟丹丹道歉保证以后遇到问题一定好好沟通，再也不会彼此沉默。

在爱情的初期，激情可能占了很大的程度，但是一旦激情消退，我们就应该学会用智慧来维护彼此之间的感情和婚姻，多与对方沟通，巧妙化解矛盾。不要因为激情的消退，而让彼此间的爱逐渐消失，最后让本来相爱的两个人越

走越远，最后成为陌路。如果你想长久地幸福下去，请多与对方谈谈心，很多事情只要说开了就过去了，如果你总是压在心底，总是用“冷战”解决问题，那误会就越来越多。

总之，夫妻之间的沟通，是维系家庭婚姻的生命线，万不可视对方留在我们身边为理所当然，或更以为从此以后两个人就幸福快乐地过一辈子。殊不知结婚只是一个开始而已，结合以后，两个人更要敏感于对方的心情与需要，要更仔细地去规划婚姻生活的内容。

那么，夫妻之间到底如何沟通才能把婚姻经营得更美好呢？

1.宽容对待彼此的感情

爱情是两个人的事，两个人的事就应该由两个人来做，两个人来做就难免有分歧，只有学会彼此宽容，才能生活得更加轻松自在。学会宽容，你们之间才有可能走得更远，感情才可能更深。当然，宽容并不等于纵容，要有限度，在非原则的问题上要彼此相让。

2.指正之前先接纳对方

不论你听到什么，不管对方的表达内容是对是错，先别急着辩驳或去指正，试着去承认对方真的有此感受，才能够使他愿意放下防卫，弱化个人的坚持，进而聆听你所说的话。认可对方并非代表同意对方的观点，只是表示你能够体会到他的个人感受。

3.认真过滤说话的内容

不少人误以为所谓的“沟通”就是把心里的想法和感受全部讲出来。其实，夫妻双方有必要过滤说话的内容，伤害夫妻关系的话就不要说。夫妻相处久了，对于配偶的好恶应该有一定程度的了解，如果某个话题是对方的禁忌，那么聪明的你就别再去碰这个话题。

说话小启示

没有沟通，夫妻间的矛盾或摩擦就无法解决，慢慢地积累下来，彼此就会生疏很多。所以说，要想爱情更长久，要想彼此的感情不会在时间里淡化，不管有没有矛盾，多交流，多谈心，这样你们才会更懂对方。

“离婚”二字，请别随意说出口

有些人养成了坏的说话习惯，同样的话别人能好好说，到他们嘴里，就变成了威胁，好似这样说话就比较“爽”。但同时，大家应该发现一个规律，经常把“分手”挂在嘴边的情侣更容易分手；同理，经常说要“离婚”的夫妻，也更容易实现他们说的话——真的离婚。所以说，夫妻吵架，大家切忌动不动就喊“离婚”，虽说你是“言者无意”，但说的次数多了对方就会“听者有心”，他会认为你没有和他共度一生的决心。等哪天，他听得心灰意冷，或者忍无可忍时，他就会用实际行动来兑现。

婚后不久，王琳和老公肖凯就为了一点儿小事拌起了嘴。她见肖凯与自己争执起来根本不谦让，不由得又心酸，又愤怒，脱口叫道：“你现在有本事了，不把我放眼里了是吧？结婚前说爱我一辈子，看来都是骗人的，咱们离婚吧！”肖凯一听可慌了神，急忙表白道：“亲爱的，我错了，我不应该与你争执，我爱你，对不起！”在肖凯的讨好、认错下，小两口才和好了。

从此，王琳只要一生气，就嚷着离婚，最后，总是以肖凯的认错与哀求宣告结束。可有一次，当王琳又要离婚时，肖凯却说：“看来你对我也没什么感情了，既然你那么愿意离婚，咱就去离婚吧，我明白，你的心已然不在这个家里了，我拴住你的人也没啥意义。那就听你的，离婚！”

这一次，又像往常一样因为一点儿鸡毛蒜皮的小事，他们开始了争吵。当愤怒的王琳大叫着离婚时，肖凯一把拉住她说离就离，咱这就去民政局。一向争强好胜的王琳顿时傻了眼。就这样，王琳和肖凯三年的婚姻突然地画上了句号。

从民政局回来，王琳后悔了：我不是真心想离婚的，我只是说气话而已！

其实，如果你动不动就把离婚挂在嘴边，或经常把离婚作为武器，时不时拿出来对另一半进行威胁，那么，离婚的意念就会像一粒种子，在肥沃的土壤里生根、发芽、成长、不断繁衍，直到你或你的伴侣把任何不愉快的事情都与离婚建立了联系。这样下去，你不仅失去了彼此的情感，你们的婚姻也会由此终结。

婚姻是两个人的婚姻，需要彼此共同维护。家是爱的港湾，一起生活就要彼此包容，多为对方着想，多付出一点儿爱。没有无矛盾的夫妻，发泄点儿小情绪也是合情合理的，但无论多么气愤，也尽量不要随口用“离婚”来表达和宣泄自己的情绪。拿离婚来发泄自己的情绪，是愚蠢的、幼稚的，是一种不理智的行为。

1.出现矛盾，说话对事不对人

家庭中有矛盾很正常，发生矛盾也不一定是坏事，矛盾处理好了，还会加深彼此的认识和两人的依赖感。只是千万要记住，发生矛盾时，要以解决问题为中心，有事说事，对事不对人，更不要拿离婚作威胁。

2.不在情绪波动的时候作决定

婚姻的问题从来不是一件小事。结婚不能冲动，离婚更要谨慎。你不应该在情绪波动强烈的时候作出决定。在作决定之前，最好冷静下来，给情感一个思考期，看清对方，也看清自己，谨慎对待，理智选择。总之，在你说出“离婚”二字之前，你一定要好好考虑一下，让自己冷静下来，要知道冲动造成的后果很多是无法弥补的。

3.把“离婚”的口头禅换成“我爱你”

若你把“离婚”变成了一句口头禅，迟早有一天它会变成一个灵验的咒语，把你的婚姻毁掉。聪明的女人知道怎样把危机消弭于无形，那就请从现在起，每天多说一句“我爱你”或者“我希望得到幸福”来抵消多年来的“离婚”毒咒吧。

4.忽视小事，改改自己的坏脾气

对方再爱你，也不是任性的理由，感情需要培养，也需要呵护。很多时候，吵架的起因其实都是点儿鸡毛蒜皮不值一提的小事情，忍一忍也就过了。一旦吵起来可真是赔了夫人又折兵，伤的是自己的元气，痛的是自己的心。

5.相互理解，懂得自我反省

既然能牵手走到一起来，那就说明了两个人有缘分，应该学会相互包容，相互理解，相互信任，相互关怀，不离不弃，用心去维护这得来不易的缘。婚姻中的两个人，有的时候则更需要反省一下自己，千万不可把自己的不幸都归咎在别人身上。

说话小启示

夫妻间的吵架、摩擦，都是难免的。吵架的时候，言语的失礼，也是意料之中。但无论你多生气，也不要拿“离婚”这种极端的词语来宣泄自己的负面情绪，更不要妄图用此来“惩罚”对方。

客气表达心中不满：不伤和气地巧妙化解双方矛盾

如何才能在交谈中巧妙地把矛盾化解呢？说话软硬兼施，既不得罪他人，又能使对方无还击之力，这是一种技巧；正话反说，既合情合理地把话说清楚，又能巧妙避开正面冲突，这也是是一种技巧；学说“软话”，既能感化对方，又能展示自己博大的胸怀，这也是一种技巧……语言有着无穷的力量，只要你巧妙运用，灵活变通，那一切矛盾就都会有烟消云散的一天。

同事抢功，你要学会巧妙处理

王小云在一家金融公司上班，如今她已坐上了管理层，刚进这家公司时，为了得到领导的认可，她几乎成了工作狂，每天都在想点子。终于她的首次策划就得到了领导的赞赏，赞为“有思想，很有见地”。

一天，王小云把一策划交给领导，结果下午她就被叫到领导办公室，领导说：“小云，你来公司不久，想要表现自己无可厚非，慢慢来，但是咱不能抄袭，这种急功近利的行为不可取。”领导把一份策划交给她，当时她就傻眼了，竟跟自己的几乎一样，上面写着策划人张静。面对领导的斥责，小云不知如何辩驳，因为她没有证据。

机会终于来了，王小云接了个很重要的案子。这时，王小云从自己的新点子里筛选出两个方案，明里还是不避张静，在办公室里大做策划一，但暗地里已把策划二做好并交给经理。果然，不久之后，张静交上一份和策划一颇为相似的文案，明白真相后的领导非常恼火，他请张静另谋高就，而王小云的成果也保住了。

有些内向人隐忍，是觉得对方一定会受到良心上的谴责。可实际上，对方既然敢抢功，就不怕受到谴责，你的等待，是给他酝造再次蓄谋的时机。还有些内向人认为，是金子总有被发现的时候，只要才能是自己的，别人爱偷偷去，如果反抗，可能眼下的饭碗保不住。其实，如果你总是这样敢怒不敢言，那你就会越来越受气，与其如此，不如想想办法，想想怎样才能不伤和气地应对对方才是上上策。

张宁刚进公司不久，便接到了一个韩国客户的电话，对方讲韩语，但公司里韩语好的人也不多，于是张宁的特长便发挥了作用。在她跟韩国客户沟通的过程中，对方提出要去上海的工厂看货。张宁就将这个事情反馈给了公司并得到了公司的许可。然而，这个时候，张宁并不知道，在她的身边潜藏着一个想要抢夺成果的人，一个事事留心向她打听的女同事吴燕。

公司里很多同事都去工厂看货，唯独张宁因为一些事情走不开。韩国客户到上海的第二天，因为人生地不熟，给张宁打了一个电话，要求张宁的同事去接他。这一接，看货的事就没了音讯：按照常理，工厂应该先给张宁一个报价，再由张宁转告给韩国客户。一直以为这桩生意打水漂的张宁后来去工厂一转，却发现韩国客户的订单已经交工了，这说明生意是成功的。得知真相的张宁很惊讶，自己辛辛苦苦操持的生意怎么就从手里飞了呢，而且还是一笔几百万的订单。

后来，张宁才知道原来是吴燕搞的鬼，吴燕从工厂里直接拿到了报价，然后将报价给了韩国客户所在公司的中方经理，这桩生意就在自己完全不知情的情况下悄悄达成了。最后，拿到提成的当然是吴燕，张宁觉得气不过也曾当面问起吴燕这个事情。吴燕很尴尬地转移了话题，也默认了自己抢功劳的事。

虽然张宁是新人，但是在这个事情上却很有自己的想法。张宁勇敢地给老板写了一封邮件，在工作总结中加上了这个事情，而她也真的要回了一部分提成。张宁说："假如我不争取，我就被坑得太惨了。"

职场中，被他人抢功是件很平常的事情，而关键在于我们该如何应对这种抢功的小人。如果我们一味地与他人针锋相对，那么不仅会得罪了抢功者，还会在老板的心里留下不好的印象。因此，当我们在应对抢功者的时候，就不能锋芒毕露，而是要学会以退为进淡定处理。

1.明修栈道，暗度陈仓

表面上装作什么事情也没有发生，暗中搜集证据，为自己争回颜面，让上司知道你被抢功了。当然这一切都要暗中进行，让那个抢功的同事哑巴吃黄

连。当然，即便证实了自己，也不要声张得满城风雨来破坏对方的名声，否则会招来更多的麻烦。

2.写信来委婉提醒对方

当然，写的信最好不要有任何坏的影响，信的内容不能让对方产生不快。写信的主要目的是要委婉地提醒一下对方，自己当初提出的想法，是怎样演变到今天这个令人欣喜的样子。在信中适当的地方，你可以写上有关的日期、标题，可以引用任何现存书面证据。

3.及时和老板沟通你的新想法

如果，你对自己手上的工作有了新的想法，那么你就有必要及时和老板谈谈，这样不仅可以预防自己的功劳被抢，也会讨得老板的欢心。若恰好和心怀叵测之人合作，你要会用迂回战术，必要的时候装装傻，或者对于自己的一切想法都保密，让对方无法猜到你的思路。

说话小启示

遇到抢功问题，如果你直接去领导那里哭诉，这样只会让领导觉得你是个“事妈”，惹是生非；但是，一味忍让只会让他人更为猖獗；互相争斗，会闹得办公室鸡犬不宁。建议大家不妨先忍耐一时，等待事过之后再陈述立场，或者将此经历藏于心中，日后多留一手。

正话反说，巧妙避免正面冲突

爱因斯坦的助手年轻、聪明、有才华，他尊敬老师爱因斯坦，但对其他人却傲气十足。

一天，爱因斯坦对助手说："孩子，从今以后我该拜你为师了。"

年轻助手一听吓了一跳，连忙说："爱因斯坦先生，我是非常尊敬您、崇拜您的，对您的爱甚至超过对我亲生父亲的爱。如果我有什么不对的地方，请您尽管指教。"

爱因斯坦认真地说："孩子，我所交往的这些科学家和教授，他们都是我的老师，而你却不把他们放在眼里，所以我也应该拜你做我的'老师'！"

就这样一句话，爱因斯坦通过正话反说的方式使年轻人认识到了自己的错误。

说出来的话，所表达的意思与字面完全相反，就叫正话反说。如字面上肯定，而意义上否定；或字面上否定，而意义上肯定。这也是产生幽默感的有效方法之一。使用这种方法能够在不直接指明对方错误的基础上，使他们自我反省并认识自己的错误。

后唐同光元年，出了一位喜爱戏剧并精通音律的庄宗帝，当时很多善于演戏的优伶常常被召进宫中，侍奉在天子左右。

有时候，庄宗帝自己也装扮上场，与这些优伶一起演戏，还给自己起了个艺名叫作"李天下"。但他演戏只为讨自己的宠妃高兴。

有这么一次，庄宗帝在演戏时喊道："李天下啊，李天下。"

这时，一位名叫敬新磨的优伶突然跑上前去，打了皇帝一个耳光，众人大惊失色。庄宗帝也有些发蒙了。

只见敬新磨毫不慌张地说道："当今治理天下的只有陛下一个人，您还喊谁呢？"

庄宗帝随即笑了，还赏赐了他。

又有一次，庄宗帝带着人出去打猎，他一不小心，拉着马冲进了人家的田里，踩坏了农户的庄稼。当地县令觉得不妥，立刻跪倒在马前说道："陛下啊，您可是天下百姓的父母，怎么可以践踏他们的粮食呢？若是没了收成，这些农户不得不在外流亡，甚至会饿死啊！"

庄宗帝听了十分生气，随即就要下令杀死他。

这时，还是那个优伶敬新磨上前来，主动把县令捉过来，故意骂道："你这个县令，身为这个县的父母官，莫非不知道陛下喜欢打猎吗？怎么还让百姓在这里耕田种地，让陛下不能随意驰骋呢？你真是该死！"说完便要庄宗帝下令将其加以重罚，庄宗帝此时心情反而好了起来，随即也就赦免了他。

正话反说也是交谈中的技巧之一，其特点就是字面意思与本意完全相反，让听者自觉去领悟，从而接受你。在特定的情况下，采用正话反说的方法，会收到意想不到的奇效。反说出来的话能使本来也许是困难的交往变得顺利起来，让听者在比较舒坦的氛围中接受信息。

正话反说是一种说话技巧，想要学会这个技巧，你知道要从哪些方面来修炼自己吗？

1.说话不要太直接

有人曾经说："是人才不一定会说话，但是会说话的人必定是人才。"在某些场合，当我们想要劝服一个人或者向别人描述一件事的时候，直来直往往往不讨别人的喜欢，甚至不能引起别人的注意，但是如果采用"正话反说"的方式，通常能起到事半功倍的效果。

2.语言表达要委婉、温柔

我们要把话说得恰到好处，就要学会用顺耳的忠言、温柔的言语来化解矛盾。试想一下，公园中的草地边竖立的牌子，有的写着："小草微微笑，游客莫打扰"，还有的则用诸如"禁止"、"罚款"等字眼。哪一种更能博得游人的喜好，使花草得到爱护，这是一目了然的。

3.把批评的方式变成夸奖

人与人之间，因为一丁点儿小事情而相互指责，以致最终伤了和气的大有人在。其实，责备和批评只会带给双方更大的不满和愤恨。如果是为了达成改善自己和他人关系的目的，那么，不妨把批评的方式变成夸奖，换个积极的方式表达，会收到更好的效果。

4.打破思维，幽默表达

很多时候，人们的语言缺乏幽默感，是因为总是用正常思维来表达自己的诉求，而幽默就要出其不意，打破常规。打破常规思维的正话反说，容易把你不好意思说的话轻易说出口。其实，另辟蹊径，运用反向思维正话反说，既委婉地陈述了自己的意见，又不失幽默风趣。

说话小启示

遇到言语不合或者是不便直言的情况，最不可取的就是直来直去，你要懂得巧妙地从多角度来看问题，换角度说话题，让语言变得更软一点儿，更让人接受一点儿，这样不仅不得罪人，还会让人舒服服地接受你的话。

软中带硬，使对方无还击之力

秦朝末年，楚霸王和刘邦争夺天下。损兵折将攻破外黄城，楚霸王下了一道命令，要活埋城里15岁以上的男子，因为这些百姓曾帮助汉军守城。在这紧急关头，有个13岁的小孩求见楚霸王。楚霸王问小孩为什么敢来见他，小孩说："大王常说自己是百姓的父母，我是百姓的一员，当然是你的孩子了。孩子想念父母，难道都不敢见一见吗？"楚霸王转怒为喜，要小孩直说。这个小孩于是陈述了屠城的严重后果："如果其他地方的百姓听说您会坑害投降的百姓，就不会开城迎接，而会拼死抵抗，这样你处处受敌，要攻占地盘就得付出更大的代价。"楚霸王想想也是，于是打消了屠城的念头。

故事中的小主人公年龄虽小，但才智过人，在劝说楚霸王的过程中，他没有以硬碰硬，也没有胆小懦弱一味求情，而是软硬兼施，既陈述了楚霸王做事的严重后果，又通过言辞巧妙“讨好”了楚霸王，日常生活中我们应多学一下这种说话技巧。

在人际交往中，软中带硬的说话风格，常常容易博得人们的好感。以“软”为基调，以“硬”为辅助，达到“软硬兼施”的完美结合，往往能取得说话办事的最佳效果，还能为说话者的谈吐增添魅力。

王哥从山西出差到某繁华都市，他的同事小刚正准备结婚，想给他喜欢摄影的妻子买一架好的相机做礼物，便托王哥去出差的时候捎带回来。

到了当地之后，王哥先来到了一条卖衣服的品牌街，王哥发现果然名不虚传，商品丰富。便想先去给小孙女买几件衣服，再到商场替同事看相机。终于替小孙女选了几套衣服。付完钱王哥正准备走，忽然发现钱包不翼而飞了。这下王哥可着急了，包里有同事的几千元钱！明明刚才付款时才拿出来的，怎么可能一下子就不见了？刚才旁边也没什么人，只有卖衣服的女孩和自己两人。王哥思考，十有八九是卖衣服的女孩随手把钱包塞进了衣服堆里。

王哥问女孩：“闺女啊，你刚刚看到我的钱包了吗？黑色的。”

女孩一听，翻了脸：“什么意思啊？你怀疑我是不是，好，那你报警啊！”

王哥一听，女孩的口气不对，自己并没有说她拿了，只是询问一下，她这不是“不打自招”了吗？

王哥明白，自己只身一人，如果离开了店里，那钱包就被转移到别处，那想找回钱就彻底没戏了。假如自己和女孩硬碰硬，那肯定闹得下不来台。于是，王哥决定软硬兼施，和气地把钱包拿回来。王哥笑了笑说：“我没怪你，我是觉得是不是刚刚不小心把钱包混到哪了。”这话很有分寸，给女孩准备了台阶下。

这时，来了几个顾客，王哥依旧站在那里，紧紧盯着货摊，看来是不打算撤退。此时，女孩有点儿慌张。

客人走了，又剩下他们两人，王哥悄悄地说：“闺女，我一下买了你五六百的衣服，你这样对我可不地道。你在这条街上做生意，要想混得久、混

得好，必须名声要好。”这话有恳求、有开导、还有暗示，说得女孩低下了头，显然在进行思想斗争。

王哥说：“我就是一个普通打工族，这钱是我同事让我帮他买结婚礼物的。要是丢了，我还咋活。女孩，你就替我仔细找找吧。”

女孩终于禁不住他的恳求，说：“好吧，那找找看。”

王哥说：“就知道姑娘你是个心善之人。”

果然，女孩就坡下驴，翻了一阵子，在那叠衣服里“找”出了钱包，然后交给了王哥。

当有人在事理上冒犯了自己，是不是应该有所回应？当然是的。但如果是硬橛橛的回应，可能会招来对方的冲动；而如果是软绵绵的回应，又可能让对方以为你不识数，好欺负。在这种情况下，最好的回应对方的分寸便是软中带硬。软中带硬是一种说话技巧，它能帮助你解决很多交际难题，学会了这种方法，你处理问题的能力将会大大提升。

1.说话，切记不可以将话说绝

铤而走险的人大多都有后悔之意，只不过在没有退路的前提下才不得已而为之，如果你能晓以利害，并加以安抚，一般都能诱导成功。所以，说话办事中切记不可以将话说绝，否则物极必反，会将一件本来可以有挽回余地的事情弄得不可救药。

2.言语中对对方进行善意的“威胁”

一味地软无异于被人欺侮。如果能用硬压住对方嚣张气焰，善意威胁，再用软取得同情，问题就能迎刃而解。“威胁”虽然能够增强说话的力度，但是在具体运用时要注意以下两点：第一，目的要正当；第二，“威胁”程度不能过强，否则会弄巧成拙。

3.把握好“软硬”的分寸

我们在人际交往中还应把握好“软硬”的分寸。切记“硬”不是为了要威风、把矛盾激化，而是为了缓和冲突、转化矛盾、解决矛盾。“软”到好处为

"硬"而不脆、威而不逼，火候一到就要给人台阶下，叫人家体面地下台，才能使矛盾得到圆满解决。

说话小启示

很多时候，我们在生活中，都会或多或少地受到他人不怀好意的调侃或是攻击。为了避免因为过于严厉和过多争执而引起尴尬，我们就可以用这一说话技巧来表达自己的意见或想法，从而让对方知趣地闭嘴。

对方误解你时，请冷静地把问题解决

有一天，公交车上人特别多，一个一头长发的美女挤上了公交车，公交车刚刚开动，这位长发美女就觉得自己的长发被后边的人拉着，于是她猛地转身，抬手就是一记耳光。"啪"的一声脆响，这时，车上的人都惊呆了，所有的目光都注视着车上那位被打的小伙子!

那位美女怒吼道："你想干什么？欺负人是吧？我的头发是你想摸就摸的吗？真是无耻。"

小伙子什么也没说，他有些腼腆，只是笑了笑，低下了头。

"年纪轻轻的就这样，真是了不得，你躲远点儿。"那位美女继续骂骂咧咧的，其他人也对小伙子指指点点的。

小伙子脸更红了，终于，他指了指车门，说："不好意思，不是我，是头发夹到门缝了"。

原来，这位美女的头发是被夹在了门缝。她的脸刷地一下就红了，她尴尬得说不出一句话。车上的乘客都说："太没素质了，张口就骂人，还冤枉老实

人。”那个美女羞愧得什么也没说。

小伙子害羞地朝着那美女笑了笑，说：“没事，主要是太挤了。”仿佛是为了不让美女难堪，车刚到下一站停下，小伙子就转身下车了。

小伙子下车了，美女在车上也不好意思待下去了，于是，她尴尬地离开了。

社会是由形形色色的人所聚集成的，每个人的立场不同，生活性质也不一样。在这众人聚集的生活场所里，总会发生一些意想不到的误解，甚至是摸不着头绪的纠纷。误会给我们带来痛苦、烦恼、难堪，甚至会产生预料不及的悲剧。所以陷入误会时，你必须调整自己，采取有效的方式予以排除，使自己与他人都尽快地轻松、舒畅起来。切记不可冲动，冲动解决不了问题，反而可能会让问题不断扩大。

明明新买的精美卷笔刀不见了，找了大半天都没找到，数学课代表偷偷告诉他，晓刚的铅笔盒里有一个，和他那个一模一样。这话一传十、十传百地就传遍了全班，晓刚隔天才知道同学们都在怀疑他偷了明明的卷笔刀。

晓刚觉得自己很委屈，他家虽然没有多少钱。可这个卷笔刀确实不是他偷的，是最近刚从外地回来的小姨送给他的，他昨天上学时刚放进铅笔盒里。晓刚很想告诉明明他没有偷东西，可是又觉得，别人还没问，自己就主动去说，有点儿不打自招的意思，便忍了下来，这样，大家就更怀疑他了。晓刚每天都生活在挣扎中，只希望事情能早一点儿真相大白。

有些事可以忍让，一笑置之，但是触犯原则的事情是不可以的，你必须懂得为自己努力澄清，因为这或许关系到你的名声及道德问题，如果不好好解决，给自己一个交代，那你将难以在社会上立足。

朋友们，请不要过于软弱，处理问题我们应该冷静，冷静是要我们不要因为太过于冲动而造成无法弥补的伤害，但是冷静之后并不是说我们什么都不做，我们要懂得主动去把问题解决掉，沟通能力如果有所欠缺，这势必会为自己带来各种麻烦和委屈。如果你能勇敢些、主动些，就完全可以为自己洗刷“罪名”。

被误解是件令人感到头痛的事，而如果误解不解释清楚，就势必会影响到双方之间的正常交往。如何巧妙地消除误解就显得尤为重要了。我们不妨从以下几点入手：

1.冷静下来，先认清事实

人和人之间的误解是难免的，而我们总是在强调自己是问心无愧的，似乎忘记了冷静。事情真的是我们所认为的那样吗？自己一点错误就没有吗？真的没有可能是自己错了吗？所以，在你发泄情绪的时候，一定要冷静，一定要先认清事实，否则就有可能后悔。

2.暂时忍让，避开锋芒

当脾气暴躁者冒犯你或者是对你有所误解时，你应当压住心头的怒火，暂时忍让，避开锋芒。待对方锋芒锐减时，再充分地、轻言细语地说服对方，也可讲事实摆道理，消除对方的误会。这样才能避免更大争端，给自己惹来不必要的麻烦。

3.找朋友倾诉，学会理解

被人误解时，可以找朋友倾诉。所谓“旁观者清”，可以听听他们的意见和建议。被人误解时，要懂得体谅、忍耐他人的轻慢和指责，给人以关心或用实际行动证明自己。记住，在争取被人理解白同时，也要努力理解别人，因为，理解是心灵之间的桥梁。

4.直接沟通，把话解释清楚

如果你已经自觉意识到遭到了误解，最简便直接的办法当然是：直接与误解你的人解释交流，推心置腹，真诚相见。不要搁在胸中，不要犹豫顾忌。你可以借一次家宴、一次舞会或一次公关活动，或一次约会、一个电话互诉衷肠，以心换心，消融冰雪，重归于好。

说话小启示

生活中，我们不难发现，周围的确有很多脾气暴躁的人，他们做起事来可以说是不管三七二十一，非常冲动，这种偏激的性格导致了他们的朋友与自己渐行渐远。与这种人打交道，如果被误会，请别冲动，应谨慎，否则稍有得罪，他便怒不可遏，拳脚相加。

面对矛盾说“软话”，以柔克刚感动人

成熟的人和不成熟的人处理问题是完全不同的，不够成熟的人往往受不得一点儿委屈：当别人争执时，他们就以更粗暴的方式对待；当别人粗鲁时，他们就会以更粗鲁的方式反击，“针尖对麦芒”，不肯后退半步。其实这种方式很不可取，只会使矛盾更加激化。相反，真正聪明的人是不会有如此粗鲁的言行的，他们懂得用语言巧妙地战胜对方，即便对方怒气冲冲，他也能用“软话”去感化对方，达到“四两拨千斤”的效果。

王云的邻居这几天装修房子，可能是因为赶工期的原因，他们不仅在周六周日不停赶工，有时候就连中午也不会停止。响得让人心烦的电钻声持续了一中午。王云这段时间身体不适，午间需要静养，听着楼下传来的一阵阵电钻声，她实在忍受不了了。

“还有完没完了？你们还让其他人生活吗？讲点儿公共道德好吧？现在是中午，我们需要休息，你们的行为已经违法了，知道吗？”王云怒气冲冲跑到楼下，与装修公司的人吵了起来。装修队队长的素质很明显不高，虽然明明理亏，但他还是毫无顾忌地与王云顶起了牛：“这关我们什么事，我们也只

是拿钱干活儿，房东让现在装修，我们就现在装修，要是你，难道你不干了吗？……王云和他们吵了一会儿也没吵出个所以然，就红着眼睛回来了。楼下的电钻声仍然没停。这时，王云丈夫就说他出去与他们谈谈。

没过几分钟，王云丈夫回来了。王云在家里没有听见下面传来争吵声，可是电钻声却奇迹般地停了下来。王云很好奇，不知道丈夫是怎么说服对方的。他笑了笑说："没啥大事！我假装路过，然后夸了他们的敬业。同时还给他们提了个小意见——中午用电钻难免引得左邻右舍不满，打架不说还耽误工作效率。我跟他们说利用中午时间做一些其他的零碎活比较妥当。"装修队听得很舒服，再加上事情的确如此，于是他们就停下了电钻，开始做一些辅助性工作。王云对丈夫的交涉方法非常钦佩。

所谓"说软话"，就是一个人在语言交谈中故意表现出来的低姿态，它是在承认对方、尊崇对方的基础上所表现出的谦让、低就和退步。虽说这是一种退、一种让，但是说软话可以办硬事。退是一种暂时的权变措施，软话便是实现这一措施的有力武器。

很多时候，事情的成功就在于语言的表达和艺术。有人观察后得出：一些大赢家多是说话谦虚，话说得让人很容易接受，不知不觉你就听他的了，而那些失败者多是有好话没好好说，语气盛气凌人，受不得半点儿委屈，可结果什么事都没办成，也没人跟他办了。

面对他人的盛气凌人，如果此时你还能懂得说软话去感化对方，用智慧去化解矛盾，那你的气度和心胸定会让更多的人敬服。面对问题与矛盾，请不要焦躁，也不要急于求成，更不要只想着以牙还牙的报复，处理问题的方法有很多，消除心中不满情绪的方法也很多，以硬碰硬不仅不能减轻你的愤怒，更容易让你增添新的苦恼。朋友们，冷静下来，试试说"软话"的方法，相信你会收到更好的效果。

1.过好自己的心理大关

这是我们首先要做到的。任何一个人，都必须要明白一个道理，说任何

话都要先加以思索。如求人办事，要放得下架子，求人不必虚张声势、空话连篇，但是也不必灰溜溜、乞哀告怜。而面对他人的批评，我们也应该首先采取以柔克刚的方法，这样处理问题更有利，更利于长远的打算。

2.培养隐忍的性格

“小不忍则乱大谋。”对于一个血气方刚的人来说，隐忍和妥协并不意味着胆小和懦弱。含辱妥协，既要战胜自我，消除受辱的复仇心理，又要战胜别人，不顾世俗的猜疑和歧视。说几句退让的“软话”，是一种有效解决问题的策略。

3.时刻谨记你的目的

说软话时的妥协退让不是目的，只是为了达到目的的一种手段。要牢记说软话的目的，是要以软来积蓄力量，最终达成顺利办成事的目的。如果你在说软话的过程中忘记了这个目的，就很可能在中途忘记了自己的坚持，进而被对方占据了说话的主动权。

4.“带着微笑的声音”谁都爱听

与人说话，无论什么时候都要保持语气平和。在日常交际场合，最受欢迎的是和蔼亲切的说话态度。“带着微笑的声音”谁都爱听，这是一种在交际场合最容易获得成功的语调。否则，说话的语气稍稍偏离平和，不仅解决不了当前的矛盾，还会引起新的是非。

5.说话要懂得巧妙变通

在与人相处的过程中，某些事需要坚持原则，可是如果在任何事情上都坚持原则，不知道变通，那就是较真了。诚然，在该认真的时候认真，是一种为人处世负责任的态度。但是，我们也一定要学会，在应对一些比较棘手或者敏感问题时刚柔结合、圆融变通。

说话小启示

其实，生活中有很大一部分人“吃软不吃硬”，你越是跟他硬着说，他越是反抗，你越是命令，他越是不服从，甚至还会跟你大闹一场，其实，对付这类人，这类“耿直”过度的人，你应该多说点儿“软话”，软言细语会把他“哄”开心，从而听从你的话。

灵活应对刁钻问题：敏感话题婉转答复可避免陷入被动

如果你懂得说话，遇到尴尬话题，你就会巧妙转移话题，让自己轻松躲避他人的针对；如果你懂说话，你就会懂得类比推理，让对方知难而退……总之，不论是职场，还是家庭生活中，我们都会遇到各种各样的事情，有的事情可以轻松应对，而有的事情由于关系重大的利益或话题本身涉及道德伦理，因此显得特别敏感，稍有不慎就会产生无法预料的后果。巧妙地处理敏感话题可以为大家的工作和生活增添异样光彩。

转移话题，让自己避免陷于被动

朋友们，如果对方的问题非常敏感或者是你当时的处境非常尴尬，你该怎么做？其实，遇到这种情况，不好正面拒绝，你不妨采取迂回的战术，巧妙转移话题。对方提出某项事情的请求，你却有意识地回避，把话题引向其他事情。这样，既不使对方感到难堪，又可逐步减弱对方的企求心理，达到委婉拒绝的目的。

武则天原名武媚娘，本是唐太宗宫里的才人，太宗对她宠幸有加。

公元694年，唐太宗因误服金石丹药一病不起，他明白自己将不久于人世。但他又舍不得才貌过人的武媚娘，于是便有让武媚娘殉葬的意思。

这天太宗把武媚娘叫到病床边说："你侍候寡人多年，寡人也最宠爱你。寡人想效法古代帝王的葬礼……"话还没说完，太宗就咳嗽起来。

聪明绝顶的武媚娘稍加思索便知道了唐太宗的用意，便立刻说："万岁，安心养病吧！臣妾明白万岁的心情。只是万岁您思虑太多，您是英明的君主，恩德好比太阳的光芒普照人间。古人云：大德之人，必得长寿。万岁龙体目前虽有小恙，但很快就会康复的，我生与万岁共享人间富贵，死与万岁同坟共穴。臣妾现已下定决心，立即去感业寺削发为尼，念经拜佛，为万岁祈求长生不老。"

听到武媚娘这么说，太宗只得应允。

武媚娘伶牙俐齿，凭自己的机智，巧妙地转移了话题，并成功地阻止了太宗说出"殉葬"两字，从而死里逃生。可见，关键时刻要想不陷入被动，你必

须懂得转移话题巧妙解围，或许，这急中生智的技巧将对一个人的一生有着重要的意义。

交际中，我们也经常需要转移话题，因为我们总会遇到不愿意回答的问题。比如，一个公司的发言人面对记者提出对公司不利的问题；一个明星面对记者对于隐私的追问……为了避免在说话中陷入被动，我们就要学会巧妙地转移话题，这样才能远离那些刁钻问题。

王刚和赵敏夫妇都是某学校的老师，前段时间教务处主任退休了，按资格来说王刚是最有希望晋升这个职位的，而且王刚还连续六年当选为校级模范教师。可是，半个月过去了，陈校长那边毫无表示。王刚暗示了几回，陈校长还是没有丝毫表示。无奈之下，王刚和赵敏决定请陈校长吃饭，顺便探听虚实，也好就势争取。

吃饭过程中，陈校长一再顾左右而言他，就是不提选拔教务处主任这件事。王刚性子急，问校长说："陈校长，李主任退休好久了，现在整个教务处都是刘校长管着，实在是太过辛苦，不能一直这样耗着啊！"陈校长笑了笑，说："这件事再说吧，需要校领导的一致抉择，还得观摩观摩！""不是啊，校长，这职位符合资格的……其实，这事您一人就可定论。"王刚急了，反驳了陈校长一句。顿时，陈校长脸色大变，正要开口，赵敏说："你看看你们，咱们是吃饭，吃饭不谈公事，赶紧吃菜，王刚，你还不给陈校长把酒满上。"王刚明白妻子的暗示，赶紧给陈校长倒满了酒，三人碰了杯。

没一会儿，王刚和陈校长又因为学校的事情产生了异议，赵敏一看就急了，如果再这样下去，得罪了校长，教导主任的职位更不用提了，本来请客是好事，可别因为吃饭把事情给搞坏了。于是赵敏每次都能在关键时刻以敬酒为名，转移话题，避免两人起争执。最后，陈校长表示这顿饭吃得很愉快，并感谢王刚和赵敏的款待。

说话时出现僵持不下的局面是非常普遍的，毕竟双方都为了各自利益而不愿做出让步。如果情况比较尴尬，不知如何应对，那么你干脆马上扔出一个吸

引对方眼球的话题，绝口不提前面的敏感话题。所转移的话题一定要和自己不便回答的问题有着某种关联。在职场中，当你遇到诘难搜肠刮肚也找不到合适的答案时，最好的办法是以调侃的方式巧转话锋。

转移话题，妙处多多，你知道怎么巧妙运用这一技巧吗？

1.幽默回答对方的问题

王尔德曾说：“越是重要的东西，越不能严肃地谈论它。”轻描淡写式的幽默，往往最能得人心。在日常生活中，不管是否真的遇到了别人的挑衅，我们尽可能多来点儿“冷笑话”，让自己的语言变得趣味无穷。

2.寻求的新话题要有新意

用以转移话题的新话题，在自身的新奇性和对方需求性方面，都要大大地超过原来的话题，才能收到良好的效果。新话题刺激强度越大，对原来话题的注意淡化越快，岔题越容易成功。

3.要做到顺其自然、及时

无论哪种情况，话题转移都要做到顺其自然、及时。“自然”，就是要借助一定的遮掩，分散对方的注意力，使其注意点自然而然地离开原来的话题，进入新的话题。“及时”，是指抓住话题的机会。一般是在一个问题刚提出来未展开或未充分展开时就机敏地把话题岔开。

说话小启示

如果在交谈中遇到了矛盾或者冲突，又或者是话题比较敏感，这时候我们不妨把现在的话题先搁置一处，找个较为轻松的话题先聊着，缓解缓解气氛，让彼此的心情舒缓一下，注意力转移开来，这样现场就不会过于紧张。

敏感问题，假装糊涂来迷惑对方

大家都想当聪明人，没人想做个糊涂人，但是大家想想，事事聪明就真的好吗？其实不然。人世间凡事复杂善变，我们不可能把每一件事都搞得清清楚楚，而且有些事情越是清楚越是让人烦恼。所以古人有“大智若愚”和“难得糊涂”之说。

陈玉和阿亮的感情一直都很好，她从来没有怀疑过自己的老公，但阿亮最近的一些异常行为却让陈玉很不解。近些天来，阿亮每天都早出晚归，陈玉也知道公司里的工作很多，所以也就没有开口询问。阿亮做事都是心不在焉的，好像有什么事情瞒着陈玉，每天神经兮兮的，电话一刻都不离身，而且只要电话一响，阿亮就表现得异常紧张，甚至有些手忙脚乱。

陈玉知道阿亮心中一定有事瞒着自己。后来她趁阿亮洗澡的时间，打开他的手机，看过其中的信息后才知道，是他原来的女朋友菁菁又回国找他了。（阿亮和他的前女友菁菁本来同在一家公司上班）这件事对陈玉来说确实非常棘手。因为陈玉知道阿亮的心里一直都没有完全放下菁菁，现在人家找上门来，而阿亮又表现得惊慌失措，看来是该采取些行动了。

某天，陈玉在阿亮上班后将自己打扮得漂漂亮亮，然后去了他的公司，巧的是阿亮的前任女友菁菁正好也在办公室。陈玉整理一下情绪，推开门：“哇，惊喜啊，菁菁，是你吗？好久没见，你是刚回国吗？你也不通知一声，我好歹也应该给你接接风啊。要不这样吧，今天下班后你跟阿亮一起去家里吃饭吧，好久没见，咱们是该一起聚聚了。”此时阿亮的头上已经冒出来虚汗，陈玉又转向阿亮说：“亲爱的，我今天这不是休班嘛，闲着没事给你送点儿吃的过来，你最近胃不好，我不放心，就过来了。”陈玉知道阿亮的心里在想什么，于是又说：“我还有事需要忙，就不打扰你们了，吃的给你放这里，你们吃吧，我回家收拾收拾，下班之后记得带着菁菁一起过来，咱们热闹热闹。”

菁菁赶忙开口："嫂子您别忙，我就是来公司看看大家，这不遇到亮哥就在办公室谈了谈业务问题，嫂子您来一定还有话跟亮哥说吧，您先忙，我得赶回去办点儿事，先走了。"菁菁狼狈地逃离了。

晚上，阿亮回家，陈玉还高兴地向他提出要请菁菁来家里聚餐。阿亮微笑着说："亲爱的，你别误会，我知道我不应该跟她见面，主要是她回国了，没什么其他的熟人，就找我谈了谈工作方面的事情，但是最终菁菁还是决定在国外发展。我们是不可能的。"

陈玉笑了笑，说："我啥也没想，看把你紧张的。"从此以后，阿亮对陈玉越来越好，因为他知道他的媳妇是一个值得珍惜的人。

夫妻间的感情是很微妙的，着实让人不好把握。真的，你越是过多地去干涉对方，越做精细的分析，那彼此的心理距离就一定会越大，争执就越发不可避免，吵着吵着便到了不可挽回的余地。所以说，咱们若想过得美美满满，有时候就得让自己"傻"一些。

"大智若愚"，糊涂是一种不露声色的智慧，它不是真的无知，相反，它是一种宽容，一种气量，一种修为。世上有些原则性的事情可能有必要去坚持泾渭分明的方式，而有些非原则的事情却不必过分较真，甚至还要多一点儿糊涂。因为，"糊涂"方为大悟。

1.明白什么是"糊涂"

"糊涂"不是傻，也不是一种消极避世的心理，而是一种处事智慧，做到"装糊涂"必须首先要把握好"糊涂"的界限。做人不能不糊涂，也不能一直糊涂，该糊涂就糊涂，不该糊涂就不糊涂，糊涂中有清醒，清醒中有糊涂。

2.做人不要斤斤计较无心胸

急于证明自己清白而为一些小事一争到底的人是愚蠢的，这样做只会白白地损害自己的形象，惹人耻笑。如果你能更大度一点儿，对这些无关紧要的小事一笑置之，那么你一定会赢得更多人的尊敬。

3.懂得收敛自己的锋芒

在你辉煌之时，若一味地展露才干，表现得完美无瑕，难免会遭人猜忌。他人防备的是你的才华和能力，而不是你的缺点和瑕疵。如果你不懂得装糊涂，不懂得急流勇退，就难免遭受压制，甚至搭上身家性命。

说话小启示

其实，糊涂的人人缘更好，他不会事事与人计较，也不会让人过于防备，平时乐呵呵的，人们看到他就觉得舒坦很多。朋友们，别过于聪明，糊涂一点儿又何妨，糊涂才是处事的大智慧。只要懂得了这一点，才能笑看天下，带着理智的心态，达到希望的彼岸。只有做到知而不露，才能在不断变化的环境中避免是非缠身。

借他人口说自己事，进退自如

在公司里，许静和毕亚宁是最要好的同事。许静是市场总监，毕亚宁是部门经理的助理。

那天周末，许静和毕亚宁去商场购物，逛街期间，毕亚宁看见许静心情不佳，于是关切地问："许静，有什么心事吗？我看你有点儿愁眉苦脸的。"

"没什么大事，就是下周二我要陪经理去广州出差，很苦恼。"

"出差，多好的事情啊，我想去还没机会呢，你看看你真不知足啊。

许静却一脸忧伤："亚宁，你不知道，我体质不太好，而且我出差容易失眠，每次外出，我都睡不着觉，身体吃不消，然后第二天也没精力干活。"

"你还有这情况啊，你应该跟领导说一声，这么严重怎么可以忍着呢？"

“没办法，我是过敏体质，从小就这样，所以我很少出远门，一出去就上吐下泻的，体质不行。”

毕亚宁听了若有所思，说：“许静，你别苦恼，上班时我帮你跟领导传个话就可以了。”

周一一上班，经理就把许静叫到了办公室说：“许静啊，这次广州你不用去了，你看看你，啥事都硬撑着，要不是亚宁告诉我，我都不知道你的情况。”

平时我们跟人打交道时，有些话不方便说，有些话我们不愿明说，有些话我们不敢说，而还有些话我们即使说出来了，说服力与影响力也不够。在这些情况下，如果能借别人的口来表达出我们的意思与想法，那么，表达上要委婉含蓄很多，效果上也会好很多。其实，学会借别人的口说出自己想说的话是一种非常好的说话技巧，大家不妨注意一下。

老公阿宇连续几天晚上加班，回家都很晚，海珍不免犯疑心，想问问阿宇项目进展怎么样，和什么人一起吃饭，但是不好开口。其实海珍知道老公最烦自己打听他工作的事情，更不喜欢自己的媳妇怀疑自己。这天晚上阿宇没有按时下班，婆婆在老家打来电话，和海珍聊了几句。海珍灵机一动，想出了办法。等阿宇回来，一身疲惫地坐在沙发上，海珍就说：“下午的时候妈妈打电话了，问你最近怎么样，也不往家里打电话，还问你怎么这么忙，晚上也不早点儿回家，让你注意自己的身子，别太累了。”阿宇就说：“可别提了，最近的项目终于快完事了，这段时间可把我累死了……”然后好像意识到好久没和海珍说话了，就打开话匣子：“可别提吃饭了，别看我们这么忙，本想还能出去吃点儿好的，结果忙得都没时间吃饭了，整天处理问题处理到很晚，大家都订餐凑合过去了。你们可别误会我啊，我可没有出去吃喝玩乐。”海珍赶紧说：“我也没说你吃喝玩乐啊，只是妈妈说不要你老是在外面吃，说外面的东西不干净，怕对你的胃不好，以后我给你熬点儿粥喝吧，省得你吃些乱七八糟的伤了身子。”阿宇看到海珍这么体贴非常欣慰。

海珍是一个聪明的妻子，知道阿宇最烦自己打听工作的事情，就借婆婆之

口巧妙询问，表达了体贴之情，又不会让阿宇觉得心烦，做得十分成功。聪明的妻子有时要学一学海珍的招数。

当遇到一些确实难办的事的时候，不如借他人之口，行自己之事。假借他人之名，虽然是假的，却不是欺骗，是为了让产生于工作和生活中的问题尽快得到解决。有时，求人办事不方便直说，就让第三方替自己说。借帆好远航，学会这点，求人之时就会省去许多麻烦。

聪明的人做事知道借力、用力不费力，而会说话的人懂得借人之口达到自己的目的。借人之口可以做成很多事情，不用你直接出面，只要转述别人的话或者借他人之口来传达就可以达到询问、催促、提意见的目的，何乐而不为呢？

1.找个“媒婆”来搭线

“媒婆”是过去专门从事介绍男女青年相识，牵线搭桥的人。在办公室里也有现代“媒婆”，他们喜欢在同事之间穿针引线传递各种信息。这种人普遍有着伶牙俐齿，善于察言观色，能说会道具有较强的处理交际关系的能力。朋友们，假如你懂得善用此类人的口，那你就能更好地把自己的需求传递出去，从而达成己愿。

2.懂得操作周围的舆论

对于很多时候而言，身边的舆论就是我们求人办事的有力武器，只要我们能够合理利用、巧妙操纵，事情就能朝着有利于我们的方向发展。要知道，如果周围的舆论都有利于自己的话，办起事情来总是能顺风顺水，从而减少了许多坎坷和阻碍。

3.灵活运用是关键

当然，对于第三者提供的情况，也不能全套照搬，还要根据需要有所取舍，配合自己的临场观察、切身体验灵活引用。同时，还必须切实弄清这个第三者与被求者之间的关系。这一点非常重要，不然说不定效果适得其反。

说话小启示

有些问题自己直接问，效果可能适得其反，这时你可以找一个与问题不直接相关的人的口来问。如果我们向医生咨询一些关于健康的问题又难以启齿时，可以说："我的朋友病况如何，请问……"这样就能减轻人们的心理障碍，而使问题得以顺畅地表达出来。

有些话不好回答，你可模糊应对

对于语言来说，表达得越准确、清晰、明了越好，但在实际运用中，我们有时却不便把话说得太死，甚至也不需要表达得十分精确，此时把话说得太明白反而会把自己推向尴尬境地。有时，我们运用不确定的"模糊语言"进行沟通，更能收到精确语言难以达到的效果。

小敏刚下班回家，在小区门口遇上了出了名的八卦的王阿姨。王阿姨一见小敏回来，就赶紧迎上去，问这问那，从吃饭没到下班车挤不挤，小敏虽然不耐烦但还是一一回答了，正当小敏准备上楼，王阿姨却突然问道："小敏啊，我听说这段时间你和你对象闹矛盾了，是咋回事？不要紧吧？"

小敏想了想，转身对王阿姨说："王阿姨啊，我们最近都忙工作忙得要死，吃饭休息的时间都没有了，哪还有闲情逸致吵架啊？"小敏说完看了一眼王阿姨又接着说："王阿姨，你不是很喜欢我婆婆做的咸菜吗？我婆婆最近这几天过来，到时候你跟她学吧，我跟她说过这件事了。"

王阿姨立马点头说好好好，不再问小敏和她对象吵架的事情，而是问小敏的婆婆什么时候过来。

王阿姨想打听小敏夫妻吵架的事情，面对如此敏感的话题，小敏当然不愿多说，更何况还是如此多嘴好事的王阿姨，不过，小敏很聪明，她巧妙地模糊回答让王阿姨无话可说，另外，小敏又恰当地把话题岔开，从而彻底摆脱了困境。这样，小敏既没有驳了王阿姨的面子，又保护了自己的隐私，可以说一举两得。

在与人交流沟通时，采用模棱两可的回答法，是必要的，一来可以照顾到现实的需要，二来可以不至于陷入无路可走的地步。但并不是什么时候模糊语言都有好的作用，在该使用准确语言的时候，是不能使用模糊语言的，希望大家巧妙运用。

语言模糊是日常生活中随机应变的一种重要方法，这种方法很多人都无意中用过。其实，说话的艺术，在于委婉而贴切。言辞如刀，一旦不懂方法，任何话都直话直说，很容易伤害到他人。有的时候，对于一些难以回答的问题，学会模糊语言，就能避免很多冲突。

巧妙运用模糊语言来应对生活中不好面对的话题或问题，你需要懂得以下说话技巧：

1.摆脱“非此即彼”的思维约束

在谈话时，我们要端正思维方式，冲破传统的、习惯的“非此即彼”的思维约束，寻求两个对立极端的中间状态，使其真正与现实问题相吻合。彻底抛弃“非对即错”、“非社即资”、“非黑即白”等长期困扰我们的违反辩证法的极端观念。

2.学会找借口拖延问题

对于他人的“逼迫”，你可以这样回答：“行，待我向领导通报后，我将以最快的速度转告贵方。”表面上是答应了，而事实上是否定了，虽然“以最快的速度”给人以率直、爽快的感觉，实际上那时说不定又有若干以董事会名义提出的意见反馈回来，这全看己方的实际需要。

3.说话别太死，别太直白

如果说得太死、太具体，反而容易被动。比如，有个人准备和女友逛街去，走出家的时候，他突然想到有一件东西忘记带了，便对女友说："等我一会儿，我去去就来。"这个"一会儿"是多久，没有一个标准，但是女方多半会理解为很短的一段时间，会耐心等待。这样的表达比使用确定的语言表达要好得多。

4.培养敢于拒绝的心态

学会拒绝，就得学会向自己挑战，向我们的面子挑战；学会拒绝，就是拒绝这种面子，就是拒绝来自我们内心的自卑、懦弱和虚荣，让自己变得真实、自信、勇敢起来；学会拒绝，就要敢于对自己不喜欢的人、事，大胆说个"不"字。模糊语言能让你巧妙地拒绝掉不好开口的话，让你转危为安，但是我们在生活中也应当适当放下不必要的面子，懂得拒绝，这样才会让自己生活得更坦然一点儿。

5.说话尺度要把握好

模棱两可的回答法，是我们为了特殊需要而采用的说话技巧，并不是我们为人处世的原则。不分时间、不分场合一味地模棱两可，不对他人正面表达自己的意见，圆滑处世，就不是我们所提倡的了。

说话小启示

把话说绝了，你就等于不给自己留退路。举个例子来说，对方问你"乌鸦是什么颜色的啊？"你千万别望文生义，或者凭借见过几只黑乌的有限经验而武断地回答："乌鸦嘛，绝对是黑色的！"而聪明的人则会这样回答："天下乌鸦一般黑！"

巧用类比，灵活应对他人问题

郑板桥早年家贫，一年除夕赊了一只猪头，刚下锅，却又被屠户要了回去转手卖了高价。为此他一直记恨在心，直到后来到山东范县做官，还特别规定杀猪的不准卖猪头，自己吃也要交税，以示对屠户的惩罚。

夫人闻之，感到不妥。一天她捉到一只老鼠吊在房里。夜里老鼠不住地挣扎，郑板桥一宿没睡好觉，满肚子的怨气。

夫人解释说她小时候好不容易做了件新袭衣，被老鼠啃坏了。

郑板桥听后笑了："兴化的老鼠啃坏了你的衣装，又不是山东的，你恨它是何道理？"夫人说："你恨的不也是范县的屠夫吗，为何对山东的屠夫如此苛责呢？"

郑板桥恍然大悟，遂吟诗一首：贤内忠言实难求，板桥做事理不周。屠夫势利虽可恶，为官不应记私仇。这个故事里郑板桥夫人通过拿"老鼠咬破袭衣"的事情和郑板桥恨屠夫曾经做过的事情作类比，画龙点睛的提醒，让郑板桥恍然大悟，从而达到说服郑板桥的目的。

其实，我们在与人交流时，常常会有这样的体会，有时我们滔滔不绝地说了大半天，结果仍然无法把自己的意思说明白。其实这件事自己心里很明白，但是直接讲出来听众未必清楚，这时候该怎么办？不妨运用类比法，把它与听众确实熟悉的事情相比较。类比法是一种比较普遍的说话方法，它能让你把问题回答得更生动、更具体，巧用类比，你才能更好地学会表达。

巧用类比的方法来应对问题的故事有很多，我们继续看下面这个例子：

三国时在消灭蜀汉政权中立了大功的邓艾，知识渊博，反应敏捷，但是却有口吃的毛病，说话时一着急，就"艾……艾"起来。

有一天，晋文王司马昭跟他开玩笑说："你说'艾、艾'，到底是几个艾呀？"

邓艾这回却不口吃，很干脆地答道："楚国狂人接舆所唱的'凤兮、凤兮……'本来只是一个'凤'呀。"

"凤兮、凤兮"，出自《论语·微子》。楚国的狂人接舆，佯狂避世，孔子去楚国时，他一面唱着歌，一面走到孔子的车前，唱道："凤兮，凤兮，何德之衰？往者不可谏，来者犹可追……"

这个质辩对答的要点，在于固有名词"艾"字有双重意义。它是邓艾的名字，但是单独讲，则是指"丛生的杂草"。如果结结巴巴地连着说："艾、艾"，就强调了邓艾的卑贱性。质问者晋文王正是根据这一点，对邓艾嘲笑说："到底有几个艾呀？"邓艾的敏捷机智，则表现在他立即与之相对，引用古典，将"几艾"与"一凤"对置，给予了有力的还击。邓艾说："作为灵鸟的凤，即使连呼'凤兮'，也只是一只。"这个对答，暗含的意思说白了就是"即使连呼'艾，艾'，艾也是一个。同时，名字虽是卑贱的杂草，实质却是尊贵的凤凰。"

邓艾正是通过这个对答，维护了自尊，驳倒了因蔑视自己口吃而发问的晋文王。

灵活的类比说明白点儿就是一种以其人之道还治其人之身的方法。它一般可以分为两种形式，一种是仿用对方的言语来还击对方；一种是仿用对方用过的方法或技巧来还击对方。只要能做到用对方的话还击对方，那言外之意，就是对方说话打自己的嘴巴。

朋友们，如果你想用类比的方法来驳斥对方的言论或者是表达你的思想，那你就应该注意以下几个技巧：

1.学会把事物联系起来作比较

类比反驳就是辩论的一方不直接驳斥对方的论题，而是寻找一个与该论题有关的事例，通过对二者的比较，推导出对方论题的荒谬。这种反驳形象直观，避免了抽象说理的枯燥，使辩论更有力有趣。所以，我们在反驳时要懂得比较各个事物之间的相同点，把它们准确联系在一起。

2.从熟悉的事物下手

如果用对方熟知的或经历过的事情作比较，则更能取得较好的说服效果。人们可能在较长的时间后忘记曾经的失误，但是，因失误带来的挫败感却很难遗忘。因此，如果对方在类似的事情上曾经失误过，只要你稍一提及，对方应该会重作考虑的。

3.注意场合和对象的问题

当然要值得大家注意的是，在运用此法时要注意场合和对象，如果是好朋友或同事之间，在友好的场合对友好的对象就要慎用此法了，否则极易造成气氛不协调，甚至会伤了彼此的和气，那就得不偿失了。

4.注意尊重他人的尊严

当对别人进行说服时，不直接指出对方观点中的错误，采用和对方观点相似的做法去说，从而在达到说服对方的同时又保全了对方的尊严。总之，在运用这种技巧说服别人时，一定要选用生动的例子，深入浅出，这样才能更好地说服对方。

说话小启示

“有理走遍天下。”说服别人的关键在于把“理”说透。“理”性越强，越要注意让事实讲话、佐证，否则就会因教育对象缺乏感性体验。影响对“理”的理解、消化和吸收。因此，高明的说客常常采用类比的手法，用事实充实大道理，联系实际把道理讲透。

受欢迎的说话之道：成为说话高手的几项技巧修炼

当今世界，能言善辩、口才卓越的人越来越显示出一种独特的优势。很难想象，一个口才欠佳的人能够在当今的社会环境中高质量地生存并稳步攀升，取得事业上的成功。口才好，可以使你生活得更顺利；口才不好，那你真的会举步维艰。在日常生活中，周围的人很多：有滔滔不绝的，也有支支吾吾、吐字困难的；有谈吐幽默高雅的，也有语言单调乏味的……口才能力不同，说话的效果也是天差地别。因此，要想在口才上成为高手，就必须先把握其中的奥秘。

直说“你错了”，你就真错了

有一次娜娜去参加同学聚会，去的时候堵车，她迟到了二十分钟左右，结果一进门，和她在同一城市工作的陈雯就开始数落她：“娜娜，我跟你说了早点儿走，你还不听，现在迟到了吧，快坐下吧，同学们都等你好久了。”娜娜也为耽误了大家的时间感到非常抱歉，于是对于陈雯的指责没说什么。

饭局进行到一半的时候，娜娜发现一对曾经非常要好，甚至就要走进婚姻殿堂的爱人，如今并没有坐在一起，于是就无意地问了一下女方小艾。小艾表示说分手了，再也没有接着说什么。娜娜知道自己问了不该问的，心里也有些不大好受。等过了一会儿小艾去上洗手间的时候，陈雯就开始说娜娜：“娜娜你到底咋回事啊？你没看到小艾他们俩气氛不对吗？刚开始的时候小艾不太开心，后来终于忘记了，你又提，看吧，人家在洗手间掉眼泪呢，你这下可满意了。”

对于陈雯的指责，娜娜简直想对她发火，但是，为了照顾大家的情绪，也就忍下来了。之后，虽然她们依然还在一座城市工作，娜娜却很少和陈雯联系。

别人做错了，你出于好心想提醒他：动机是好的，但一定要注意方法，千万不能直接对对方说“你错了”，这样只会好心办坏事，严重的还会失去这个朋友，因为你让他颜面尽失。

当你与对方开始争辩的时候，或许你的观点是正确无误的，不过，你强迫别人改变他的观点的时候，你也会一无所获。其实，正确与错误本身没有多大的意义，观点是个人的，我们每个人都有坚持自己观点的权利，即使是错误的，你也无须要别人都听从你的意见。

富兰克林年轻的时候，由于他天资聪颖，从小就博览群书，所以很多同龄人都喜欢听富兰克林讲故事，他也因此交了很多志同道合的朋友，他们谈诗论词、天文地理、羽扇纶巾，好不意气风发。

富兰克林有个好朋友叫约翰·高令斯，此人同样天资聪颖、博览群书，他们经常在一起争辩，讨论彼此认知的不同，这样的争辩自然容易发生口角。

为了赢得争辩，富兰克林都会事先准备丰富的资料，期待把约翰·高令斯辩驳得无话可说。事实上，约翰·高令斯也是这么做的，然而在一次辩论中，富兰克林和约翰·高令斯的友谊就那样被断送了。在辩论中，双方旗鼓相当、言辞激烈，富兰克林直率地对约翰·高令斯说："你这样是完全不对的，你是个十足的大笨蛋。"约翰·高令斯觉得受了很大的侮辱，板着脸离开了。

当天，富兰克林在日记中写道："一时的口急让我失去了我的好友，我将永远铭记这个教训。"

经过这件事后，富兰克林变得温和多了，说话也小心翼翼。

"你错了"，这句话不管怎样表达都不好听，或者是直说，或者是眼神交流，又或者是手语表达，如果对方发现你的否定，都不会太开心，也不会给你好语气！主要是你的行为直接打击了他的智慧、判断力、荣耀和自尊心。只会使他想反击，但绝不会使他改变心意。

因此，当你想要指出一个人的错误时，千万不要直接指出对方的错误，特别是当着众人的面。很多时候只要我们换种表达方式，旁敲侧击就能轻易地达到我们的目的。总之，直说"你错了"，的确是一件非常不顾及他人感受的行为，也是一种没素质的表现。

1.给予对方适度的宽容

对于别人的错误，适度的宽容比硬性的批评更能维护一个人的尊严，也更能促其改正。比如，面对丢了公司珍贵资料的员工，你先别进行严词批评，先

是进行表扬，再借送手提袋委婉地提醒对方以后注意不要再丢，反而让理屈词穷的下属发自内心地感激，更为你效劳。

2.不要斥责个没完没了

对于一些不可挽回的过失，就不要反复、严厉地责问，反复说错误之后的后果，只会加重对方的负罪感和反感，这时，你应该站在朋友的立场上，给予中肯、正确的指正，使他知过而改，能有信心去面对错误，并改正。

3.幽默道出你的建议

无论在哪里，幽默的话没有人不喜欢。同样地，幽默式的批评，因为少了太过刺激的方式，因此不少人也是能够接受的。这种含而不露的方式，不仅能够缓解被批评者的紧张情绪，而且还能增加彼此之间的交流，也能创造一个轻松愉快的气氛。

4.换一种话语来表达

如果有人说了一句你认为错误的话——即使你知道是错的，但你一定要这么说：“噢，这样的！我倒有另一种想法。”“如果我弄错了，我很愿意被纠正过来。”“我也许不对……”等类似这些看上去“不较真”的句子。这样的话，柔和而不失礼貌，大家可以多尝试。

说话小启示

想要改变他人的态度，首先你就应该考虑到对方的颜面问题。直言直语会让对方颜面扫地，这种行为的确不可取，这等于是把自己归到对方敌视的那一队伍，如此一来，即使你的意见再好再有用，也难以让它发挥出“效益”来。

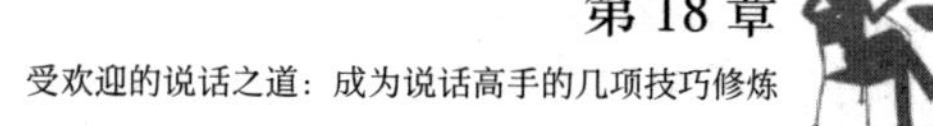

少一句争辩，你就多一个朋友

老子曰："上善若水，水善利万物而不争。"最好的德行就像水，水善于滋养万物而不争功德，所以它就接近于道的境界。如果你能在人与人的交往中远离那些无趣的争吵，平和地对待人与人之间的关系，那你就会有更多的精神头投入自己该做的事情中，并且一定会做好。

北宋文学家苏东坡，天资很高，过目不忘，出口成章，被后世誉为："有李太白之风流，胜曹子建之敏捷"。相传，苏东坡官拜翰林学士时，在宰相王安石门下做事。王安石很器重他的才能。然而苏东坡自恃聪明，对王安石常多讥诮讽刺的言辞。一次王安石与他做解字游戏，谈到坡字，坡字从"土"从"皮"，于是王安石认为"坡乃土之皮"。苏东坡笑道："如果照你这样说的话，那么滑字就是水之骨了。"王安石心中不悦。又有一次，王安石与苏东坡谈及鲵字，鲵字从"鱼"从"儿"，合起来便是鱼的儿子的意思。苏东坡又调侃说："鸠可作九鸟解，毛诗上说：'鸣鸠在桑，其子七兮。'就是说鸿有七个孩子，加上父母两个，不就是九只鸟吗。"王安石听了不再说话了，但心中对苏东坡的轻薄已经非常反感。不久把他贬为湖州刺史。苏东坡在湖州做了三年官，任满回京。想当年因得罪王安石落得被贬的结局，于是回来之后就决定去拜访王安石。这样想着就来到了宰相府。此时，王安石正在午睡，书童便将苏轼引入王安石的东书房等候。苏轼闲坐无事，见到书桌上的砚下有一方素笺，原来是王安石两句未完的诗稿，题是"咏菊"。苏东坡不由笑道："想当年我在京为官时，他写了那么多的诗也不假思索，没想到仅仅过了三年，他就连一首诗也写不完整了，起了两句头便续不下去，就这样放在这里，真是江郎才尽。"于是他就把这两句念了一遍，不由叫道："原来连这两句诗都是不通的。"诗是这样写的："西风昨夜过园林，吹落黄花满地金。"在苏东坡看来，西风应该是在秋天才吹起，而菊花在深秋盛开，开得也是最久，即使焦

干枯烂，也不会落瓣。这样一念一想，苏东坡已经按捺不住，他就依着前两句的韵律添了两句："秋花不比春花落，说与诗人仔细吟。"但是当自己写完之后，又觉得不妥，因为这样做就是抢白了王安石，只怕又会惹麻烦，但是如果自己把这篇诗稿撕了，又不成体统，左思右想后，怎样做都觉得不妥，于是只得将诗稿放回原处，告辞回去了。结果第二天，皇上降诏，将苏轼贬为黄州团练副使。

我们经常看到这样的场景：两个人吵得不可开交，其实没什么大事，只是生活中一点儿鸡毛蒜皮的小事，闹到最后彼此老死不相往来。这是为何呢？其实，就每个人最深处的潜意识来说，人最爱的人是自己，最相信的也是自己，总认为自己的观点是正确的，这也许就是佛教上所说的"我执"吧。

很多时候，争论只会让双方更确信自己是对的，所以永远也没有人能赢得了争论。因为没人肯认输。即使对方勉强同意了我们的观点，看似我们赢了，但还是输了。因为在争论中，我们的论点被攻击得千疮百孔。而且，我们还伤害了别人的自尊，使他怨恨我们的胜利。

拥有一副好口才是一件令人高兴的事情，但运用得不恰当，好口才将成为你惹祸的根源！因此，这里为人们提供几条建议，以便将口才运用得恰到好处：

1.说话要有商量的余地

在说话时，为了让别人有考虑的余地，我们要尽量缓和，最好能够避免使用"绝对是这样"的说法。我们可以说："有时候是这样的，有些时候是那样的。"甚至可以说："大多数人都是这样的，其效果比别人那样要好。"这样谈话，彼此之间就更能达成和谐的状态。

2.容纳更多不同的想法

人的脑力是有限的，有些方面不可能完全想到，因而别人的意见是从另外一个角度提出来的，总有些可取之处，或许比自己的更好。这时你就应该冷静地思考。或两者互补，或择其善者。当我们懂得接纳的时候，我们的视野就会

不断扩大，那么我们的争执就会越来越少。

3.树立正确的辩论道德观

把辩论置于科学之上，以理服人，用事实说话。辩论者要有高深的涵养，不搞诡辩，不揭隐私，不搞人身攻击；不把观点的敌对引申为人际的敌对；不靠嗓门压人，有理不在声高，如果你能用有节制的音调语气道出你的理，其效果会非常好。

4.学会让步，让事实说话

当与他人发生意见分歧的时候，当他人情绪激动要与自己一争正误的时候，一定要控制好自己的情绪，先做出让步，等双方情绪都稳定下来以后，让事实说话。那么，即使你“被”证明是错误的，但是你却得到了宽容与大度的好品格。

5.使第三者代你说出自己想说的话

当你与别人展开争论之时，最好使第三者代你说出自己想说的话，如此效果将更好一些。例如，母亲教导孩子时，总是如此地说，“老师不许你如此做的。”或者“这样做，老师会处罚你的……”，总比以自己的想法教导他，其效果要好得多。

说话小启示

争来争去，只会大伤和气，这是非常不明智的选择。喜欢争斗，这类人一般比较小心眼儿，只要对方对他有点儿异议，他就开始极力为自己辩解，甚至剑拔弩张。在争辩的过程中，人的情绪无疑是愤怒的、郁闷的。与人争辩，不管最后结果如何，在心情上你已经输了。

可以随口喊出对方的名字

没有人会不重视自己的名字，在人际交往过程中，相信每个人都曾有过被别人叫错名字的经历，当对方不记得你的名字，或叫错你的名字的时候，你的心中有什么样的感觉呢？他不重视你？他根本是个不懂礼貌的人？不管怎样，我相信，一定是非常不好的感觉。所以说，如果想得到他人的欢迎，那你最起码应该记住对方的名字，如果连名字都记错，还怎样获取对方的好感呢？

杨子林与朋友合伙开了一家装修公司，因为刚开张没有客户，就拜托各自的朋友帮忙介绍业务。一天，杨子林接到朋友张震的电话，说有一位同事的新家打算精装修。杨子林记下对方的地址，打算周末去拜访。周末那天上午十点，杨子林来到了张震同事的家，对方打开房门，问了一句“请问您找谁呢？”杨子林看了下写着地址的纸条，突然发现，他没有把姓名标注上，一时紧张，忘了对方怎么称呼。

“对不起，打扰了，我是张震的朋友，我叫杨子林，听说您家要装修，所以我过来看一下，跟您谈谈装修的事情。”匆忙间杨子林只能这样应对。

谈了一会儿，杨子林对他家的情况有了个大致的了解，心里可以说有把握了，于是他就高兴地回到公司，期待对方筹备好装修款后联系自己。可是，时间一天天过去，都将近一周了，对方却迟迟没有联系自己。有一天，却等来了张震的电话：“子林，你到底是怎么回事，都给你联络好了，这么有利的资源，你怎么还能谈吹了呢？”得知对方找了别的装修公司，杨子林也是一头雾水，“会不会是我没有叫出他名字他生气了？不至于的，这点儿事，谁计较啊！估计是新公司他不信任吧！”杨子林这样安慰自己。

过了几年，杨子林的公司也有了点儿成就，但是并不是多么有声色。有一次，张震拉杨子林去参加自己公司举办的活动，有投资人愿意注资张震所在的公司，其他一些业内人士也会参加。因为看杨子林的事业一直进展得不温不

火，所以张震希望杨子林也能在这次的活动里遇到自己的贵人。

活动开始后，主持人向大家介绍前来参加活动的嘉宾。可能是因为太紧张，看着走向演讲台的投资人，主持人竟然忘记了对方的名字，尴尬地沉默了几秒后，总算报出了一个名字，可惜还是报错了。

那件事之后，张震在电话里告诉杨子林，那位投资人取消了对公司注资的计划。原本以为对方变卦是因为有更好的投资项目，没想到询问过后得知原因仅仅是主持人叫错了他的名字。张震还告诉杨子林，得知投资人因为报错名字的原因改变计划，张震的同事回忆起了往事，也说到当初拒绝杨子林的原因是那时杨子林没记住他的名字。

此时此刻，杨子林才恍然大悟，是啊，一个连客户姓名都记不住的人，怎么能让人放心地将大笔业务交给他呢？

名字是一个人生命中最美好的词汇，是伴随自己长大的一个标志，如影随形。为了取得社交上的成功，成为受欢迎的人，我们应该学会用心记住别人的名字。若是把别人的名字忘掉或写错了——你就会处于一种非常不利的地位。

1.多用心去牢记

我们在说话中应该对别人的名字表现出特别强的注意力。据考察，在一般记忆力的基础上，注意力越集中，重视程度越高，就会记得越牢。甚至记忆力较差的人由于重视友谊，对于同他打过交道的人的姓名会特别用心去记，同样能记得十分清晰，多年不忘。

2.请随时做好记录

对于那些已知的名字，无论是自己查询的、打听来的，还是对方告知的，一定要及时地记录在记事本上，并在每个名字后面注明对方的职位和所属公司等，还要常常拿出来温习。它就像一个资源库，可以根据你的需要，随时为你所用。

3.多翻看对方的资料

记住一个人的容貌并不难，可要记住一个人的名字就不那么容易了。你要想很好地记住对方的名字，那么你就要对对方的资料进行了解，尤其是当你有对方的相关档案之后，更是应该不时地翻看一下，因为在你了解对方资料的同时就已经对对方产生了更深的印象。

说话小启示

当你记住了对方的名字，一方面是出于礼貌，表示了极大的尊重；而另一方面，你记住了对方的名字，表示你很珍惜与对方的感情。这样，对方就能感受到自己在你心目中的位置，进而增加对你的亲切感和认同感，加深彼此的情谊。

过于精明会与人疏远

我们都知道“小鱼吃虾米，虾米吃淤泥。”一般清澈的水是没有杂质，更没有淤泥的，自然也就没有虾米，也就是说没有鱼生存的必备条件；而人过于精明，就没有人敢与他为伍，因为精明者往往吃不得亏，容不下别人的过失。因此，这样的人往往没有多少朋友，不仅如此，他们的生活和事业也会受到很大的影响，所谓“聪明反被聪明误”就是这个道理。

三国时代的杨修聪明博学，智慧过人。一次，有人给曹操送来了一盒他很喜欢吃的酥点，曹操高兴地在盒上写了“一合酥”三个字。后来曹操因有事顾不上吃就出去了。杨修便打开盒子，叫大家将酥点分吃了。曹操查问此事，杨修解释说：您在盒上写着“一合酥”，不就是要每人吃一口吗？我们怎敢违背您的命令，所以就把它吃了！

曹操对此很不高兴，但想一想却是无话可说。

还有一次，曹操路过蔡文姬家，携杨修拜访。曹操参观居室，看到了一幅碑文图轴，于是问文姬此图的出处。文姬说："这是邯郸淳表扬一位孝女的碑文，当时他一挥而就，众人惊奇。我父观此文，写了几个大字于碑后，就是'黄娟幼妇，外孙齑臼'。"

曹操对此大为不解，杨修说他明白其中的寓意，曹操打了个手势阻止了他。

曹操对于逞能的人是非常痛恨的，于是，曹操在心里提防起杨修。

终于在魏蜀战争中，曹操找到了杀杨修的机会。

当时，曹操领兵攻打汉中，驻军于斜谷界口，处于进退两难的境地，正在这时，厨子给曹操送来鸡汤，汤中有块鸡肋，曹操感慨万分。这时，夏侯淳来请示口令。曹操随口说道："鸡肋！鸡肋！"

杨修听到这话之后，马上收拾行装。夏侯淳见了，问他为什么。杨修说：鸡肋食之无味，弃之可惜。宰相把汉中当作鸡肋，就是说汉中已经无法容纳我们了，要准备回去了，所以我先收拾好行李。曹操知道杨修猜中他的心意，万分嫉恨，借口说杨修扰乱军心，于是把杨修杀了。

杨修之死，确实可惜，他死于自作聪明。对于臣下来说，君王不喜欢逞能之徒。苏东坡说："人皆养子望聪明，我被聪明误一生；惟愿孩儿愚且鲁，无灾无难到公卿。"这虽然是苏东坡对朝政的讽刺，但也说明，自作聪明、卖弄才学终会招来杀身之祸。

《红楼梦》中有这样一句话："机关算尽太聪明，反误了卿卿性命。"揭示的道理就是做人做事不要过于精明，如果过于精明，最终反而会害了自己。这样的人往往容易在人生路上招致他人的反感，遭受挫折和失败，甚至会酿成悲剧。

在人际交往中，为人处世充满了智慧，开口说话也是处处是学问，这些门道也是值得人们研究和学习的。比如人们对强者的毁灭往往有种幸灾乐祸的态度，而对于弱者往往有一种普遍的同情，这就要求我们学会以柔克刚，不要过分显示自己的精明。

1.大智若愚才是大智慧

所谓愚，是指有意糊涂。该糊涂的时候，就不要顾忌自己的面子、自己的学识、自己的地位、自己的权势，一定要糊涂；而该聪明、清醒的时候，则一定要聪明。由聪明而转糊涂，由糊涂而转聪明，则必左右逢源，不为烦恼所扰，不为人事所累。说话时，大家一定要谨记这个技巧。

2.言辞中传递出你是一个朴实可靠的人

与人交谈，要懂得给人留下一种看起来就是一副老实、可爱的样子，而且最好永远保持这种朴实的作风。比如，会做生意的人不是专靠三寸不烂之舌，而靠的是“信赖感”，高明的商人常说：“信者得赚。”这“信”字，不但是自信，而且要给予顾客“依赖感”。

3.吃亏是福，言辞中适当退让

有些事情，真的没必要争个面红耳赤、谁是谁非，很多友情就在一味地争执中耗尽了。朋友们，适当的退步不是懦弱，也不是没骨气，更不是没原则，更何况生活中的各种问题谁能说是绝对的对与错呢？所以说，没有什么原则的小事情就一笑置之吧，这不仅能让自己避免生气，还能让他人看到你的大度与胸怀，何乐而不为呢？

说话小启示

有时候，耍嘴皮子证明你的能耐有多大并不是一件多么利己的事情，因为人脉真的很重要，逞一时之快而处处得罪人并不高明。人情在当今这个社会是必需的，通过人情储蓄我们必然获利。但是在刚开始的阶段我们肯定要吃亏，不要担心吃亏，在吃亏的过程中，你首先在心理上有了债权感，而且吃亏是一种以退为进的方式，它显示出了你的豁达，后期自然会赢得别人的信任和赞赏。

万能场面话，会听也要会说

在古典名著《红楼梦》中，就有许多经典的场面话。在“刘姥姥进大观园”一回中，刘姥姥找到周瑞的娘子时，两人就说了许多场面话。

周瑞娘子迎出来问：“是哪位？”刘姥姥忙迎上来问道：“好呀，周嫂子！”周瑞娘子认了半天，方笑道：“刘姥姥，你好呀！你说说才几年呀，我就忘了。请家里来坐吧。”刘姥姥边走边笑道：“你老是贵人多忘事，哪里还记得我们呢？”来至房中，周瑞娘子命小丫头倒上茶来吃，在问些别的闲话后，又问姥姥：“今日是路过，还是特来的？”刘姥姥便说：“原是特来瞧瞧嫂子你，二则也请请姑太太的安。若可以领我见一见更好，若不能，便借嫂子转达致意罢了。”

其实，在这一段对话中，刘姥姥和周瑞娘子说的大多是一些见面寒暄的场面话。通过一番场面话的问候，刘姥姥迅速拉近了与周瑞娘子的距离，从陌生逐渐变得熟悉、亲切。进而，周瑞娘子也会给刘姥姥一个见主人的机会。另外，经过一番客套的拉近，一些不好直接开口挑明的话也顺其自然地说了出来，从而听起来也顺耳、舒服。

人一踏入社会，应酬的机会自然就多了，这些应酬包括做客、赴宴、会议及其他聚会等，不管你对某一次应酬满不满意，“场面话”一定要讲。对于称赞或恭维的“场面话”，尤其要保持冷静和客观，千万别因别人两句话就乐昏了头。冷静下来，反而可看出对方的用心如何。所以说，对于人际场合中的“场面话”，大家既要会说，也要会听，只有这样，我们才能更游刃有余地混迹在社会上。

妍妍是某家金融公司新招的员工：一天下午，她去楼下拿快递，很大一个纸箱，两只手搬都有点儿吃力，腾不出手来按电梯。这时，她遇到了同事陈晓。从刚进公司的那天起，妍妍就在洗手间里听几个同事议论说陈晓这姑娘人

好是好，只是好得有点儿令人头晕滴汗，甚至是“有点儿二”。那时候妍妍还不信，接下来的场景让妍妍领教了陈晓的令人无语之处。

陈晓只是路过，并不是乘电梯，但她连忙过来帮忙按了电梯，等妍妍走进电梯，她又进来帮忙按了楼层。妍妍当时就觉得这个女孩很善良、很细心，很感激她，于是冲她点头微笑，说：“谢谢，改天我请你吃饭，再见。”就这一句“改天我请你吃饭”让陈晓当了真。第二天，妍妍在电梯里又碰到了陈晓。陈晓对妍妍说：“妍妍，我看了看时间，我后天晚上有空。”妍妍一下子没有反应过来，后来才知道，她是指“吃饭”的事。

俗话说得好，“蜜比醋更能吸引苍蝇”，在社交场合，我们要学会说些场面话。给别人一点儿甜头，但万不可做被别人的场面话所吸引的“苍蝇”，轻信别人的一时之言有时不是一种善良，而是一种愚钝。千万不要因为听不懂场面话而犯些可笑的错误。

会说场面话，你才能巧妙地在人际场合说好话办好事，才能做好应酬工作。场面话可以说是交际中不得不懂的一门学问、一种智慧。对于场面话，既要能说，还要善说。掌握了说话的技巧和方法，在任何场合、面对任何人你都能从容不迫、潇洒自如。

1.说场面话要洞察人心，因人而异

与不同的人谈话，就要采用不同的谈话方式。因人而异，才能做到把话说活。办事要善于洞察人心，尤其是当你有求于人时，要看对象说话，更要见机行事，刚柔并济，才能逢凶化吉。转难为易，说起话来让别人愿意接受，只有这样，你办起事来才能水到渠成。

2.求人帮忙前切忌直奔主题，先说点寒暄的话

当我们有事求人帮忙时，如果我们一张口就直奔主题，往往会显得有些唐突，不但我们自己不好意思，还会让他人感到有些突然，很不利于将事情办成。如果我们能先避开主题，进行一番寒暄，说一些不着边际的场面话，然后慢慢绕到主题上去，就比较容易取得成功。

3.表达感谢的场面话何时都不可或缺

每个人都对自己无意中给别人带来很大的帮助感到高兴，见面时若能不失时机地点出，无疑能引起对方极大的兴趣。因此，初次见到曾帮过自己的人时，不妨当面讲出，一方面是向对方表示谢意，另外无形中也加深了两人的感情。

4.会听场面话，不要完全当真

场面话只是交际场合经常会遇到的一种说话方法，并不是正式的口头承诺，只是他人为了应承你而随口说出的，其真实性和可信度都有待考察。所以，当我们听他人说场面话时，一定要持正确的态度，听到这样的话也一定不要百分百当真。分辨场面话需要常识、经验与阅历，这不是一朝一夕能够练就的。但只要多思考、多留意、多积累，从场合、内容、利害关系等因素来判断，就不难识别话的真假了。

说话小启示

其实，很多时候说场面话是为了拉近自己与对方的距离或者是缓解气氛的，它非常适用于交际中的陌生人、长辈、领导等对象，说好场面话，你就可以为交际创造一个良好的氛围，进而赢得对方的支持与合作。

参考文献

[1]成杰.话语攻心术：把话说到对方的心坎里[M].北京：中国华侨出版社，2012.

[2]殷亚敏.练好口才的第一本书[M].北京：民主与建设出版社，2015.

[3]黄伟芳.会说话你就赢了（至少让你少奋斗20年的说话技巧）[M].厦门：鹭江出版社，2014.

[4]武庆新.别输在不懂说话上：让你大受欢迎的说话技巧[M].北京：北京工业大学出版社，2012.